U0618281

中國小微貸款

理论与实践

Micro, Small and Medium Enterprises (MSME)
Credit in China: Theory and Practice

温灏 / 著

经济管理出版社
ECONOMY & MANAGEMENT PUBLISHING HOUSE

图书在版编目（CIP）数据

中国小微贷款：理论与实践/温灏著 . —北京：经济管理出版社，2020. 1
ISBN 978 - 7 - 5096 - 7008 - 8

Ⅰ. ①中…　Ⅱ. ①温…　Ⅲ. ①中小企业—贷款管理—研究—中国　Ⅳ. ①F832. 42

中国版本图书馆 CIP 数据核字（2020）第 021659 号

组稿编辑：申桂萍
责任编辑：刘　宏
责任印制：黄章平
责任校对：陈晓霞

出版发行：经济管理出版社
　　　　　（北京市海淀区北蜂窝 8 号中雅大厦 A 座 11 层　100038）
网　　址：www. E - mp. com. cn
电　　话：(010) 51915602
印　　刷：三河市延风印装有限公司
经　　销：新华书店
开　　本：720mm × 1000mm/16
印　　张：16. 75
字　　数：319 千字
版　　次：2020 年 5 月第 1 版　　2020 年 5 月第 1 次印刷
书　　号：ISBN 978 - 7 - 5096 - 7008 - 8
定　　价：68. 00 元

· 版权所有　翻印必究 ·

凡购本社图书，如有印装错误，由本社读者服务部负责调换。
联系地址：北京阜外月坛北小街 2 号
电话：(010) 68022974　　邮编：100836

特别致谢

值此中华人民共和国成立 70 周年之际，感谢为中国小微事业贡献智慧和力量的领导同志、专家学者和各界同仁们！

感谢陈元先生、林毅夫先生、印甫盛先生、曹红辉先生对本书的关心指导！

感谢上海智榜商务信息咨询服务有限公司对本书研究编写和出版发行给予的资助和协作！

温 灏

于北京西郊

2019 年 10 月 1 日

编写组

组　长：温　灏
副组长：熊　雷　王　萍　杜茂源
研究员：顾刘庆　吉　力　邵　未
　　　　龙　飞　杨　禹

中小企业融资难、融资贵是一个世界性难题，尤其是以中国为代表的新兴经济体始终致力于发挥自身比较优势，积极探索解决方案和有效路径。经过十多年的创新发展，中国的中小金融机构正逐步建立起适合自身特点的能力建设体系和金融支持体系。

　　本著作对这些创新实践进行了很好的回顾与总结，通过专著的形式向国际社会分享具有中国特色的小微贷款技术与成功案例。著作中的思考与方案实现了理论研究与实务研究的有机结合。衷心希望本书作者及各界同仁坚持不懈、包容协作，持续关注小微贷款的技术创新、传播与知识分享，为化解中小企业融资难题以及中国的经济繁荣、金融稳定、社会发展贡献力量与智慧。

林毅夫

北京大学新结构经济学研究院院长

南南合作与发展学院院长

序一

截至 2019 年末，全国有小微企业 3000 万户，其中 90% 左右是民营企业。中型企业 800 万户，大型企业不足 100 万户。中小微企业提供了 80% 以上的社会就业、60% 的 GDP、50% 的税收，对于我国的经济发展、扩大社会就业、改善人民生活、产业创新升级，有着不可替代的作用。

在新冠肺炎疫情发生以后，中小微企业的复工复产复市工作遇到很大的困难，突出的是资金紧张，订单下降，产业链供应链不同程度受阻。融资难、融资贵一直是困扰中小微企业发展的最大困难。虽然经过各级政府十余年的努力有所缓解，但问题仍然十分突出。原因是多方面的，一是中国的金融业发展尚不够完善，企业的直接融资渠道狭窄，企业直接融资只占 15% 左右，85% 是靠借贷，这使小微企业更加难以直接融资。二是我国的国有股份制商业银行放贷前提条件是要求企业要有不动产做抵押，而 3000 万户小微企业几乎没有不动产，800 万户中型企业的不动产也很少。三是现行银行的制度安排，给民营企业贷款，信贷员及分行行长要负终身责任。四是小微企业本身的经营、信用、财务管理等问题较多，贷款要求"小、急、快"，致使银行给小微企业放贷的风险高、成本高。

各级政府、广大中介机构及许多金融机构，多年来为缓解中小微企业融资难、融资贵，做出许多创新和尝试。比如鼓励支持发展供应链金融、普惠金融，2017 年以来开展企业应收账款、存货（仓单）贷款为主的动产融资，发展金融科技，增加企业信用贷款的比例，发展民营小型数字银行，等等，都取得了一定的成绩。但是，距离中小企业的融资需求，还相差甚远。

《中国小微贷款：理论与实践》一书，是近年来关于中小企业融资服务能力建设的、为数不多的一部专著，为中小银行增强服务实体经济的能力提供了有益借鉴。这些研究成果对于打通中小企业融资瓶颈提供了国际、国内的经验借鉴，具有重要的参考价值。

李子彬
中国中小企业协会会长
2020 年 6 月

序二

制度型小微贷款是向中小企业、低收入阶层和弱势群体提供的商业可持续金融服务方式。20 世纪 80 年代以来，它在发展中国家得到广泛应用，为消除贫困、缩小社会差距、促进可持续发展做出了重要贡献。在中国推广制度型小微贷款业务，对于增强金融服务实体经济能力、解决中小企业融资难问题具有重要的现实意义。

2005 年底，中国国家开发银行（CDB）与世界银行、德国复兴信贷银行（KFW）合作，率先引入制度型小微贷款技术，按照商业可持续原则，采用"批发银行 + 零售机构"模式，以包头、台州、九江等十多家地方商业银行为试点平台，开创性地推广制度型小微贷款技术，成功带动了一批城市商业银行、农村金融机构开展小微贷款技术咨询。十多年的实践表明，中国中小商业银行的小微贷款能力显著增强，小微贷款业务在中国实现了商业化和规模化运作，有利于建立多元化的金融服务体系，有助于增强国力、改善民生。

小微企业融资难成为国际共识的世界性难题

小微企业是创造就业和经济增长的引擎，全球新增就业机会的 90% 由小微企业创造。据世界银行估算，至 2030 年，新兴市场每个月都需要近 3300 万个就业岗位吸纳不断增长的劳动力。缺乏融资渠道阻碍了小微企业的成长和创造就业机会。作为最大的发展中国家，中国同样面临小微企业"融资难"问题，而且已经成为影响经济发展、社会稳定、人民幸福的突出矛盾和发展"瓶颈"，亟待积极应对、有效解决其中涉及的各领域关键问题。2018 年，世界银行集团、中小微企业融资论坛和国际金融公司（IFC）联合发布《中小微企业融资缺口：对新兴市场中小微型企业融资不足与机遇的评估》（以下简称《世行融资缺口报告》）。报告显示，中国中小微企业数量达到 5600 万家，潜在融资需求 4.4 万亿美元，融资供给仅为 2.5 万亿美元，潜在融资缺口高达 1.9 万亿美元，缺口比重高达 43.18%。

2019 年 6 月，中国人民银行、中国银行保险监督管理委员会联合发布《中国小微企业金融服务报告》（以下简称《中国小微报告》），这是中国政府金融监管部门首次发布的小微企业融资状况白皮书，也是迄今为止关于中国小微企业融资问题的最权威分析和评估。报告指出，2018 年以来，全球经济不确定因素增多，中国经济长期积累的风险隐患有所暴露，小微企业经营难、融资难问题有所加剧。数据显示，我国中小企业的平均寿命在 3 年左右，成立 3 年后的小微企业持续正常经营的约占 1/3。而美国中小企业的平均寿命为 8 年左右，日本的中小企业平均寿命为 12 年。我国金融机构在为小微企业提供融资服务中面临着更高的风险成本。截至 2018 年末，全国金融机构对小微企业贷款不良率为 3.16%，单户授信 500 万元以下的小微企业贷款不良率为 5.5%，分别比大型企业高 1.83 个和 4.17 个百分点。

银行小微贷款能力建设纳入金融严监管范畴

正如《中国小微报告》所述，相对于大中型企业，小微企业治理结构不完善，运营管理不科学，财务制度不健全，导致金融机构无法准确识别企业的生产经营和财务状况，金融服务的信息获取成本较高。由于小微企业贷款的经营成本和风险显著高于大中型企业，如果没有成熟的专业团队、贷款技术和风控管理，商业银行大量投放小微企业贷款的可持续性面临严峻挑战。

《中国小微报告》提出，进一步改进小微企业金融服务的总体思路和务实举措，应着重在市场竞争机制、金融资源配置、金融服务体系、融资补充渠道、宏观政策支持、金融科技应用、信用体系建设、企业融资能力等方面。其中，对于提升银行体系服务小微企业能力建设提出了具体要求和努力方向。比如，引导督促城市商业银行、农村商业银行、农村信用社等地方法人银行回归本源，有效匹配小微企业金融需求；推动国有大型银行普惠金融事业部在基层落地，从流程、方法、技术等方面入手，增强商业银行小微企业贷款差异化风险定价能力，落实细化小微企业授信尽职免责制度、不良贷款容忍要求，降低小微金融从业人员利润指标考核权重，增加专项激励费用和利润损失补偿，落实内部资金转移定价优惠，让基层信贷人员"愿贷、能贷、会贷"。

中国实践增强银行小微贷款能力建设

中国政府金融监管部门关于中国小微贷款能力建设的政策举措和具体要求，正是本书聚焦和讨论的重点内容，也是笔者自 2005 年以来，从事和研究中国小微贷款业务发展的实践总结和经验分享，可谓"正逢其时，恰如其分"。

2005 年，国家开发银行与世界银行联合开展中国小微贷款技术咨询示范项目。经过 15 年的发展和创新，早期合作项目培养了一批优秀、专业的小微贷款技术专家，激励了一批地方中小商业银行成为业绩优良的小微贷款专业银行，成功地促进一批中小规模的地方银行成为区域性、全国性的商业银行。本书作者温灏先生作为其中的参与者、实践者和研究者，在开联信息技术有限公司（以下简称"开联公司"）工作交流期间，在国家开发银行时任董事长陈元同志的指导和支持下，在开联公司的组织推动下，带领一支懂业务、会技术的复合型专业团队，按照国际标准，遵循国际准则，于 2010 年成功完成了为期一年的深圳市农村商业银行小微贷款技术咨询服务项目（以下简称"深农商微贷项目"），为中小银行开展小微贷款业务创立了全新模式和示范案例。

深农商微贷项目根据国际成熟的微贷技术体系，充分吸收和借鉴包头商业银行、台州商业银行、曲靖商业银行、荆州商业银行等早期微贷咨询项目经验，结合深圳经济特区的特点和行业产业发展趋势，形成了一批具有中国特色的知识成果和经验模式。其中，最为突出的是业务体系的模式创新、客户经理的综合培养、信贷产品的市场化设计、信贷文化的中国精神、绩效薪酬的科学激励、风险控制的多元防范等内容。在咨询项目过程中，担任项目总监的温灏先生总结梳理了当时全国范围内开展小微贷款的广告宣传规律和特点，借用中国传统文化经典篇章《道德经》中的"道可道，非常道"，创造性地提出将"贷可贷，非常贷"作为小微贷款业务的新品牌和新标语，用通俗易懂、朗朗上口的语言，为客户、民众阐释了中国特色小微贷款的实质——贷款是可以贷到的，而且是非同寻常的贷款。这条信贷文化标语曾经遍布深圳市大街小巷、广为知晓，深圳机场高速公路广告牌长期将其作为宣传标语。

愿景与展望

　　深农商微贷项目形成的知识成果具有广泛的适用性和包容性，由该项目核心咨询团队创建的上海智榜公司聚集了一批中国本土成长起来的小微贷款技术专家，通过与江苏、山西、河南、山东、湖南等地区的几十家中小银行合作开展小微贷款咨询项目，对这些知识成果进行了批量复制、移植、推广、创新。经过近十年的发展创新和实践思考，已经形成了较为成熟的商业银行小微贷款业务体系和能力建设体系。

　　本书阐述和介绍的中国特色小微贷款经验，基本涵盖了中国小微贷款能力建设涉及的规则制度、信贷技术、团队文化等多领域要素。最为关键的是，这些知识成果和业务体系是基于近 15 年来中国小微贷款的实践，汇集了几十家地方商业银行小微贷款咨询项目的成功经验和失败教训，蕴含着上百位小微贷款技术专家、上千名小微贷款客户经理的探索与智慧。我们相信，这些宝贵的中国实践能够为中国小微贷款的发展提供新动力，为中国的经济发展、社会稳定、民生幸福提供新支撑，为全球小微企业融资服务的能力建设提供中国经验和中国智慧。

印甫盛

于 2019 年北京金秋

目　录

第一章　小微贷款的基础理论与研究现状

　　小微企业融资难、融资贵问题在我国乃至世界范围内都存在已久。2018 年以来，在逆全球化思潮蔓延、国内经济增速放缓的双重压力下，中国金融监管部门陆续推出多项务实举措，全方位支持小微企业健康持续发展。因此，面对新时期新形势新挑战，对于如何认识小微贷款、科学合理划分小微企业需要新梳理和新认识。

一、中国小微贷款的概念内涵

（一）中国小微贷款的基本含义

　　中国小微贷款是指商业银行向小型、微型企业或小型、微型企业实际控制人及个体工商户等符合小微企业认定标准的企业发放的，用于生产经营过程中的正常资金需要的人民币贷款。在小微贷款实际运营中，目前已扩展至针对个人的消费类贷款等多领域品种。本书所讨论的小微贷款主要是指小微企业贷款，其基本原理和信贷技术对个人也同样适用。

　　小微企业单户授信额度不超过 500 万元（含）。小微贷款主要用于购买货物、补充流动资金、装修店面等生产经营用途。小微企业贷款主要模式包括贷款、贷款承诺、国内保函、信用证、票据承兑和贴现和其他授信品种。由于小微企业的信贷需求具有"短、小、频、急"的特点，其小额、短期、分散的特征更类似于零售贷款。

（二）小微企业的国际界定

　　从世界范围看，界定小型企业的划分标准主要采用定性和定量两种方法：一是定性方法。主要从企业的经营规模和市场地位角度分析，小型企业通常是指该企业为独立经营且经营规模较小，在其所属行业居于从属地位，产品或服务的市场占有率很低的企业。二是定量方法。主要通过设定量的标准来区分，通常量的种类包括从业人员数量、资产总额、年经营销售收入等。对于不同行业的企业，适用的量的标准值也不相同。主要发达国家对其界定标准如下：

（1）美国。美国经济发展委员会提出的界定小微企业的质的指标是：符合下列条件（或至少两项）的企业为小企业：①企业所有者也是经营者；②企业的资本由一个人或几个人出资；③企业产品的销售范围主要在当地；④与同行业的大企业相比，规模较小。量的指标：雇员人数必须不大于50人。

（2）欧盟。欧盟由欧洲委员会提出小型企业的定义：雇员人数不大于50人，且年交易额不大于700万欧元；或年度负债总额不大于500万欧元，并不被其他企业拥有25%以上的股权（见表1－1）。

表1－1 欧洲主要国家小微企业划分标准

国家	划分标准
奥地利	小企业：雇员人数为1~99人；中企业：雇员人数为100~499人
比利时	小工业企业：雇员人数在50人以下
丹麦	小企业：制造业、建筑业、商业、服务业、修理业以及手工业在100人以下
芬兰	小企业：雇员人数在100人以下；中企业：雇员人数在500人以下
法国	中小企业：制造业、服务业中雇员人数在11人以上，500人以下；手工业：雇员人数在10人以下
德国	小企业：制造业、服务业中雇员人数为49人以下；中企业：制造业、服务业中雇员人数为499人以下
意大利	中小企业：雇员人数在500人以下
西班牙	小企业：雇员人数在50人以下；中企业：雇员人数在50~499人
英国	小企业制造业，雇员人数在200人以下；建筑业、矿业，雇员人数不超过25人；零售业，年销售收入在18.5万英镑以下；批发业，年销售收入在73万英镑以下

（3）英国。英国的小企业则由博尔顿委员会提出定义：市场份额小，所有者依据个人判断进行经营，且所有经营者独立于外部支配；且有量上的规定：制造业雇员人数少于200人，建筑业、矿业雇员人数不超过25人，零售业年营业额不高于45万英镑。

（4）日本。日本2000年颁布的《中小企业基本法》提出了相应定义：制造业雇员人数不超过300人或资本金小于3亿日元；批发业雇员人数不超过100人或资本金不超过1亿日元；零售业雇员人数不超过50人或资本金不超过5000万日元；服务业雇员人数不超过100人或资本金不超过5000万日元。

（三）小微企业的中国标准

2019 年 1 月 1 日，中国放宽"小型微利企业"标准和认定条件。放宽后的小微企业认定标准为：企业资产总额 5000 万元以下、从业人数 300 人以下、应纳税所得额 300 万元以下。2019 年之后，不再区分企业的类型，统一按照以上三个条件来作为新的划分标准。

2019 年以前，中国对中小微企业的划分标准经历了八次大的调整，如表 1-2 所示。

表 1-2　中国对中小微企业划分标准调整

时间	划分标准
20 世纪 50 年代	按固定资产价值来对企业规模进行划分
1962 年	按从业人数对企业规模进行划分
1978 年	按年综合生产能力的标准对企业规模进行划分
1988 年	以生产能力和固定资产原值为依据，根据各行业的特点将企业规模划分为特大型、大型（分为大型一档、大型二档两类）、中型（分为中型一档、中型二档两类）和小型
1992 年	国家经贸委制定了《大中小型工业企业划分标准》，对 1988 年的划分标准做了补充，增加了部分企业的规模划分
1999 年	对原标准重新修订，将销售收入和资产总额作为主要考察指标，将企业规模分为特大型、大型、中型、小型四类
2003 年	《中小企业标准暂行规定》颁布，对中小企业进行具体划分
2011 年	工业和信息化部、国家统计局会同有关部门根据《国民经济行业分类》修订情况和企业发展变化情况适时修订

资料来源：《〈中华人民共和国中小企业促进法〉政策与实务》编写组：《〈中华人民共和国中小企业促讲法〉政策与实务》，中华工商联合出版社，2002 年 7 月。

2011 年 6 月 18 日，根据《中华人民共和国中小企业促进法》和《国务院关于进一步促进中小企业发展的若干意见》，工业和信息化部、国家统计局、国家发展和改革委员会、财政部联合印发了《关于印发中小企业划型标准规定的通知》，中小企业划分为中型、小型、微型三种类型，具体标准根据企业从业人员、营业收入、资产总额等指标，结合行业特点制定，具体标准如表 1-3 所示。

表 1-3 中国中小微企业划分具体标准（2011 年）

行业名称	指标名称	中型	小型	微型
农林牧渔业	营业收入（元）	500 万 ~ 20000 万	50 万 ~ 500 万	50 万以下
工业	从业人员	300 ~ 1000 人	20 ~ 300 人	20 人以下
	营业收入（元）	2000 万 ~ 40000 万	300 万 ~ 2000 万	300 万以下
建筑业	营业收入（元）	6000 万 ~ 80000 万	300 万 ~ 6000 万	300 万以下
	资产（元）	5000 万 ~ 80000 万	300 万 ~ 5000 万	300 万以下
批发业	从业人员	20 ~ 200 人	5 ~ 20 人	5 人以下
	营业收入（元）	5000 万 ~ 40000 万	1000 万 ~ 5000 万	1000 万以下
零售业	从业人员	50 ~ 300 人	10 ~ 50 人	10 人以下
	营业收入（元）	500 万 ~ 20000 万	100 万 ~ 500 万	100 万以下
交通运输	从业人员	300 ~ 1000 人	20 ~ 300 人	20 人以下
	营业收入（元）	3000 万 ~ 30000 万	200 万 ~ 3000 万	200 万以下
仓储业	从业人员	100 ~ 200 人	20 ~ 100 人	20 人以下
	营业收入（元）	1000 万 ~ 30000 万	100 万 ~ 1000 万	100 万以下
邮政业	从业人员	300 ~ 1000 人	20 ~ 300 人	20 人以下
	营业收入（元）	2000 万 ~ 30000 万	100 万 ~ 2000 万	100 万以下
住宿业	从业人员	100 ~ 300 人	10 ~ 100 人	10 人以下
	营业收入（元）	2000 万 ~ 10000 万	100 万 ~ 2000 万	100 万以下
餐饮业	从业人员	100 ~ 300 人	10 ~ 100 人	10 人以下
	营业收入（元）	2000 万 ~ 10000 万	100 万 ~ 2000 万	100 万以下
信息传输业	从业人员	100 ~ 2000 人	10 ~ 100 人	10 人以下
	营业收入（元）	1000 万 ~ 100000 万	100 万 ~ 1000 万	100 万以下
软件和信息技术服务业	从业人员	100 ~ 300 人	10 ~ 100 人	10 人以下
	营业收入（元）	1000 万 ~ 10000 万	50 万 ~ 1000 万	50 万以下
房地产	营业收入（元）	1000 万 ~ 200000 万	100 万 ~ 1000 万	100 万以下
	资产（元）	5000 万 ~ 10000 万	2000 万 ~ 5000 万	2000 万以下
物业管理	从业人员	300 ~ 1000 人	100 ~ 300 人	100 人以下
	营业收入（元）	1000 万 ~ 5000 万	500 万 ~ 1000 万	500 万以下
租赁和商务服务业	从业人员	100 ~ 300 人	10 ~ 100 人	10 人以下
	资产（元）	8000 万 ~ 120000 万	100 万 ~ 8000 万	100 万以下
其他	从业人员	100 ~ 300 人	10 ~ 100 人	10 人以下

二、小微贷款的主要特征

（一）借款人缺乏有效抵押物

小微贷款的客户、服务对象为符合小微企业认定标准的企业，具体为广大个体工商户、小作坊、小业主等。小微企业融资难，主要受限于小微企业往往缺乏有效的资产抵押物。而商业银行贷款的标准基本一致，大多以抵押贷款的形式发放，抵押贷款中的抵押品一般为房屋、土地等固定资产。而小微企业处于成长期，固定资产不足甚至没有，使用的是租借的房屋和厂房，很难达到银行的贷款要求。

（二）借款人资质难以符合银行准入标准

小微企业在成立年限、持续盈利能力、资产负债率、信用记录等方面很难达到银行的准入标准。按照 Greiner（1972）的分类方法，企业发展通常要经过五个阶段，即创新成长期（Growth Through Creativity）、指导成长期（Growth Through Direction）、授权成长期（Growth Through Delegation）、协调成长期（Growth Through Coordination）和合作成长期（Growth Through Collaboration）。小微企业大多处于第一阶段的创新成长期。

在创新成长期，企业创建者通常以技术或企业家身份定位，并把全部精力投入新产品的生产和销售上，而对管理漠不关心。因此，大多小微企业管理混乱，财务制度、审计制度不健全甚至不存在，会计能力不足，财务报表质量差、问题多。此外，当企业进入扩张阶段，为扩大生产进行大量投入，增加了成本和固定资产，但不能在短期内转化为收入或利润。因此，毛利率、资产收益率等财务指标都难以达到贷款要求。

（三）目标客户范围广、数量多

与传统金融产品相比，小微贷款的目标客户范围更广泛、数量更多。正如世界银行扶贫协商小组（CGAP）所指出的："尽管不是所有的穷人都经营微型企业，但是所有穷人都需要、使用不同类型的金融服务，并从中获益。事实上，穷人千差万别，金融需求亦千差万别。"因此，所有得不到正规金融服务的低收入家庭都是微贷款的潜在客户。在中国，占家庭总数60%左右的中低收入家庭都是潜在微贷款客户。低收入家庭及微型企业的共性财务特征可归纳为：

（1）原则上，低收入家庭没有定期工资收入，并依靠经营小生意或微型企业维持生计。在统计学上，他们通常被划分为"自雇者"。

（2）经济活动不正规，通常不办理经营执照，也没有在税务部门注册；他们没有财务报表，甚至连完整的账目记录都没有。

（3）通常只有很少的资产和生产设备，启动资金大多来自家庭存款。

（4）经营活动具有较大的不确定性和高风险。低收入家庭的经营策略是风险最小化，而不是收入最大化。

（5）为应对高风险，低收入家庭通常同时从事多种经营活动，以稳定家庭收入水平。但是，独立分析每种经营活动时，并非每项都能获利。设计微金融产品时，需分析整个家庭的现金流状况。

（6）生产与消费不分，家庭与企业不分。无法分清家庭作为生产单位和消费单位的界限。例如，作坊常常在家庭生活的屋子里，资产既用于生活又用于生产目的。在现金管理方面，家庭和企业是一本账，无法区分哪些是家庭的收入或支出，哪些是企业的收入或支出。因此，资金互换性是低收入家庭的一个重要而显著的特征。

（四）借款人倾向于滞后偿还小微贷款

低收入家庭的现金管理，可借助浴盆来形象地说明。不同来源的家庭收入像冷水和热水一样混在一起，满足家庭和企业的各种现金支出需要。在一个"现金浴盆"中，将专门的现金流入（冷水或热水）与专门的现金支出——对应是不可能的（例如，试图用种植马铃薯得到的收入偿还种植马铃薯的贷款）。每一笔现金支出根据其重要程度而定。如果"现金浴盆"是满的，那么满足所有的费用支出是不成问题的。但是，如果"现金浴盆"里只有半盆现金（半盆是空的），那么只能满足那些必须履行的债务合约。经验证据显示：偿还高利贷比偿还贴息贷款更重要。

（五）小微贷款定价考虑因素复杂多变

基于小微企业在经营方面、资金需求方面的特点，在全球经济快速发展、市场竞争日趋激烈的大背景下，以迅猛速度异军突起的小微企业急需大量的资金供应。同时，由于小微企业自身固有的特殊性，以及国内银行管理运营方面存在的不足，使对小微企业的贷款定价面临严峻挑战。

首先，小微企业自身的管理方式、运作方式不够完善，抗击风险能力较弱，当外部经济环境动荡时最先遭受打击；同时其信用级别很低，担保困难，公开信息较少，所以在贷款过程中明显存在道德风险和逆向选择问题；银行通常向小微企业提供的是贷款业务，所以贷款价格的波动不会太大。

其次，小微企业的数量庞大，导致信息收集工作繁重，银行跟踪小微企业信息数据的难度较大，并且小微企业的经营波动也不具有稳定性，经营信息更加难以追踪。同时，不同银行由于对小微企业贷款的标准不同，因此无法实现信息共享；银行自身对贷款风险成本的评价体系存在缺陷，面对不同客户进行评价时具有较大难度。目前主要是通过对贷款客户的信用评级来评价贷款风险，但由于缺少历史数据、信息不对称、缺乏权威的信用评价中介机构，造成银行对客户信用评价工作实施艰难，并且客户信用等级也不能准确反映贷款风险；当然，银行内部的管理机制不够完善，缺少对小微企业的风险管理机制，也是形成现有局面的重要原因。

在对小微企业融资特点研究的过程中，国外学者主要使用实证分析法，并对小微企业融资特点进行统计分析，并将分析结果进行总结归纳。其中，Vietoria Williams 和 Charlesou（2003）、Udell 和 Berger（1998）以及 Gaston（1993）等对小微企业融资特点的研究成果具有很高的参考价值。上述研究成果认为：小微企业由于受限于其规模较小、经营管理不规范、信息统计不标准等不足，使其难以获得外部资金的支持。

此外，通过在多个行业内开展的统计对比分析，发现小微企业在资本构成、股权资本来源和资本量等方面具有相似性。在小微企业融资过程中，以家庭经营、所有者直接管理的小微企业主要以自筹融资作为最主要的融资渠道，企业股权构成也多以家庭资产、亲戚投资、借款为主。

三、小微贷款的相关理论

（一）新结构经济学

新结构经济学由林毅夫（2010）提出，旨在以现代经济学的方法研究经济发展过程中的经济结构和结构变迁的决定因素，以及不同发展阶段的经济结构对金融、产业组织、货币、财政、法律等的影响。新结构经济学强调，给定一个经济体所处的发展阶段，存在与该经济体所在时点上的要素禀赋结构相匹配的最优产业结构，随着经济发展、资本积累、要素禀赋结构变化、比较优势发生改变，该经济体的最优产业结构也会随之变迁，相应地对经济中的其他制度安排和经济运行的规律产生影响（林毅夫，2010）。

按照新结构经济学视角，对经济发展相对落后的国家而言，产业的资本密集度相对较低，中小企业在整个经济中占有更高的比重，此时与中小企业相匹配的小银行在整个银行业中所占的比例也应当更高。从动态的角度来看，随着一个国家经济发展，资本不断积累，要素禀赋结构、产业结构和企业规模结构不断变迁，该国的最优银行业结构也会发生相应的变化。

新结构经济学视角认为，要从根本上缓解中小企业的融资约束，关键在于改善银行业结构，满足中小企业对中小银行的金融需求，发挥中小银行善于甄别企业家经营能力的比较优势，而不是通过行政干预要求大银行服务中小企业。在金融监管方面，由于不同规模银行的融资特性以及适合的融资对象皆存在系统性差异，对不同规模银行的监管也应当有所区别和侧重。

新结构经济学视角研究表明，大银行更倾向于服务大企业，小银行更倾向于服务小企业。由于大银行的融资特性与中小企业不相匹配，导致大银行难以为中小企业提供低成本、高效的金融支持。大银行内部层级较多，难以有效甄别企业家风险（企业家经营能力的高低）等软信息。如果一个国家实际的银行业结构偏离由产业结构和相应的企业规模结构决定的最优银行业结构，则这个国家银行体系的效率难以达到最大化，且不可避免地会出现中小企业融资难、融资贵和资本错配等问题。

新结构经济学视角认为，企业的规模决定了企业的信息特征和风险特征，银行的规模决定了银行克服信息不对称和为企业提供金融支持的方式，特定规模的银行只有在服务特定规模的企业时，才能充分发挥自身的比较优势，以最低的成本为企业提供最有效的金融支持，由此也决定了不同规模的企业对不同规模的银行有着不同的金融需求。

（二）开发性金融

开发性金融作为一种独立的国家金融形态，是指具有政府特定赋权的法定金融机构，以市场化的运作方式和市场业绩为支柱，主动通过融资推动制度建设和市场建设，以实现政府特定经济和社会发展目标的资金融通方式。

作为开发性金融的重要实现方式，批发性金融主要面向中小微企业，是基于开发性金融理论而建立的一种新型小微企业融资模式。根据世界银行微型金融扶贫协商小组（2002）的定义，批发性金融是指一个从事批发销售的批发性金融机构，它将资金（赠款贷款或担保资金）批发给一个国家或者区域的不同金融机构，提供的资金可以附带或者不附带技术服务支持。就理论而言，如果处于最终消费者与供应商之间的厂商（中间层）能够有效地化解前两者直接交易时的信息不对称风险配对和交易成本等问题时，通过中间层分别向两者要价和出价进行交易将会改进整个金融市场的效率，这是批发性金融机制能够有效运作的理论基础。

中国国家开发银行（以下简称"国开行"或CDB）作为我国开发性金融理论的开创者和实践者，始终以"增强国力、改善民生"为使命，秉承"大项目富国，小项目富民"的经营理念，将"两基一支"领域的成功经验向下延伸到民生基层金融领域，对小微企业贷款成本高、风险大等问题进行了针对性的设计，帮助大批小微企业摆脱了融资困境。在金融实践中，国开行以开发性金融理论为指导理念，从自身职责使命、银行功能、人员和机构网点现状、竞争优势等出发，通过借鉴国内外先进经验，逐渐形成了以批发方式解决小微企业融资难的有效机制。该机制的核心在于批发与合作，即国开行通过法律上认可和现实可行的方法将资金批发给符合资质的业务主体或制度组合，在双方紧密合作的基础上零售发放给最终的小微企业客户。在该机制的操作过程中，涌现了一批具体可行的创新模式和典型案例。

（三）麦克米伦缺口

"麦克米伦缺口"（Macmilan Gap）理论是由英国人麦克米伦（Macmillan）提出的。该理论认为，中小企业在发展过程中，在资金方面会存在缺口，主要表现为金融市场愿意提供的金额小于企业对资本和债务的需求。此外，在英国金融制度中，中小企业与金融体系之间存在着理念不同、信息不对称、供需不均衡等状况，当中小企业外源性资本的规模低于25万英镑（现在价值约400万英镑）时，其融资需求很难在资本市场上得到满足。在麦克米伦论述的基础上，Bolton、Wilson、Mason和Harison等通过报告对非正式风险投资开展相应的研究，论证了中小企业在资本规模相对较小时都面临着资本缺口的问题。

（四）金融抑制

实证研究表明，世界各国都存在不同程度的"麦克米伦缺口"问题。Mckinnon发现在发展中国家这种缺口尤为明显。在发展中国家，市场机制通常不够完善，大多数发展中国家政府把廉价的信贷资金通过正规的金融体系配给至政府希望优先发展的部门。这导致很大一部分企业无法从正规的金融系统获取融资，这部分企业只能依赖内部融资或从非正规途径的民间金融市场获取外源性融资，这种现象被称为"金融抑制"。

（五）信贷配给

从微观层面上看，银行与企业间的信息不对称是造成金融机构不愿意给中小企业融资的一个重要原因。约瑟夫·斯蒂格利茨和安德鲁·维斯（1981）在《不完全信息市场中的信贷配给》中指出，由于借贷双方存在信息不对称现象，银行等正规金融机构很难从千差万别的各类贷款申请中有效分辨哪些借款人确实有能力及时偿还借款，哪些借款申请人有违约风险，哪些借款人届时根本没有还款能力，这就会导致逆向选择和道德风险产生。为了降低风险，银行会把利率降低到均衡利率以下，鼓励资信高的企业进入，将资信低的企业限制在外，这种现象被称为"信贷配给"。银行等正规金融机构通过一定的"信贷配给"制度来实现竞争情况下的均衡状态。

从上述分析可以推断出：由于市场上各种类型的借款者的资质情况各不相同，当信息不对称情况存在时，必然有一部分借款人因为信息不能有效传递，而导致金融机构的不认同，无法从金融结构获得借款，尽管他们可能仍然能达到金融机构的放款要求，甚至愿意承担更高的资金成本，这种现象被称为"界定现象"。所以商业银行对小微企业提出贷款需求时，对小微企业持审慎态度，甚至不得不放弃有良好发展前景的小微企业的正常信贷需求。因此，关于小微企业"信贷配给"的问题是小微企业融资需求理论的重要部分。

布拉滕施佩格（1978）进一步明确了"均衡信贷配给"的定义。希尔德加德·惠特（1983）在斯蒂格利茨和维斯研究成果的基础上，扩展了信贷配给模型理论。贝斯特（1985）对抵押品的用途进行了深入探讨。泰勒尔（2001）通过研究指出，当道德风险存在时，借款主体自有资本的大小可以决定其借款能力大小。

（六）长期互动假说

Banerjeel（1994）提出了长期互动假说。该理论认为，如果服务于中小企业的银行是地区性金融机构，则该类机构长期与地方中小企业合作，增加相互之间的信任，可有效地解决信息不对称问题，化解中小企业融资难的问题。此外，由于大中型金融机构未能长期深入与中小企业进行沟通与交流，其为了避免出现授信风险和节省成本费用，可能会更倾向于对大中型企业提供融资服务，缺乏积极性为中小企业提供金融服务。因此，该理论认为建立中小型的地区性金融机构有助于解决中小企业融资难问题。与此同时，Philip - Strallan、Jamesp - Weston（1998）也发表了相类似的主张：在向中小企业提供融资服务的金融机构中，中小型地区性金融机构更加具备竞争优势。西方发达市场经济国家都十分重视中小型地区性金融机构体系的培育和发展。

（七）关系贷款学说

美国学者 Berlin 和 Mester 将银行的借贷方式分为两种类型："交易型贷款"

和"关系型贷款"。"交易型贷款"多为一次性或短期交易行为，信用需求不会反复发生。交易所依据的是企业的"硬信息"，比如财务报表、抵押品的质量和数量、信用得分等，这些信息易于表达、量化、方便传递。"关系型贷款"是以银行对借款人保持密切监督、银行重新谈判和双方隐含长期合约为基本特征。依据企业的"软信息"（比如业主个人能力、性格、口碑、品行、企业行为信誉等）对客户的还款意愿和还款能力进行分析。这些信息也称为意会信息，具有强烈的人格化特征，难以量化和传递。"关系型贷款"作为小微企业融资的主要手段，有助于解决银企之间的信息不对称，减少抵押要求，因此引起了国内外学者的广泛研究。如米切尔·彼得森和拉詹（1994）与青木昌彦（2001）都指出，为了满足中小微企业的融资需求，一些金融机构也发展了一种区别于传统银行信贷审批模式的"关系融资"的特殊融资模式。这种模式注重通过考察中小微企业的"软实力"来决定能否发放贷款。虽然如何判断软实力的高低存在中小微企业的相关信息碎片化、获得方式多样化、求证难度大、沟通渠道不畅通等问题，但是借贷双方通过深入交流和信息的不断积累，可以得到有效解决。艾伦·伯杰和格利戈里·尤戴尔（2002）指出，金融中介机构内部将会产生一个代理问题：放贷员工通过与中小企业长期直接接触，获得了大量的企业软信息，但却难以从放贷员工有效地传递给机构的管理层或者所有者；而小型的金融中介机构因为具有较扁平化的管理结构，员工和决策层之间不会间隔太多级别限制，所以它们在关系型信贷中会产生较小的代理成本。金融机构通过获得中小企业的"软信息"，并建立起有效的基于"软信息"的评估和判断体系，从而突破传统的基于财务报表分析和抵押物价值的信贷审批模式，可以帮助中小企业能够获得金融机构贷款，同时降低它们的融资成本。

四、小微贷款的研究现状

（一）银行自身视角

在从银行视角研究方面，国内专家学者主要关注于小微企业融资难的原因，并建议银行根据小微企业的特征进行产品和流程创新。宋萌萌（2011）认为，小微企业较难获得商业银行贷款融资的原因主要包括两个方面：一是风险高，由于小微企业经营不规范的特点，导致小微企业融资风险较高，而高风险产生的高不良率也将影响商业银行的考核业绩。二是成本高，小微企业规模小、贷款金额小，若以大中型企业信贷模式操作，付出的综合成本相对过高。李雪梅（2010）指出，小企业的发展受到其向银行申请贷款融资状况的影响，在实践中存在的小企业融资难的状况，将阻碍小企业的健康发展。若商业银行积极加快产品创新，优化经营管理模式，向小企业提供更加优质的金融服务，优化小企业融资环境，将有利于进一步推动小企业的健康发展。但站在商业银行的角度来看，由于需要投入更多的资源和工作量，因此，改善小企业贷款融资服务是长期而艰巨的一个过程。彭凯和向宇（2006）提出在经济、社会、文化等多因素的影响下，由于受到传统思想理念、把控整体风险、人力成本高启等因素的制约，现阶段商业银行开展小微企业贷款面临的困难较为艰巨。

（二）小微企业视角

在小微企业本身视角研究方面，国内专家学者主要基于宏观经济发展，提出小微企业须认识自身与银行和政府的关系，寻找自身的发展道路。凌宁（2012）强调小微企业面临的市场环境，现阶段小微企业面临的困难比2008年金融危机时更严重，在外部市场冲击的同时，国内内需增长缓慢。

在宏观经济放缓的情况下，小微企业需要提高自身综合发展能力，需找适合自身发展的目标市场。尚福林（2012）在"2011全国小微企业金融服务评价会"上指出，要准确地掌握服务小微企业与发展实体经济的关系、深入地认识服务小微企业与促进金融创新的关系、更加辩证地认识服务小微企业与增强风险管理的关系、深刻地认识服务小微企业与商业银行业务转型的关系，更有效地落实推进小微企业金融服务的政策指导、信贷支持、机构建设等工作。保育均（2012）指出，信息不对称阻碍了小微企业与政府之间的沟通，也导致了政府政策不能快速落地支持小微企业的措施。厉以宁（2011）认为，政府与商业银行需要为小微企业提供符合其实际需求的金融服务体系，尽可能地降低小微企业的成本和赋税。

（三）民间融资视角

在民间融资视角研究方面，国内专家学者呼吁使用多样化的融资手段解决小微企业融资难的问题，并鼓励尝试采用民间融资方式。吴晓求（2012）认为，我国设立温州金融综合改革试验区的做法是一种创新的尝试，其从规范民间融资的角度出发，为温州乃至全国的小微企业融资提供了新的思路和渠道。

罗丹阳（2009）指出，可通过多样化的融资方式进行组合，多层次地解决小微企业融资难的问题。其中，需要重点关注和使用民间融资渠道，并通过发行私募债、票据融资、股权融资、天使基金、商业信用等多样化的方式，弥补银行融资难的"短板",为中小企业提供充足的发展资金。邵燕翔（2007）认为，民间融资对于中小企业融资而言是把"双刃剑"，如果在合理的范围内使用，将会促进解决中小企业融资难的困境，但若使用不当将会进一步阻碍中小企业融资。并根据研究的实际情况，针对如何引导和发展民间金融，使其高效地服务中小企业融资的问题，提出了相应的对策。

第二章 全球小微企业的融资现状与利益驱动

一、全球视角下小微企业的融资现状

小微企业在全球经济发展中占有极其重要的地位。一方面，小微企业的数量在全球所有企业中占有绝对优势，在促进经济增长、增加就业等方面发挥着重要作用；另一方面，它是企业家创业成长的重要平台，也是科技创新的支撑力量。近年来，在席卷全球的次贷危机和欧债危机的影响下，国际经济增速放缓，对经济景气最为敏感的小微企业面临着资金链断裂的风险，由此导致其融资瓶颈越发显现，融资遭遇前所未有的困难，微薄的利润空间不断受到侵蚀，生存状况越发艰难。在这种背景下，研究小微企业的融资问题，为其提供参考思路和解决方案，进而促进小微企业的健康发展，对促进全球经济复苏具有十分重要的战略意义。

（一）全球视角下小微企业融资缺口的度量

小微企业为世界各国的经济增长和增加就业做出了巨大贡献，这一点在发展中国家尤其明显。在这些国家，仅是正规的小微企业就解决了45%的就业，贡献了33%的GDP。如果计入非正规小微企业，它们的贡献更为显著。目前，小微企业已经成为全球实体经济发展的重要动力。然而，多年来融资难始终困扰着小微企业的成长和发展，资金供求缺口的问题普遍存在。小微企业处于快速成长期，对资金需求量大，而目前由商业银行主导的融资体制无法满足企业的资金需求，在中低收入国家尤为突出。发展中国家正式的中小微企业近1.62亿个，其中小微1.41亿个，中小企业2100万个，巴西、中国、尼日利亚三个国家占中小微企业总数的67%，相当于1.09亿个。仅中国就有近1200万个中小企业，占发展中国家中小企业总数的56%。中国还拥有4400万个小微企业，占发展中国家所有小微企业的31%，具体如图2-1所示。由此可见，发展中国家的小微企业比发达国家的小微企业更有可能存在融资困难问题。在当前国内外经济形势复杂多变的情况下，破解这一难题显得更加紧迫，而我们首先该做的就是量化小微企业的融资缺口。全球新兴市场国家中小微企业数量和融资缺口统计如附录所示。

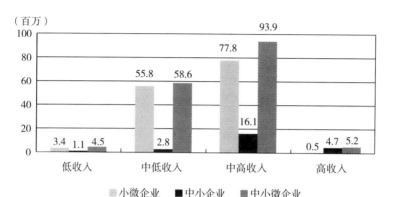

图2-1　不同收入国家中小微企业数量

资料来源：《世界银行中小微企业融资缺口报告（2018年）》。

《世界银行中小微企业融资缺口报告（2018年）》显示，新兴市场国家中有接近3.65亿~4.45亿个小微企业，其中正规小型企业的数量为2500万~3000万个，正规微型企业的数量为5500万~7000万个，而其余均是数量庞大的非正规小微企业。即使是正规的小微企业，也仅有45%~55%能获得正规的机构贷款，显然非正规小微企业面临的融资缺口会更加惊人（见图2-2）。

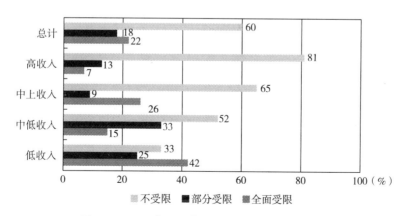

图2-2　不同收入国家小微企业融资受限的情况

资料来源：《世界银行中小微企业融资缺口报告（2018年）》。

宜信公司对我国小微企业的调查结果显示，小微企业无论其营业规模大小，多数企业的资金短缺额度都很小。64%的企业表示其日常资金短缺额度在10万元之内，94%的企业资金短缺额度不超过50万元，即使是年营业额在千万元以上的企业也以50万元之内的资金短缺为主。

考虑到对小微企业本身缺乏足够的认识，以及对其融资渠道缺乏可靠的和可持续监测的数据来源，量化小微企业的融资缺口是一项困难的挑战。如图2-3所示，从全球范围看，融资受限的中小微企业总数超过6000万。在过去的几十年中，发达国家的人们日益认识到小微企业的重要性，并采取措施来尽可能保证小微企业及时足额的获得所需资金。但新兴市场的小微企业则没有这么幸运。新兴市场小微企业的融资缺口为2.1万亿~2.5万亿美元。事实上，在发展中国家365万~445万家的小微企业中，仅有15%能得到足额的外部融资，另有15%左右融资不足，其余的70%则无法从外部金融机构获得融资。后两者加总可得，新兴市场小微企业的融资缺口大约为这些国家GDP总量的14%，占全球总信贷余额的1/3。

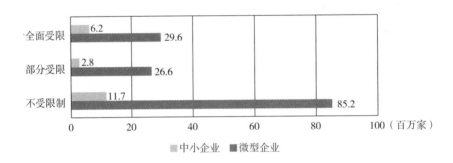

图2-3　全球范围内正规小微企业融资受限的数量情况

1. 缺口度量

小微企业融资缺口的产生，主要是由小微企业融资需求和金融机构服务间的不匹配造成的。不同的小微企业有着不同的需求，面临着不同的挑战；在地域上也不是均匀分布，每个市场上的小微企业状态各异，因此，了解小微企业的分类方式是满足其融资需求的前提。

如图2-4所示，尽管中小微企业部门对全球经济很重要，但数据仍然稀缺、不完整和零散。世界银行研究发现，中小微企业部门融资的潜在需求总量为8.9万亿美元，目前只有3.7万亿美元在供应。全球中小微企业融资缺口大约为5.2万亿元。

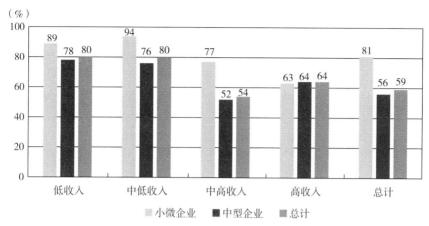

图 2-4 不同收入水平国家中小微企业融资缺口占潜在需求的百分比

第一，地区间存在重大差别。如图 2-5、图 2-6 所示，东亚、拉丁美洲融资缺口高居前两位，分别是南亚的 8 倍和 4 倍；亚洲区域内，中国缺口居首。

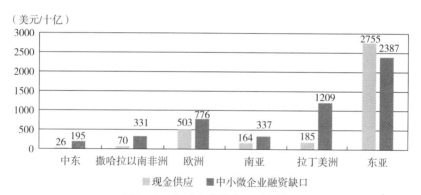

图 2-5 全球中小微企业融资缺口

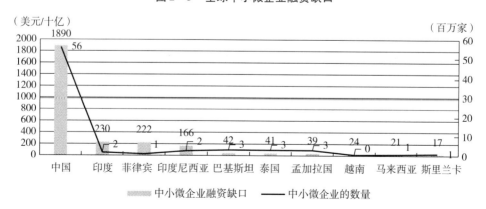

图 2-6 亚洲地区（东亚、南亚）融资缺口规模前十名国家

第二，新兴市场的融资缺口在正规小微企业和非正规小微企业之间并未按照企业数量比进行分配。不到10%的正规小微企业（2500万~3000万家）占有35%的融资缺口（7000亿~8500亿美元）。

2. 融资挑战

显然，如何来填补新兴市场中小微企业的融资缺口是我们必须要面对的严峻问题，尤其对于数量庞大的非正规小微企业。下面我们分别来阐述正规小微企业和非正规小微企业融资所面临的不同挑战。

（1）正规小微企业：如何与银行有效地沟通交流。在新兴市场所有的小微企业中，70%~76%已经有银行账户，75%~80%的小微企业则没有正式的信贷。事实上，80%~88%的融资缺口来自有银行账户的小微企业。

但是，地区之间仍存在较大的差异。例如，东亚的融资缺口（2500亿~3100亿美元）几乎是南亚（300亿~400亿美元）的10倍。地区差异主要取决于每个国家和地区正规企业的数量及其经济结构。南亚地区之所以正规小微企业融资缺口较低，是因为其非正规小微企业占比更高以及企业平均收入更低。

同时，全球各地融资缺口占信贷余额比例也是不同的。图2-7提供了全球各个地区正规小微企业融资缺口占信贷余额的百分比。我们可以看到，正规小微企业的融资缺口总额是7000亿~8500亿美元，占当前信贷余额的21%~26%，撒哈拉以南的非洲小微企业的融资缺口，占其信贷余额300%~360%，而东亚地区的相应数字是11%~14%。

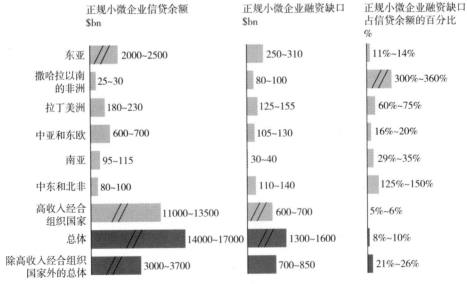

图2-7 全球正规小微企业融资缺口占信贷余额百分比

资料来源：IFC 和世界银行公开数据库（2011 年）。

目前，虽然信贷服务更为完善，但正规的小微企业仍有大量未满足的融资需求，其障碍在于授信环境的弱点，有限的金融基础设施以及银行与正规的小微企业有效合作的能力。幸好大多数小微企业已经有了银行账户，可以与金融机构建立起合作关系，有效利用好这些关系，将是解决小微企业融资难问题的关键。

（2）非正规小微企业：如何适应和创新。在新兴市场中，非正规小微企业的融资需求是正规小微企业的 2 倍，融资缺口为 1.4 万亿 ~ 1.7 万亿美元，但其企业数量（3.1 亿 ~ 4.15 亿个）却是正规小微企业的 9 倍。

由于数据的局限性和定义的差异，确定非正规小微企业融资缺口的地区差异比正规小微企业难，但我们仍然能大致估算出其资金规模。南亚地区非正规小微企业的融资缺口为 2800 亿 ~ 3400 亿美元，在全球仅次于东亚地区的 6500 亿 ~ 8000 亿美元。事实上，东亚和南亚地区的非正规小微企业融资缺口大约占新兴市场总缺口的 2/3，这与新兴市场正规小微企业不足 40% 的融资缺口集中于东亚和南亚地区形成了鲜明的对比。撒哈拉以南非洲、中东和北非、拉丁美洲则形成了非正规小微企业最大的融资缺口。

为非正规小微企业提供金融服务相对而言难度也更大。非正规小微企业与银行的业务关系较少，金融机构从每家企业所能获得的潜在收益也较低，而且这些企业大多处在农村或其他金融服务难以惠及的地区，金融机构也缺乏与非正规小微企业的业务记录，这也使其服务成本更高。各国政府所面临的挑战就是找到方法来帮助这些非正规的小微企业适应环境并成为正规的小微企业，金融机构也需要找到创新商业模式的途径，来持续地为这些小微企业提供金融服务。

（二）全球视角下小微企业融资的壁垒

小微企业融资服务能力已经成为未来衡量银行发展潜力及盈利能力大小的重要指标。小微企业融资业务的贷款主体一般为小微企业主或其实际控制人。众所周知，客户数量多、行业分布广，信贷周期短、贷款额度小、用款次数频繁、风险较大、收益较高，担保物及担保方式匮乏以及客户信息采集较难是小微企业融资业务的主要特点。虽然小微企业融资需求的资金量较小，但是在当前全球经济低迷的大背景下，银行更愿意将资金贷给具有良好资质和还款能力的大公司，因此小微企业融资难问题显得尤为突出。

小微企业在不同发展阶段需要的融资渠道是不同的。初级阶段的资金需求通常依靠内部融资来满足。内部融资是企业依靠其内部积累进行的融资，具体包括三种形式：资本金、折旧基金转化为重置投资和留存收益转化为新增投资。相比于外部融资，它可以减少信息不对称及与此相关的激励问题，节约交易费用，降低融资成本，增强企业剩余控制权。但是，内部融资能力及其增长要受到企业的盈利能力、净资产规模和未来收益预期等方面的制约。

随着技术的进步和生产规模的扩大，单纯依靠内部融资已经很难满足企业的资金需求。外部融资在这个过程中发挥着越来越重要的作用。外部融资是指企业吸收其他经济主体的储蓄，使之转化为自身投资的过程，来源主要包括银行贷款、股权融资、租赁融资、商业信用、开发银行贷款和非正规金融机构六种方式。能否顺利获得外部融资决定了小微企业的发展轨迹。图2-8展示了不同规模企业满足不同资金需求时所能够获得的融资渠道。由该图可知，相比于大中型企业，小微企业能够获得融资的渠道明显偏少，中长期融资需求难以得到满足。

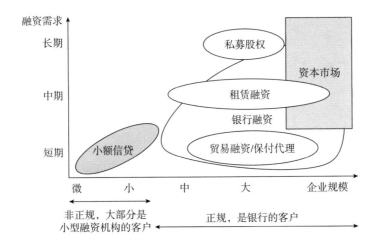

图2-8 不同规模企业满足不同资金需求时所能够获得的融资渠道

融资渠道匮乏正成为制约小微企业发展的重要"瓶颈"，尤其是在新兴市场国家中。研究表明，小微企业比大中型企业更加依赖内部融资。在低收入国家中，小微企业获得银行贷款的可能性只有中型企业的一半，不及大型企业的1/3。小微企业贷款需求数量相对较小，但由于它们多存在轻资产、资信评级不足等先天障碍，贷款能力要远远弱于大中型企业。其他的小微企业融资渠道（如租赁和保理业务）在新兴市场国家则尚不完善，不能为小微企业融资提供足够的支持。

小微企业融资难的原因是多方面的，下面将从小微企业面临的非金融壁垒和金融壁垒两个方面展开讨论。

1. 非金融壁垒

（1）小微企业融资渠道单一，缺乏创新。虽然小微企业的融资方式日益多元化，一些小微企业开始利用期限灵活、手续简便的内部集资、民间借贷等方式进行融资，但是金融机构（主要是商业银行）贷款仍然是大多数小微企业资金的主要来源。一旦银根紧缩，小微企业的融资需求就会被挤压，融资渠道就会受阻。2010 年，中国人民银行对除港澳台、西藏之外的 30 个省、自治区、直辖市的 1658 家金融机构和 2838 家中小工业企业的调查结果显示，企业融资选择的渠道依次为金融机构贷款、企业职工自筹资金、占用客户资金、票据融资、民间借贷、外商投资和证券市场融资（见图 2 - 9）。

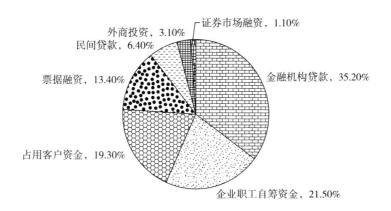

图 2 - 9　小微企业融资渠道的选择

资料来源：中国人民银行网站（2010 年）。

（2）小微企业自有资本金偏少，间接融资获得性差。小微企业依靠当地资源优势，低门槛进入市场，经营规模较小，面向市场组织生产，经营方式灵活多样、涉及面广，以规模和数量的多样化和小批量著称。因此，资金的需求一次性小、频率高，相应的对融资的要求小、面广、借期短、具有很强的时效性，发生借贷频率频繁。据测算，小微企业的贷款频率是大中型企业的 5 倍，而户均贷款数量却仅为大中型企业的 5% 左右。为减少不良资产，防范金融风险，各商业银行（含各类小微金融机构）普遍推行了抵押、担保制度，纯粹的信用贷款已经很少，抵押和担保贷款的比重大多超过 90%，而且抵押贷款的比重有进一步上升的趋势。

（3）小微企业缺少足够的抵押资产。小微企业一般固定资产较少，缺乏土地、机器、设备、房地产的所有权或使用权等传统抵押物，偿债能力低，寻求担保非常困难，大多不符合银行贷款条件。据调查，全球小微企业因无法落实担保而拒贷的比例高达 23.8%，因无法落实抵押而发生的拒贷比例高达 32.3%，两者合计总拒贷率高达 56.1%。创新中的小微企业，虽有较高的失败率，但成功的创业将带来高额的创业收益，如果发展中的小微企业以银行融资为主，银行承担了融资风险，那么银行信贷融资只能获得固定的利息收益，而不能分享企业成功带来的高收益，这导致银行风险与收益不对称，降低了银行对小微企的贷款动力。

（4）小微企业经营风险大。由于小微企业处于快速成长期，过于依赖单一市场或客户，市场抗风险能力较弱；且小微企业的资产规模较小，除少量高科技创新企业外，大部分小微企业研发投入少，技术水平落后，难以适应不断变化的市场需求和日益激烈的市场竞争，抗市场波动的能力相应比较低，因此经营风险比较大，倒闭和歇业率都比较高。而且小微企业的资金需求相对来说数量少，但频率高，这也增加了融资的成本和代价，加大了融资的复杂性。根据美国小微企业管理局估计，美国有近 23.7% 的小微企业在创业两年内消失，有近 52.7% 的小微企业在 4 年内退出市场，而我国小微企业的倒闭和歇业率还要高于美国。小微企业高比率的倒闭风险以及高融资成本使金融机构的风险和收益不对称，信贷风险相对加大，往往使金融机构望而却步。图 2 - 10 表示了全球各地倒闭的小微企业占总数的百分比，可知小微企业的倒闭数量和概率都是很高的。

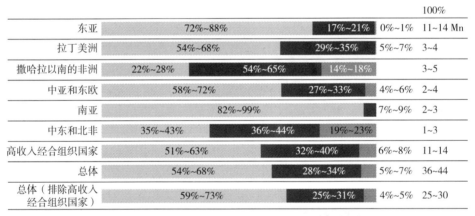

图 2 - 10　全球各地倒闭的小微企业占总数的百分比

资料来源：根据 IMF、麦肯锡报告整理（2011 年）。

（5）小微企业盈利水平低。小微企业平均盈利水平较低，业绩不佳直接导致融资困难。按照小微企业的融资需求可将小微企业划分为三种类型：效益好、有发展潜力但目前状况一般和效益差的小微企业。一般来说，效益好的小微企业是各金融机构争夺的客户；有发展潜力但目前状况一般的企业极有可能会遭遇"冷板凳"或被苛刻的抵押担保条件拒之门外；而效益差的小微企业更是无法从银行获得贷款。银行对小微企业发放贷款时，更加侧重于考察企业的财务状况和经营水平。我国小微企业的整体业绩不理想，总体盈利水平低，后两类企业占绝大多数，从而使银行对小微企业这个群体产生了歧视倾向。

（6）小微企业产品创新方式少。小微企业大多轻资产，很多企业无厂房抵押，无法提供正规财务报表，这成为小微企业融资难的一个重要原因。所以，金融机构对小微企业发放贷款主要采取房产抵押、公司保证方式，占比高达70%～90%。由于产品创新较少，小微企业融资较为困难。

（7）小微企业治理结构不规范。由于我国正在经历由计划经济到市场经济的转变，许多小微企业在设立之初就存在先天的缺陷，如许多小微企业都是家族化管理模式，靠"豪情壮志敢想敢干"起家，发展到一定规模时，需要组成团队，通过系统运作向前推进时，很多小微企业却迈不过去这个坎，即使公有制的小微企业也缺乏完善的法人治理结构。特别是县一级的为数众多的小微企业，近年来虽然都经历了企业改制，但大量企业的改制流于形式，其结果自然是产权不清和国有股一家独大。这样的企业在进行股权资本融资时，经常是陷入内部人为纷争，使外部的股权资本不敢进入或无法引入。

（8）小微企业信用文化缺失。我国小微企业长期拖欠供应商货款已是常见之事。我国社会信用体系建设正处于完善阶段，企业信用和个人信用屡遭破坏，导致银行对小微企业失去信任，银行对小微企业的贷款条件越发严格，手续越发烦琐，人为增大了交易成本。在信用缺失的情况下，为了减少银行的坏账率，银行通常较容易对信息透明度高且现金流量稳定的大企业提供贷款，而信息不透明的小微企业就很难得到银行的信贷支持。

2. 金融壁垒

（1）小微企业融资成本不堪重负。融资成本是决定企业融资效率的决定性因素，小微企业融资成本高主要表现在以下三个方面：首先，从银行获取贷款的成本较高。小微企业的贷款额往往比较小，周期短，但手续繁杂，并且由于信用体系、监管制度等不够完善，小微企业贷款发放主要依赖客户经理的主观判断以及责任约束机制实现，增加了获取贷款的人力成本。另外，由于银行向小微企业提供贷款时会承受较高的风险，故理所当然地要求从小微企业那里获得补偿，从而增加了小微企业的成本。其次，信用担保增加了融资成本。小微企业获得银行信用贷款的难度较大，为了获得贷款，小微企业现实的做法是通过信用担保机构提供信用担保，然后获得银行的信贷支持。在办理信用担保手续过程中，需要支付有关的手续费和担保费，从而增加了小微企业的融资成本。最后，通过其他方式融资的成本很高。由于资金严重短缺，小微企业很多时候依靠典当、民间亲朋好友借贷，甚至有时不得不转向成本高昂的高利贷为企业筹集资金，付出较高的资金成本，这种做法侵蚀了小微企业利润，给企业经营带来极大困难。

（2）小微企业融资缺乏政策性制度支持。从发达国家的经验来看，建立小微企业特殊融资机制可以有效地缓解甚至解决小微企业融资难的问题，比如日本设立了小微企业金融公库，韩国设立了小微企业银行等，这些机构均由政府设立并且不同程度地依靠政府资金来支持小微企业的发展。我国虽然也建立了国家开发银行、中国进出口银行和中国农业发展银行的政策性银行体系，但三大银行在解决小微企业融资问题上各有自己的政策倾向，服务对象各有侧重，并且小微企业都不是其主要的贷款对象。虽有融资支持，但其设立的贷款条件对小微企业来说比较苛刻，难以达到。虽然近几年逐渐增加了对小微企业的贷款支持，但其贷款量仍然很小，对我国庞大的小微企业群体来说，只是杯水车薪。

（3）我国城市商业银行制度不完善。我国的城市商业银行由于资源条件处于劣势，为了避免与大银行在客户上的直接冲突，将自己定位于服务小微企业、服务市民，但是受传统经营方式的影响，很多城商行不是将向小微企业提供金融服务作为业务重点，而将大部分资金用于风险小、收益稳定的业务上，这与小微企业的发展特点不相符合；另外，对于农村信用社来说，近年来以小额信贷为主要形式向农户提供贷款，在一定程度上促进了农村经济的发展，但是由于体制的原因，其在结算、服务功能、资金实力等方面远不能满足小微企业发展的需要。

将同样的数额贷给一个大中型企业和多个小微企业，银行的收入一样，但后者的成本明显要高很多。银行部门人力有限，而很多小企业财务流程不规范，对其调研要耗费大量的人力物力，并且许多城市商业银行谋求上市，因担忧对小微企业贷款过多而使不良贷款率上升，所以银行并不愿过多地接手小额信贷业务。小微企业即使最终成功贷款，但过于烦琐的手续与较长的申请周期，也会影响企业资金周转。缺乏足够担保和抵押而导致贷款失败的案例十分普遍。多数存在融资需求的小微企业只能通过亲友或者民间融资的方式获取资金，这需要承受远远高于银行的资金成本。

（4）我国资本市场制度不完善。我国现行资本市场制度难以适合小微企业发展需要。对于小微企业来说，为追求高收益而承担高风险的资本市场似乎是比较适合的融资渠道。但目前我国的资本市场发展还不够成熟、完善，这在很大程度上制约了小微企业利用资本市场进行直接融资的规模和效率。资本市场的不完善主要表现在：

第一，风险投资机制起步较晚，作用没有充分发挥。风险投资是专门为创业初期和中期的小微企业提供私人权益性资本的融资方式，是公认的建造创新型小微企业的最有效的投资工具。但是，我国的风险投资目前仅仅处于起步阶段，还存在风险资本的筹集渠道狭窄、风险投资主体缺乏以及风险资本撤出渠道不畅通等问题，自身的问题还有很多，更毋论支持小微企业的发展壮大了。

第二，我国尚缺乏功能定位明确的多层次资本市场体系。目前我国形成了由主板市场、中小企业板市场（二板市场）、产权交易市场和代办股份转让系统（三板市场）三个层次组成的较为完整的资本市场体系。但是，由于主板市场的上市标准和条件非常苛刻，广大小微型企业很难符合要求，对小微企业融资困境问题解决的意义微乎其微。中小企业板尽管是为推动中小微企业发展、扩大融资渠道服务的，但要真正实现其应有的融资功能和对企业的整体规范作用还有很长的路要走。这主要是因为中小企业板市场规模太小，行业覆盖、区域分布不均衡，大量充满活力、有成长潜力的中小微企业受阻于资本市场的情况还很明显，一些优质小微企业被迫寻求海外上市；融资制度不能满足小微企业多样化的融资需求，现行发行制度上市周期长，门槛高，成本高，手续复杂，与广大小微企业灵活快速的融资要求存在较大差距，无法满足小微企业技术更新、产品升级换代对资金的急切需求。而三板市场由于功能定位、市场结构等方面的缺陷，也使其很难有效地对广大小微企业进行融资支持。

（5）我国缺乏行之有效的担保机构。从社会中介的担保功能发挥情况来看，存在较大的局限性。近年来，为了解决小微企业贷款担保难的问题，我国在许多城市建立了小微企业信用担保机构。但是从实际看，担保机构的作用发挥有限。

首先是担保机构本身的运作机制存在一些问题，既制约了资金的扩充，使民间社会资本无法进入，又使这一市场化的产物在行政管理的方式下运行不畅。

其次是缺乏应对担保风险和损失的措施，政府财政资金一次下拨而没有定期的损失补偿机制和来源，基金风险只能采取简单的分担摊派而不是进行有效的风险分散。

最后是由于各政府部门的协调配合还不够密切，使一些具体操作性问题无法及时、有效解决，影响了担保功能的正常发挥。

（6）我国征信体系不完善。由于小微企业规模小、经营不稳定且制度不健全，导致银行缺乏足够的资源和信息去全面了解小微企业的真实信息。而为小微企业融资服务的征信保障制度不到位、征信体系和信用担保体系不完善、相应的征信法律法规的缺失都导致了小微企业征信市场混乱。征信数据多分散在工商、税务等多个部门，尚未建立统一开放的平台，再加上没有统一的行业技术和信用评级模型，使小微企业的数据难以形成信用信息的有效共享，银行无法通过征信查询了解小微企业真实的信用状况。银行与企业之间存在信息盲区，银行信贷资产存在安全隐患，影响整个小微企业征信系统的健康发展和生存。信用担保体系的不完善导致小微企业抵押担保不足、抵押担保难以落实，从而进一步加剧小微企业融资难的困境。

综上分析，全球各地小微企业融资难，既有小微企业自身的经营管理体制等非金融壁垒的问题，也有金融制度、金融环境等金融壁垒的问题（表2-1对上述金融壁垒和非金融壁垒进行了简单的总结）。因此，解决小微企业融资难的问题需要从多方面综合考虑，需要企业、金融机构、政府部门和社会各方的共同配合，各国应该根据具体国情来寻求解决之道。

表2-1 金融壁垒与非金融壁垒

非金融壁垒	金融壁垒
1. 融资渠道单一，缺乏创新；	
2. 自有资本金偏少，间接融资获得性差；	1. 融资成本过高，不堪重负；
3. 缺少足够的抵押资产；	2. 融资政策性金融制度缺乏；
4. 经营风险大；	3. 我国城市商业银行制度不完善；
5. 盈利水平低；	4. 我国资本市场制度不完善；
6. 产品创新方式少；	5. 我国缺乏行之有效的担保机构；
7. 治理结构不规范；	6. 我国征信体系不完善
8. 信用文化缺失	

二、普惠金融视角下小微企业融资的利益驱动机制

虽然小微企业的发展受到多种因素阻碍，但世界各国已经充分意识到小微企业对经济发展和促进就业的重要性，并积极采取措施来解决小微企业融资难问题，以保障小微企业健康快速地发展。以下我们主要从新兴市场银行、发达国家银行、各国政府、小微企业自身四个方面来进行阐释，其关系如图2-11所示。

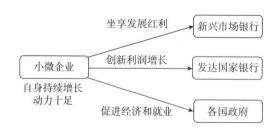

图2-11 小微企业融资的利益驱动机制

对于新兴市场中的银行来说，为小微企业提供服务是一个巨大的商机。图

2-12 展现了全球各地银行小微企业贷款业务的收益预测。在 2010 年，新兴市场的银行从小微企业业务中获得高达 1500 亿美元的收益，占银行总收益的 1/6。预计这个数字会以 20% 的年增长率不断提高。可见，小微企业将成为新兴市场银行的重要利润增长点。

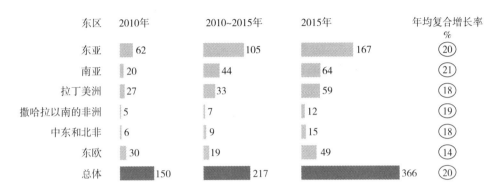

图 2-12　全球各地银行的小微贷款收益预测（单位：十亿美元）

资料来源：IFC 和世界银行公开数据库（2011 年）。

（一）新兴市场银行坐享小微企业发展红利

驱动小微贷款业务快速增长的因素主要有三个：

（1）新兴市场名义 GDP 的大幅增长，年均增长率达到 14%，总计 1530 亿美元的增长额。这个预期增长率的假设基于一个基本条件，即欧元区不会分崩离析和美国的财政危机不会发生。

（2）目前存在大量的小微企业没有或者只有很少的银行贷款，图 2-13 表明了新兴市场有 50%～60% 的小微企业没有或较少得到银行服务。银行若能积极拓展与这些企业的业务，能增加 23% 的账面收益，即 490 亿美元。有研究表明，这些与银行往来较少的小微企业贡献了新兴市场经济总增长的 50%～60%。无贷款小微企业在有些国家高达数百万家（如中国、印度和尼尔尼亚），在其他国家也有成百上千家（如泰国、巴西和墨西哥）。

（3）银行通过不断开发新产品，比如贸易融资、保理业务和现金管理，预期将产生 6% 的收益增长，约为 140 亿美元。这些产品收益在新兴市场 GDP 和发达市场 GDP 中所占份额显著不同。即使将没有或较少得到银行服务的小微企业考虑在内，情况仍然如此。随着小微企业理财产品的复杂化以及发达市场新产品技术的不断涌入，未来五年新兴市场将减少 15% 的小微企业融资缺口。

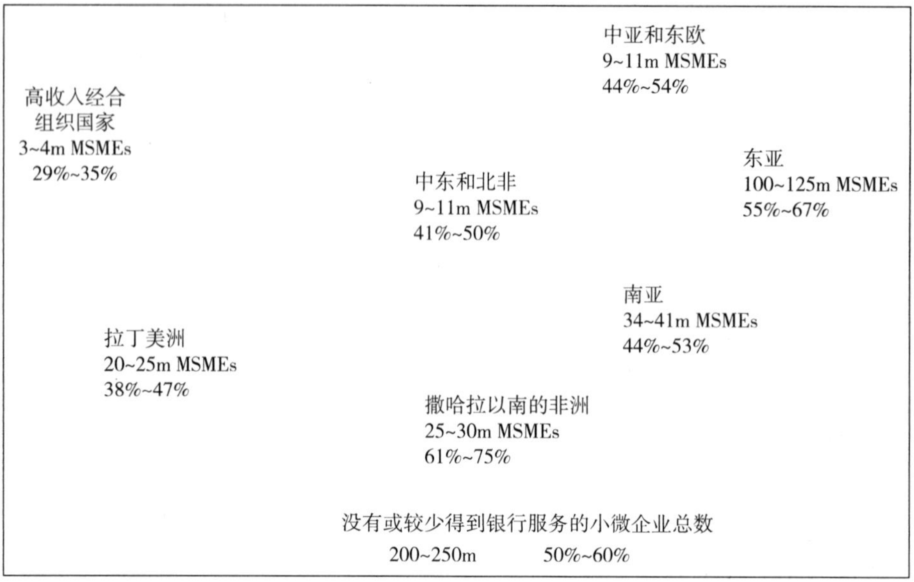

中亚和东欧
9~11m MSMEs
44%~54%

高收入经合
组织国家
3~4m MSMEs
29%~35%

东亚
100~125m MSMEs
55%~67%

中东和北非
9~11m MSMEs
41%~50%

南亚
34~41m MSMEs
44%~53%

拉丁美洲
20~25m MSMEs
38%~47%

撒哈拉以南的非洲
25~30m MSMEs
61%~75%

没有或较少得到银行服务的小微企业总数
200~250m   50%~60%

图 2 - 13   新兴市场小微企业没有或较少得到银行服务分布

资料来源：IFC 和世界银行公开数据库（2011 年）。

（二）发达国家银行受惠于小微企业融资业务创新

新兴市场的小微企业融资业务和发达国家银行息息相关。发达国家银行可以将之前在新兴市场的操作应用于本国所在市场。全球银行业面对着强力监管、技术革命和客户需求转移的三重冲击。发达国家银行要想把握未来，就必须改变商业模式，这种改变之剧烈将远远超出其预期。发达国家银行可以从新兴市场银行业务的创新中受益匪浅。

在科技革命和消费习惯改变的冲击下，银行业也成为发生巨变的全球性产业之一。在 20 世纪 90 年代，通信业就经历过一次戏剧性的转变。移动通信技术创新以及顾客偏好的转变对旧有的商业模式提出了强劲的挑战，而最终的结果是，那些顺应改变的公司直到今天仍屹立不倒，而其他公司则步履维艰，裁员率高达 30% ~50% 。20 世纪 70 年代，汽车产业开始求变，以应对全球需求的减少以及日本公司强有力的竞争。生产效率的提高，竞争意识的加强，以及重大的收购和并购都发挥了积极的作用。我们相信目前银行业也处在类似的岔路口上，而新兴市场正是新运营方式的孵化器。

（三）政府期待小微企业促进经济增长和就业

各国政府从小微企业的快速增长中获利颇丰。小微企业是全球 GDP 和就业率的主要贡献者。事实上，在当前全球不利的经济环境下，小微企业作为经济增长和就业的源泉正越来越受到政府的重视。然而对于小微企业来说，融资渠道匮乏仍然是限制其增长的主要障碍。鉴于小微企业的重要性和特殊性，与之关系密切的银行理应得到政府更多的支持。如图 2 - 14 所示，新兴市场下融资渠道匮乏是小微企业发展的主要障碍，融资渠道匮乏制约了 15% ~ 40% 的小微企业发展，而在东亚甚至有 39% 的小微企业深受其苦。

阻碍小微企业发展的因素	撒哈拉以南的非洲	南亚	东亚	拉丁美洲	东亚和中欧
电力	27	38	7	5	3
犯罪、盗窃和混乱	17	2	3	7	2
融资渠道	14	29	39	12	17
腐败	7	4	2	7	7
竞争者的不当行为	6	1	17	13	10
土地	4	4	4	1	3
税率	4	1	4	19	19
原料和货物的运输	4	1	5	2	1
工人绩效	4	1	5	9	13
法院	3	18	6	6	11
国家数目	(38)	(4)	(9)	(17)	(31)

■最大障碍　■第二大障碍　■第三大障碍

图 2 - 14　新兴市场下小微企业发展的三大障碍

资料来源：IFC 和世界银行的企业调查（2006 ~ 2011 年），世界银行 GDP 数据（2008 ~ 2011 年）。

事实上，有些国家的政府正在鼓励银行对小微企业放贷。例如，英国政府推出了多项政策来鼓励银行对小微企业放贷：200 亿英镑的企业金融担保基金为 75% 的小微企业银行贷款提供政府担保，企业资金基金支持核心行业中的小微企业，投资 1000 万英镑以提高小微企业家的能力。巴西政府修改了税收条例来减少全国小微企业的赋税。截至 2011 年 7 月，在巴西已有 360 万个小微企业开始按照新的条例缴税。尼日利亚政府成立 5000 万美元基金，向农业中的小微企业发放贷款。在小微企业贷款上，银行应该加强和政府的沟通合作，以促进贷款及时足额的发放。

（四）小微企业自身持续增长的动力十足

根据国际经验，小微企业贷款整体并未表现出更高的风险，且具有持续增长的动力。纵观美国小企业发展史，小企业作为群体，并不一定比大企业抗风险能力弱。在数次美国经济萧条时期，小企业与消费紧密相连，商业萧条与工业萧条可能在一段时间内并行，但个人消费受经济周期的影响相对较小；此外，银行对小企业可以了解更深入，降低信息不对称性；同时，小企业能更快适应环境的变化。根据美国银行业资料，小型银行（小型银行从事小微企业业务的比例较高）在周期中资产收益率（ROA）的表现比大银行更加稳定。

虽然美国的统计资料表明，只有40%的小型企业在开业4年以后还在继续营业，但小企业平均生命周期短不一定反映到贷款风险上。在富国银行45万小企业客户中，客户平均经营年限是13年，成为银行客户的平均年限约为6年。

根据一些国家接受国际金融公司投资或信用支持的金融机构开展小微企业贷款的经验，小微企业贷款从整体上看并未表现出明显高于中型企业贷款的不良率，在南亚、中东和北非、欧洲和中亚地区，小微企业贷款不良率反而更低。

小微企业的快速发展使其成为银行一个重要的潜在利润来源。图2-15展示了新兴市场银行的小微企业部门的利润率情况。据了解，目前新兴市场中的银行都在努力提高小微企业部门的收益，约有40%银行的小微企业部门净资本收益率高达30%以上，其他银行也大多在15%~30%。那些小微企业部门回报高的银行之所以能取得成功，是因为它们都积极应对市场挑战，不断改进自身的方法和策略，最终获得了较好的经济收益。

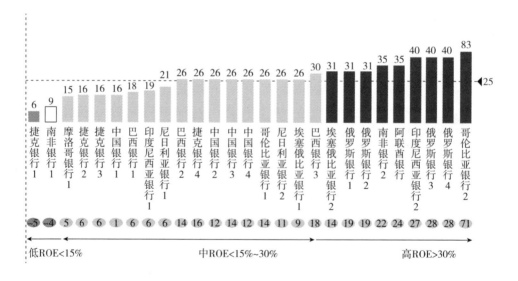

图2-15　新兴市场银行的小微企业部门利润率

资料来源：世界银行公开数据库、麦肯锡新兴市场银行调研报告整理（2011年）。

第三章　小微贷款的国际经验与启示

20 世纪 70 年代以前，世界各国都倾向于把促进微小企业融资当作一项社会政治目标，采取财政补贴支持的福利型微小贷款模式，结果只是局部性和临时解决了一些问题，但无法从根本上和长久解决问题。20 世纪 80 年代以来，制度型微小贷款作为向低收入阶层和弱势群体提供一种可持续发展的金融服务方式，在全球许多发展中国家迅速发展，在消除贫困、缩小社会差距、促进金融稳定方面发挥了重要作用。据不完全统计，世界有 7000 ~ 10000 家微贷机构，累计发放微小贷款 25 亿美元，覆盖客户 5 亿多个，占全球 30 亿的贫困或低收入人口的 17%。

孟加拉乡村银行（GB）等率先改变了这一传统做法，对微小贷款实施商业化运作，并结合当地社会经济条件及穷人的经济和文化特征，在不断摸索和试验的基础上，创造性地构建出多种适合穷人特点的信贷制度和方式，在消除贫困、缩小社会差距、促进金融稳定方面发挥了重要作用，开创了微小企业融资模式的新纪元。其后，这种制度型微贷技术迅速推广到亚洲、非洲、拉丁美洲、大洋洲、欧洲的许多国家，都取得了成功，并逐步探索出适合微贷业务市场化、规模化、可持续发展的管理技术。

一、国际小微贷款政策法案

（一）美国《JOBS 法案》

2012 年 4 月 5 日，美国总统奥巴马正式签署《创业企业融资法案》（*Jumpstart Our Business Startups Act*，以下简称《JOBS 法案》）。与以往相比，如美国医改等法律往往在美国国会就面临着参议院、众议院巨大争议不同，而这部旨在促进就业的法律，却获得了美国两党议员的一致认同。这部法案具有如下看点：

（1）私募方式募集基金可进行公开宣传。《JOBS 法案》免除了非上市企业通过私募方式募集资金时不得公开宣传的限制，但要求参与其中的投资人均为认证投资人，同时，此类募集将不会因为公开宣传而被视为公开募集。这一举措将使非上市企业在募集资金时可以进行更为广泛的宣传，扩大了参与投资的投资人群体，扩宽了企业融资渠道。

（2）允许银行引入更多投资人。此前，美国国内银行或银行控股公司若总资产超过 1000 万美元且股东人数超过 500 人，将需向 SEC 进行注册，并承担相应的信息披露义务。《JOBS 法案》将这一人数限制调高至 2000 人。此外，之前法律规定银行或银行控股公司股东人数少于 300 人时，可以从 SEC 注销注册，《JOBS 法案》将这一人数要求提高至 1200 人。这一规定无疑将鼓励小型银行吸引更多投资人的投资，而不需要向 SEC 注册并承担信息披露义务，拓宽了银行的融资渠道，降低了银行融资成本，允许更多投资人参与银行投资，加速为金融危机后受到重创的金融体系注入更多的资金支持。

（3）放宽信息披露义务，小企业上市更为便捷。《JOBS 法案》放宽了上市企业和拟上市企业的信息披露义务。例如，法案允许新兴成长型企业在向 SEC 递交上市申请时提交此前 2 年的审计后财务报表，而不是此前要求的 3 年，同时，法案在此类企业上市后给予其 5 年的宽限期，在此期间企业可以在 SEC 的信息披露要求方面获得豁免，相关信息涉及财务信息、企业内部控制审计和管理层薪资水平等。《JOBS 法案》为新兴成长型企业提供了一定程度上的融资便利，减轻了企业的信息披露负担和成本，加快了企业的上市速度。

（4）允许企业通过网络平台募资，打通民间资本与中小企业间的融资渠道。《JOBS 法案》允许新兴成长型企业每年通过网络平台募集不超过 100 万美元的资金，同时对参与此类投资的投资人、提供相关服务的中介机构以及发行人（即融资企业）均提出相应要求。例如，对于投资人，法案给出了其可用于此类投资的资金量限制，前 12 个月内收入不足 10 万美元的投资人所投金额不得超过 2000 美元或其年收入的 5%，前 12 个月内收入超过 10 万美元的投资人可以将其收入的 10% 用于此类投资，但上限为 10 万美元。此外，法案要求发行人在 SEC 完成备案，并向投资人及中介机构披露规定的信息。例如，法案根据发行人目标融资金额将其划分为三类——目标融资不超过 10 万美元、高于 10 万但不超过 50 万美元以及高于 50 万美元，并提出了不同的财务信息披露要求。

（5）私募融资监管松动，鼓励小企业融资。根据现行法规，总资产达到 1000 万美元且股东人数超过 500 人的企业需向 SEC 进行上市公司注册，并承担相应的信息披露义务。《JOBS 法案》将这一人数限制调高至 2000 人，但其中 SEC 认证的投资人不得低于 500 人。这一做法将允许暂无上市计划的企业推迟上市，并继续通过私募方式募集资金。与此同时，在现行法规下，一年内融资规模不超过 500 万美元的企业将在 SEC 备案和信息披露方面享有一定的豁免权，《JOBS 法案》将这一金额上限上调至 5000 万美元。无疑，这一举措通过减轻企业信息披露负担的方式鼓励小企业扩大融资规模。

（二）日本《中小企业基本法》

日本小微企业数量多、规模小，发展迅速，在日本企业总数中占有高达 99.1% 的比例。日本的《中小企业基本法》是日本 1963 年以来所有法律和政策的依据和指导，至今已经形成了以法律为核心的融资体系，由政府进行指导、监督和管理。

日本《中小企业基本法》的核心原则是促进竞争和保护弱势群体。具体来看，就是以中小企业规模的扩大为中心，以坚持提高竞争力为核心政策；建立反垄断政策以改善中小企业生存状况；创造就业机会改善就业环境。此外，日本政府颁布了《信用保证协会法》《中小企业振兴资金助成法》《利率限制法》等多部法律法规，不断完善中小企业融资法律体系，形成了以民间融资机构为主，国家引导的多组织法律运作体系。

在完备的法律体系保障下，日本政府还设立由官方和民间机构组成的中小企业融资政府支持管理机构，形成以政府为主导的监管体系，鼓励民间团体和社会服务机构参与小微企业运作，提供法律咨询、融资中介等服务，促进小微企业的发展。

建设中小企业资金援助制度是日本中小企业融资体系的重要组成。日本政府设置了三个对中小企业融资提供资金援助的部门，分别为提供小额注资的国民生活金融公库，提供长期资金支持的企业金融公库和同时提供存贷款、融资服务的商工组合中央金库。各部门结合民间融资机构共同为小微企业提供融资援助，形成了多层次的融资体系。

（三）德国《复兴信贷银行促进法》

德国复兴信贷银行（KFW）成立于 1948 年，比德国联邦政府更早成立。公司成立的历史与美国和英国政府对于德国银行系统结构方面的讨论进程和讨论内容息息相关。银行总部位于美茵河畔的法兰克福，自 1994 年以来，公司一直在柏林保有其分支办公室。依据其贷款计划和出口工程金融活动，KFW 把自己视为对德国经济发展起重要作用的银行，主要在小型或中型企业的财务，环境和财务革新方面进行投资。银行为个人的房屋建设、现代化和能源节约提供规划服务。现在的德国复兴信贷银行是金融集团控股公司，由 KFW 促进银行、KFW 中小企业银行、复兴信贷伊佩克斯银行、KFW 开发银行、德国投资与开发有限公司组成。

在 KFW 的发展过程中，从最初为"二战"后联邦德国的重建提供资金，到现在为德国企业提供长期投资贷款，其业务非常专一。投资信贷的首要任务是促进德国中小企业的发展，为中小企业在国内外投资项目提供优惠的长期信贷，因为德国的企业99%是中小企业，解决了德国近2/3就业人口的就业问题。

KFW作为政策性银行成功的关键在于：第一，KFW在发放信贷的时候，首先考虑方案与项目的经济性，从商业银行的风险角度来发放信贷。第二，因为KFW是国有银行，它把为促进德国企业的发展和推动德国经济发展为己任。第三，KFW是中立的，它不与商业银行竞争。第四，虽然KFW是国有的，但它能够不受政府的干预，项目的授信权是为董事会所掌控和决定的。当然也有由政府部门领导组成的监事会，对KFW的业务进行监督。第五，虽然是以推动德国经济发展为己任，但KFW不依靠政府的补贴做新业务。它们在国际资本市场上进行融资，政府为KFW提供担保，在信用等级上是3A级的，因此，能保持较低的融资成本，为KFW的发展提供了保证。第六，KFW是国有的，不用向国家缴纳股利，同时KFW也不用上缴所得税。第七，在KFW成立时，专门颁布了《德国复兴信贷银行促进法》，确立了它的法律地位和作用。同时，为了解决与商业银行竞争问题，KFW的信贷资金不是直接给贷款人，而是通过转贷或者借贷借给借款人，这样一来，与商业银行不是竞争而是合作的关系。在德国，KFW是一个大银行，但它没有分支机构，从某种程度上说KFW为促进德国经济发展所提供的信贷、规划和方案是通过"批发"的方式由商业银行进行"批发"与"零售"。所以，KFW是按照市场经济规律运作而不依靠国家的财政补贴，而且KFW本身是赢利的，其子公司DEG集团利润表的主要指标如表3-1所示。

表3-1　DEG集团（KFW子公司）利润表　（单位：百万欧元）

指标	2010年	2011年
营运收入[a]	286.3	297.2
其他利息收入和类似收入	9.3	23.7
总收入（净额）	295.6	320.9
风险准备（净额）[b]	86.7	45.4
利息支付	17	25.7
营运支出	93.1	94.1
税前收入	272.2	246.5
税收	4.0	28.6
本财年利润	268.3	217.9
净收入	269.5	219.7

注：a包括利息收入，金融资产租金收入和其他运营收入。b包括贷款的坏账和风险准备金，资产的减值准备和价值重估。

资料来源：KFW Annual Report，http：//www.kfw.de。

二、国际小微贷款机构案例

（一）孟加拉国格莱珉银行

1. 发展历程

1976 年，刚从美国获得博士学位归国的穆罕默德·尤诺斯教授，与一名正在做竹板凳的农村妇女攀谈，得知她辛苦工作，但收获微薄。细问下去，原来她买材料的钱来自高利贷。他大受震撼，当年即在孟加拉国的 Jobra 村创办了乡村银行——格莱珉银行（Grameen Bank，以下简称"格莱珉"），这家银行被普遍认为是全球第一家小额信贷组织。

在短短的 30 年中，从 27 美元（借给 42 个赤贫农妇）微不足道的贷款艰难起步发展成为拥有近 400 万借款者（96% 为妇女）、1277 个分行（分行遍及46620 个村庄）、12546 个员工、还款率高达 98.89% 的庞大的乡村银行网络。令人惊奇的是，格莱珉的模式不仅在贫困地区得到广泛推行，而且美国等富裕国家也成功地建立了格莱珉网络并有效实施了反贫困项目。

2. 经验模式

格莱珉银行的团体贷款（Group Lending）模式催生出了几种不同的模式。小额信贷机构实行连带责任贷款技术，潜在的借款人自愿组成小组，相互之间承担连带责任。潜在的借款人有激励去鉴别他人的信贷项目，从而解决了借款项目区分的问题。包括在放贷之前，借款人自愿组成五人小组，成员之间彼此对贷款负有连带责任（五人联保）。如果小组中一名成员不能偿还贷款，小组其他成员要负责偿还。

格莱珉银行的这种模式最初需要政府或捐款资助，因为存款数额不足以支付贷款，过了数年之后，银行滚存了一点盈利，便可以补上存款的不足。所以格莱珉银行自 1995 年便宣布停止接受捐款，最后一笔已议定的捐款于 1998 年到位后，格莱珉银行便进入完全自给自足的时代。

在格莱珉银行成功经验中，最重要的一条是其成功的制度建设（Institution Building），其中包括非正式制度建设及其治理机制。其贷款合约设计如下：

（1）贷款对象：贫困家庭的妇女。符合当地的社会学逻辑，认为男人挣钱后更倾向于自己消费，而妇女挣钱后，会投资于子女后代的教育、发展，使全家在未来获益。

（2）贷款的用途：经营性贷款。银行需要借款人充分利用已有的创收能力和机会，而不会像其他发展援助计划为借款人提供专业培训。

（3）贷款额度：小额。额度非常小，作为甄别最贫困家庭的机制。

（4）贷款期限：一般为一年内。

（5）贷款利率：较高。

（6）贷款方式：按周分期还款或按月等额，整贷零还。分期还款一方面减少了一次性还本付息对借款人造成的经济压力，另一方面有利于银行检测借款人的财务状况。

格莱珉银行成功的原因不仅仅在于其五人担保机制，更在于其五人担保机制背后的一系列机制。

（1）对贫困妇女进行培训和考试。贷款小组的所有成员必须要参与到考试中，只有真正需要贷款妇女会坚持下来面对培训和考试所带来的压力。不仅对贷款申请者做了初步筛选，也让普遍受教育程度不高的农村妇女了解整个业务的流程、还款方式、违约代价等，提高了还款概率。

（2）非正规的成员间监督和制裁机制：小组间成员的相互监督，一个成员不能都还贷，不仅有问题成员的信用和信誉受到影响，也会影响本小组中其他成员的借贷机会。

（3）在潜移默化中提高贫困妇女家庭地位。由于孟加拉地区妇女家庭地位、社会地位低下，如果家中存在游手好闲的丈夫想要挪用资金用于吃喝玩乐，部分妇女可能迫于压力将贷款资金交出。贫困妇女社会地位的提高，能够更好地免除家庭中的压力，将贷款资金使用在最需要的地方。

（4）鼓励借款人成为其成员股东。借款人为主要银行成员股东，使贫困妇女认识到，格莱珉银行是"自家"的银行，有利于提升自身还款的积极性和监督组员的积极性。

格莱珉银行制度建设是其发展成功的最重要因素，在借鉴格莱珉模式时不能一味照搬，重要的是根据不同地区的不同文化、经济发展状况不断进行制度创新，建设适合当地的制度模式，包括非正式制度建设及其治理机制。

3. 格莱珉模式的中国实践——杜晓山模式

格莱珉模式在中国的实践中，最著名的是"中国小额信贷之父"杜晓山教授所带领团队进行的工作。从1994年5月开始，杜晓山教授利用格莱珉信托基金所提供的15万美元种子资金和福特基金会提供的2万美元项目资金（另有3万美元用于研究、培训以及操作），在河北易县成立了首家"扶贫社"，发放了第一批二十几户小额贷款，正式开启了格莱珉小额信贷在中国的实践历程。

然而，在孟加拉国、玻利维亚、印度尼西亚等发展中国家与地区取得了成功的前提下，中国的格莱珉模式却发展困难。困难的产生来源于不健全的制度建设，而失败的最根本原因是缺乏制度创新。

杜晓山团队最初的运行模式几乎完全是生搬硬套格莱珉银行成熟的运行模式，包括五人联保、以妇女为主、每周分期还款等制度。在项目运行的前三年还款率达到100%。在此后的一两年内，扶贫社在全国各地纷纷建立起类似实验点，扶贫社发展迅速。然而扶贫社的迅速发展与落后的制度建设存在的矛盾日益突出，为扶贫社未来的发展埋下了巨大的隐患。

首先，扶贫社的管理制度存在巨大漏洞，由于项目只是一个学术实验，中国社会科学院并没有更多人力进行管理，在地方上主要采用了与当地政府合作的运营方式。而这种运营方式大大降低了扶贫社经营放贷的独立性。例如，在扶贫社成立时曾有残疾人士申请贷款，而经过调查发现此人不务正业，因此拒绝了其贷款要求。但此人找到县领导批条子，要求扶贫社发放贷款。尽管扶贫社没有同意其要求，但难免在此后与县政府的工作中产生摩擦。

其次，扶贫社并没有建立有效的制度来防范腐败的风险。各地方扶贫社存在大量的"财务管理混乱""工作人员贪污公款、转移挪用公款""公款私用"等问题。特别是由于扶贫社挂靠在当地政府扶贫办下，大大削弱了其经营的独立性。另外，很多领导在扶贫社和当地扶贫办"身兼数职"，完全影响了扶贫办资金的独立、安全运行。

（二）美国富国银行

富国银行历史悠久，创立于1852年，是一家多元化金融集团，截至2011年底，总资产13139亿美元，为美国资产第四大银行。富国银行是美国位列第一的抵押贷款发放者、小微企业贷款发放者、拥有全美第一的网上银行服务体系，同时还是美国唯一一家被穆迪评级机构评为AAA级别的银行，在小微企业贷款业务领域做出了杰出贡献并取得了辉煌业绩。

20世纪90年代的富国银行拥有遍布美国西部的2000多个网点，已是美国西部最大的银行。富国银行大量的网点吸收和服务着众多的小微企业客户，富国银行通过研究这些客户的潜在需求和风险状况，借助新开发的信用评分卡，在1995年开创了直接在全美发放小企业贷款的先河，主要面向年销售额小于200万美元的企业专门发放最高额度为10万美元的无抵押循环贷款和小企业信用卡。10年后，富国银行成了美国最大的小微企业贷款银行，连续5年在全美小企业贷款业务上名列第一。富国银行在美国50个州和加拿大拥有超过70万个小微企业客户。

2010年，富国银行贷款余额为7572.67亿美元，其中，小企业贷款余额为

885.85 亿美元，占贷款余额的 11.70%，利息收入 57.47 亿美元，收入占比 14.44%，收益率 6.49%，高于个人贷款平均收益率 0.81 个百分点，远高于商业企业贷款平均收益 2.04 个百分点。富国银行小企业贷款净坏账冲销余额为 17.19 亿美元，占该项贷款余额的 1.94%，低于个人贷款净坏账冲销率 0.96 个百分点，略高于商业贷款净坏账冲销率 0.47 个百分点。富国银行小微企业分为两类：一类是平均贷款余额 3.6 万美元的微贷，占小微贷款的 60% 以上；另一类是平均贷款余额 40 万美元的小型贷款，占比为 30% 左右，这两类贷款由两套不同的体制和流程运营。以上数据说明，富国银行的小微企业业务风险控制和盈利能力都较强。

富国银行小微企业贷款市场由该银行旗下的两家专门机构负责，分别负责以下两个贷款产品线：①"企业通"（Business Direct）：贷款上限为 10 万美元；客户定位为年销售额小于 200 万美元的微型企业；大部分贷款通过邮件、电话或分行柜台发放；在贷款发放和账户监控中大量使用信贷评分，不使用纳税申报表或财务报表；通常无担保物。②"小企业银行"（Business Banking）：贷款上限为 100 万美元；客户定位为年销售额 200 万～2000 万美元的小型企业；贷款由训练有素的客户经理负责发放；贷款发放基于企业财务报表分析；通常需要提供担保物。

富国银行小微企业贷款的一些闪光点表现为：

（1）定位。富国银行是将 95% 的小微企业定位为个人（消费者）市场下的一个特殊细分市场。

（2）客户分布。

1）按企业规模分：大多数客户的企业规模（以年销售额衡量）都很小，如表 3-2 所示。

表 3-2　企业规模分类

年销售额（万美元）	企业数量（万个）
<5	170
5～10	260
10～20	220
20～50	180
50～100	70
100～500	60
>500	20

注：该表中相应的企业数量为估计值，非确定数值。
资料来源：富国银行（2010 年）。

由上分布数据可见，年销售额 100 万美元以下的客户在数量上占绝大多数（90% 以上），年销售额 50 万美元以下的在数量上也占 85%。70% 的企业只拥有 5 名及以下的员工。

　　2）按经营年限分：它们不是"初创公司"。如表 3 - 3 所示，富国银行在挑选小微企业时，经营了 10 年以上的企业约占 90%。

表 3 - 3　经营年限分类

经营年限（年）	企业数量（万个）
>20	350
12~20	420
10~12	100
<10	110

注：该表中相应的企业数量为估计值，非确定数值。

资料来源：富国银行（2010 年）。

　　（3）放贷流程的重大改变。传统贷款流程与新贷款流程对比如表 3 - 4 所示。

表 3 - 4　传统贷款流程与新贷款流程对比

传统贷款流程	新贷款流程
必须通过分行或信贷官员进行申请	只需通过邮件、电话或分行柜台进行申请
必须提供报税表、财务报表	无须提供这两表
由人工对申请进行仔细审核	2/3 的申请实现了电脑自动化审核、批复
需进行年度审核	无须定期审核，授信是"常青的"
通常需要担保物	通常不需担保物
在企业贷款系统中簿记	在个人贷款系统中簿记
要求很低的贷款损失	因定价较高，可以允许较高的贷款损失

　　（4）记分卡。针对小微企业主申请贷款的记分卡，是富国银行用来审核该申请是否可以通过的决策依据。在美国这样的信用社会中，记分卡及其后台的自动化系统的使用实现了银行对小微企业贷款申请的自动化审核批复，使小微企业贷款得以实现大规模"工业化"操作。

　　（5）放贷后的管理。对每个客户进行持续的动态的风险评估，并采取必要措施以提高营利性。

　　（6）交叉销售。在大量小微企业成为富国银行的贷款客户的过程中及以后，很多都与富国银行签订了企业、个人金融中间业务的合同，这样就实现了银行中间业务收入的长足进步，而这也是巴菲特看好富国银行的重要原因之一。

（三）欧洲复兴开发银行

欧洲复兴开发银行（EBRD）1994 年从俄罗斯开始开办支持中小企业的小额贷款业务，现已扩展到欧洲 22 个国家。2015 年，EBRD 根据小企业计划（SBI）加强了对中小企业的支持，这是一种促进企业蓬勃发展的战略方法。截至 2016 年，EBRD 每年为小企业提供超过 11 亿欧元的直接和间接融资，已经筹集了超过 5 亿欧元的捐助资金。EBRD 之所以能取得如此优秀的业绩，基于三点经验：一是培训一支优秀的信贷员队伍；二是选好合作伙伴，即转贷银行；三是有一个良好的商业运作环境，政府不干涉。

1. 运作模式

（1）技术援助。EBRD 通过提供技术援助起步，开办微小企业贷款业务。技术援助以与当地银行合作的形式开展，要求合作伙伴有强烈的合作意愿，能在操作过程、组织机构和人力资源方面接受 EBRD 提供的巨大改革。援助旨在更新合作地区的观念，强化机构能力和人力资源能力，其中又以网点建设为重点，包括三方面内容：业务培训、提供部分设备及营销费用、提供咨询服务。

EBRD 与合作伙伴开展合作的另一个重要条件就是所有从事中小企业的信贷员都要经过 9~12 个月的集中培训，该培训由专业咨询公司通过招投标方式承包运作，培训对象为合作银行的在职人员，并以新招聘信贷人员为主。目前在 EBRD 的合作伙伴中已有 9000 名信贷员经过集中培训，并有一年以上的中小贷款的工作经验。

（2）组织机构。EBRD 主要通过帮助当地银行设立微型金融（MF）和中小企业（SME）贷款部门；在金融不够稳定或现有银行不感兴趣的地区新建中小企业银行；将非政府组织改变成正式金融机构三种方式建立微贷款专业化组织机构。

（3）贷款提供。EBRD 根据各国开办小额贷款情况及其国情，给各国分别授信。在授信额度内，提供贷款资金，由当地商业银行（即合作银行）转贷给各中小企业，合作银行承担全部还款责任。贷款利率采用 LIBOR +（1.8% ~4%）。

2. 运作流程

（1）贷款对象。小型企业（员工 100 人以下）和中型企业（员工 250 人以下）。以无法从正规金融机构获得贷款的企业为主，不排斥信用能力较强的企业。

（2）贷款方式。以项目现金流为基础，不强调担保，担保以企业自身现有担保能力为限。

（3）贷款限额。小企业不大于 1 万美元；中型企业不大于 12.5 万美元。平均单笔贷款额控制在 1 万美元以内（实际单笔贷款余额不足 1 万美元的占 90%，不足 1000 美元的占 22%）。对于新客户，起初给较小额度贷款，以后视还本付息情况再调整。

（4）贷款期限。贷款期限一般为 1~2 年，也可以是短期贷款（3 个月），最长可达 4 年。

（5）贷款利率。根据客户申请贷款额度的不同以市场利率为基准利率采用灵活的浮动贷款利率，近几年的实践显示年利率一般为 18%~19%。

（6）贷款申请与评审。中小企业提出借款申请（小企业多为口头申请），信贷员进行现场调查与评审，按 EBRD 要求的内容与格式，形成评审报告，并附企业财务状况分析预测表和相关证明材料，提交审批。

（7）贷款审批。业务开办初期，由小额贷款组织机构组建的中小企业贷款委员会（复兴银行的项目联络员为成员）审批。运行一段时间后，信贷权力逐步下放。较小额度的贷款（5000 美元）由两名信贷员签名审批。

（8）操作要求。简捷快速，从企业提出申请到贷款审批发放，快速微额贷款 2~3 天；小额贷款一般不超过 7 天。

（9）贷款监管。一般要求信贷员每月做一次现场检查并记录，每季度必须对所管企业（每个信贷员一般管理 90 户企业）提交贷款监管报告。小额贷款组织均按要求建立了相对独立的信贷计算机系统，通过该系统动态反映信贷情况，从而实现有效监管。

（10）激励机制。为激励信贷员尽职尽责、保质保量开办小额信贷业务，EBRD 要求对小额贷款信贷员实行激励机制。根据其经办贷款（笔数、金额）情况、贷款质量和新开发客户情况，给予奖励。

3. 风险控制措施

（1）制度控制。业务开办之前，合作银行必须接受欧洲复兴开发银行的理念，按银行设计的运作程序与要求，建立完整的机制和制度，配备必需的人员并接受复兴银行的专业培训。经验收达到标准，银行才开办贷款业务。

（2）限额管理。对开办小额贷款的国家、地区和小额贷款组织严格实行限额管理，控制风险总量。

（3）重企业还贷能力。首先分析企业开办项目（业务）的现金流能否满足还本付息的要求，其次查看企业现有资产抵偿能力。只有在企业还款有保障的前提下才放款。

（4）现场评估。每发放一笔贷款，信贷员必须进行现场调查与评估，掌握第一手资料，保证评估的真实有效性。同时通过这种方式，为客户提供快捷服务。

（5）信贷监控。小额贷款组织必须按欧洲复兴开发银行要求，建立信贷监控系统，切实做到对企业的动态跟踪监控。

（6）放款控制。欧洲复兴开发银行向小额贷款组织提供的贷款，根据其实际运作情况与经办企业贷款需求情况分批发放。只有在第一批贷款发放给企业的金额达到批量贷款总额的 80% 以上，且运作良好，欧洲复兴开发银行才向小额贷款组织发放第二笔贷款。

（7）权利控制。欧洲复兴开发银行必须要依法取得转让或扣留转贷债务人所付款项的权利，并设立特别账户，控制贷款风险。

（8）法律和规章制度框架。微小企业贷款所在国家必须要求有银行法和附属规章制度，这些要能覆盖到合作伙伴，以保证银行的规范运作。同时还要有担保法和对银行的监管体系。

（四）巴西微小企业支持服务站

拥有 50 年历史的巴西微小企业支持服务站是一家公私合营性质的非营利机构，以鼓励巴西微型企业和小企业自主创业、参与竞争和实现可持续发展为宗旨。服务站在巴西全国设有约 800 个接待点，为各地企业提供有针对性的服务，协助小企业主获得资金、技术和市场，提高企业自身竞争力。

服务站的主要工作有三项：一是举办创业课程（包括远程函授）和讲座，提供各种咨询服务，以及企业管理、市场营销、融资等方面的信息。二是作为中介平台帮助企业主联系参会、参展、考察，协助小企业找到合作伙伴和客户。三是帮助小企业联系各类金融机构，有效减少企业融资过程中的各种壁垒。

服务站之所以能够长久不衰地发挥作用，很大程度上得益于巴西政府为微型企业和小企业特别定制的赋税政策，其中最主要的是 1996 年出台的《微小企业赋税支付整合系统》。巴西是南美税收较重的国家之一，共有各种捐税 58 种，远高于美国。而加入整合系统的微小企业，每月一次性缴纳企业所得税、社会一体化计划费（即职工分红储备金）、社会保障税、工业产品税和社会保险金，既减轻了微小企业联邦一级税收的负担，也大大简化了申报和缴纳环节。

（五）国际社会援助基金

国际社会援助基金（FINCA）是一个国际小额信贷非政府组织机构网络，利用村银行（Village Banking）的模式在非洲和拉丁美洲开展小额信贷，其主要客户群为发展中国家的低收入群体，主要是妇女，帮助这一群体通过自己经营来摆脱贫困。FINCA 在 21 个国家设立分支机构，服务超过 90 万人。

1. 贷款模式

村银行一般建立在一个自然村庄基础上，其运行基础和核心是村银行的互助小组。村银行的资金可以来自外部，最初资金可以来自一些非政府组织或者由 FINCA 从商业银行取得的资金作为贷款基金，再以市场的贷款利率贷给村银行。

但是这些资金由村银行小组管理，对资金贷款对象、贷款额度有最终决定权；而外部出资人只能对是否对某一小组进行贷款做出决定。

村银行的贷款方式属于集体信用贷款。互助小组由相互了解、愿意互相帮助与合作的 20～50 名邻居组成，通常由妇女构成。小组由成员自治，内部实行民主集中制，领导由小组成员选出，自主设计规章制度，负责记账和贷款的监督并对小组内违约情况进行处罚。

2. 风险控制措施

（1）内、外部账户独立运行。村银行内部由贷款类型、储蓄、控制机制和放贷原则构成内部账户，由小组成员共同管理；而小组成员项目、小组贷款总额度、利率水平、贷款周期和还贷方式等构成了外部账户，由 FINCA 等外部出资人管理。两者相互独立、各自运行。

（2）贷款担保机制。贷款申请不需要提供抵押品，而凭借申请者计划及小组成员彼此之间的诚信，贷款只能用于小组成员的自我就业；如果村银行发生呆账，则要由小组成员共同偿还。小组要定期开会，要为成员提供有效可行的储蓄方案，努力营造一种相互帮助和鼓励自立的社区环境。村银行还为借款者提供基本财务管理和会计知识培训，以提高借款者经营效率。

（3）强制储蓄原则。一般村银行存款达到贷款额的 20% 以上；存款作为村银行内部的资本金，由存款规模决定下轮贷款的规模。

（4）借款者在借款满 9 轮且贷款额达到 300 美元后，即从村银行中毕业，成为自我投资、自我管理的经营者。

村银行是独特的小组模式，是小组贷款和个人贷款的结合，这种模式便于贫困社区成员得到金融服务，克服客户地理上分散和人口密度低的弱点。村银行致力建立由社区集中运行的信贷和储蓄模式，信贷决策权交给小组，小组成员共同决策小组内部的整个借款、投资、偿还等过程，具有高度责任感参与村银行自身的发展，这对小组成员和整个贫困社区都形成一种激励的作用。

三、小微贷款国际经验的特点与启示

（一）小微贷款国际经验的特点

1. 小微贷款已由福利型转向制度型

按照出发点不同，小微贷款可分为福利型和制度型。福利型微贷是各国小微企业融资的传统方式，它以扶贫为宗旨，需财政补贴支持，无法可持续运作。制度型微贷产生于 20 世纪 70 年代，是重要的金融创新，它注重借款人的项目现金流，轻抵押担保，通过专门的管理技术和制度，实现商业化、低风险、可持续运作。目前，制度型微贷已成为微贷业务的主体。但由于小微贷款额度小，期限短，交易成本和管理成本相对较高，微贷业务只有大规模运作，才能实现高回报、可持续发展。国际上，贷款余额 1 亿美元以上、客户总数 1 万以上的微贷机构，资产回报率均可达 2.5% 左右，资本回报率超过全球前 10 名商业银行的平均水平。制度型小微贷款又可分为两种模式：一是农户小组联保模式，主要适合于农村，孟加拉国的格莱珉银行就采用这种模式；二是个体贷款模式，主要适合于城市和部分农村，欧洲复兴开发银行就采用这种模式。

2. 操作机构由非政府组织转向银行

各国操作微贷业务的机构包括非政府组织、小额信贷公司、商业银行、批发基金、批发银行等类型，依成长特点可分三类：①扩大规模式（Up Scaling），由非政府组织起步，逐步积累经验，扩大规模，再改制为微贷银行，如孟加拉乡村银行。②降低规模式（Down Scaling），在较大银行内成立专门微贷部门开展小型业务，如印度尼西亚人民银行（BRI）。③绿色田野模式（Green Field），在基层直接成立专业性微贷银行，如乌克兰小额信贷银行（MFB）。从发展趋势上看，治理结构良好、管理机制完善的银行渐成为微贷业务的主体。在大中型银行内建立微贷部门开展微贷业务，即采取降低规模式，具有适应性强、起步快、发展迅速等特点；在这种模式下，有些国家还采取"批发银行 + 零售机构"的方式，即批发银行的资金、技术优势和零售机构的网点、人力资源优势相结合，加快微贷发展，如印度的农业发展银行（ICICI）。

3. 实施专门的微贷管理技术和制度

小微贷款服务于穷人或低收入阶层，具有额度小、手续简便、管理成本高、轻抵押担保（或担保方式灵活）等特点，传统贷款管理方法不适用于小微贷款。因此，各国微贷机构都实施专门的微贷管理技术和制度，如信息收集技术、现金流测评技术、贷后管理技术、贷款决策制度、永久责任制度等。同时，建立了符合国情的风险控制方法，如对借款人的现场调查分析技术、小组联保技术、还款激励机制，对信贷员的正向激励机制，以及利率与风险相应的定价政策等。

4. 政府积极推动建立普惠金融体系

一般来说，社会人群可分为赤贫者、极贫者、贫困者、脆弱的非贫困者、一般收入者和富裕者。传统金融体系把无抵押能力的一般收入者、脆弱的非贫困者、贫困者、极贫者、赤贫者均排除在服务范围之外，并认为是财政补贴政策的范围。而小微贷款的理念强调金融应为所有人服务，贷款权也是人权的一种，人人都有获得贷款的权利。各国小微贷款实践表明,只要合理设计产品,不仅无抵押担保能力的小微企业、个体户可以获得贷款,甚至穷人和乞丐也可以获得贷款,而且小微贷款的效益不低于甚至高于有抵押担保的贷款。因此,近十年,许多国家都十分重视促进小微贷款业务的开展,并以此为基础,探索建立普惠性金融体系。

(二) 小微贷款国际经验的启示

1. 实行独特的贷款管理制度或技术

小微贷款服务于穷人或低收入阶层,额度小、手续简便、管理成本高、无抵押担保(或担保方式灵活),这是对传统金融理念的挑战。传统贷款管理方法不适用于小微贷款。各国微贷机构实施的小微贷款管理制度或技术主要有信息收集技术、基于现金流的财务分析技术、实施贷款分级决策、注重贷后监控、永久责任制度等。

2. 建立符合国情的风险控制方法

多数微贷产品主要注重对借款人经营业务分析,强调借款人经营活动的还款能力,而把抵押品放在次要位置,甚至可以无抵押。为防范因放松抵押品要求产生的风险,各国微贷机构普遍采用的风险控制方法有高利率覆盖高风险、合理设计还款方式、建立正向激励约束机制、实施还款激励机制以及加强对信贷员和客户的培训等。

3. 在城市采取个体贷款模式

通过"批发银行 + 零售机构"的方法加快微贷业务发展。国际经验表明,在较大银行内建立微贷部门开展微贷业务,采取"批发银行 + 零售机构"的方法,具有适应性强、起步快、发展迅速等特点。因此,很多国家均采用这种模式起步开展微贷业务,迅速扩大覆盖面,实现规模化发展。

4. 在农村采取小组贷款模式

借鉴孟加拉乡村银行经验,迅速扩大覆盖面。这种模式在我国已有成功经验,如中国扶贫基金会自 1996 年以来实施的小额信贷扶贫项目。该项目借鉴了孟加拉乡村银行模式,主要特点是利用地方政府的组织优势和农民小组的信用互保方法,建立了一套独立于银行体系的微贷款运作体系。该项目至 2008 年的十几年间,累计向 15 万多农户发放小额贷款近 6 亿元,共有 60 多万贫困人口直接从中受益。其中,2008 年中国扶贫基金会共发放小额贷款 3.8 万多笔,放款超过 1.8 亿元。

第四章　中国小微贷款的总体现状与发展环境

2018 年以来，全球经济不确定因素增多，中国经济长期积累的风险隐患有所暴露，小微企业"经营难、融资难"问题有所加剧。不断深化小微企业金融服务，是我国推动金融供给侧结构性改革、增强金融服务实体经济能力的重要任务，是全面建成小康社会的必然要求。

党中央、国务院历来高度重视小微企业金融服务工作。习近平总书记在民营企业座谈会上强调，要优先解决民营企业特别是中小企业融资难甚至融不到资问题，同时逐步降低融资成本。李克强总理多次主持召开国务院常务会议，研究部署深化小微企业金融服务，强调各有关方面要形成合力，下大力气推进降低小微企业融资成本工作，让企业真正得到实惠。

按照党中央、国务院的决策部署，中国人民银行、中国银保监会等部门遵循"几家抬"的总体思路，准确把握小微企业平均生命周期短、首次贷款难、风险溢价高的客观规律，坚持商业可持续的市场化原则，加大逆周期调节，保持流动性合理充裕，组合运用信贷、债券、股权"三支箭"，精准发力，有效缓解小微企业融资难题。同时，相关部门加强统筹协调，发挥差别化监管和财税优惠等政策合力，小微企业金融服务工作取得阶段性进展。同时，也应清醒地认识到，解决小微企业融资难、融资贵这一世界性难题是一个长期、复杂、艰巨的过程，我国小微企业金融服务在广度和深度上都还有较大的提升空间。

一、中国小微贷款的总体现状

自 2002 年《中华人民共和国中小企业促进法》出台以来，各级政府相继出台了多项法规规章和扶持政策，不断完善对中小企业的金融服务。客观地说，近两年中小企业的融资环境确有改善，具体表现在以下八个方面。

（一）信贷支持力度不断加大

一是信贷投放持续增长。截至 2018 年末，我国小微企业法人贷款余额 26 万亿元，占全部企业贷款的 32.1%，其中，单户授信 500 万元以下的小微企业贷款余额 1.83 万亿元，同比增长 18.5%，增速较 2017 年末上升 14.1 个百分点。普惠小微贷款[①]余额 8 万亿元，同比增长 18%，增速较 2017 年末上升 8.2 个百分点（见图 4-1），全年增加 1.2 万亿元，同比多增 6143 亿元。

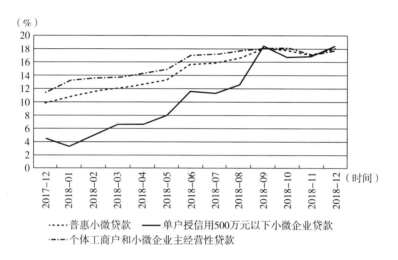

图 4-1　普惠小微贷款同比增速

资料来源：中国人民银行。

二是信贷结构有所优化。分担保方式看，截至 2018 年末，单户授信 500 万元以下的小微企业贷款中信用贷款、保证贷款、抵（质）押贷款占比分别为 12.5%、35.6% 和 52.0%，单户授信 500 万元以下的小微企业信用贷款占比较 2017 年末上升 6.3 个百分点。分机构看，截至 2018 年末，大、中型银行普惠小微贷款增长较快，同比分别增长 22.8% 和 20.7%，增速较 2017 年末分别上升 15 个和 14.8 个百分点。分行业看，服务业单户授信 500 万元以下小微企业贷款余额 8334 亿元，同比增长 28.3%，增速较 2017 年末上升 19.3 个百分点。其中，信息传输、软件和信息技术服务业贷款增速高达 36%，科学研究和技术服务业贷款增速高达 45%。

---

①　普惠小微贷款，是指单户授信 500 万元以下的小型微型企业法人贷款以及小微企业主和个体工商户经营性贷款。自 2019 年起，为进一步扩大小微企业、民营企业支持范围，中国人民银行将运用支小再贷款、定向降准等货币政策工具的考核口径从单户授信 500 万元以下扩至单户授信 1000 万元以下。

（二）融资成本明显下降

一是贷款利率稳中有降。2018 年以来，中国人民银行通过定向降准、定向中期借贷便利、再贷款、再贴现等方式向金融机构提供低成本资金，降低无风险收益率，营造有利于降低小微企业融资成本的货币金融环境，支持银行业金融机构将普惠型小微企业贷款利率保持在合理水平。银行业金融机构进一步完善成本分摊和收益分享机制，实施小微企业贷款内部资金转移定价等优惠政策，2018 年第四季度，6 家国有大型银行、18 家主要商业银行普惠型小微企业贷款[①]平均利率较第一季度分别下降 1.11 个和 1.14 个百分点。12 月，全金融机构新发放的500 万元以下小微企业贷款平均利率为 6.16%，较 2017 年同期下降 0.39 个百分点。

二是减费让利力度加大。原银监会引导银行业金融机构加大减费让利力度，清理精简收费项目，2017 年比上年多减费让利 440 亿元。

三是"过桥"费用有所减少。一些银行试点推行续贷业务"名单制"管理机制，对经营情况良好、有转贷需求的小微企业建立准入名单，在贷款到期前提前进行授信审批，可实现多笔流动资金贷款无缝衔接。截至 2018 年末，小微企业续贷余额 1.2 万亿元，较第一季度末增长 20.93%。越来越多正常经营的小微企业通过续贷，节省了"过桥"成本。

四是社会整体融资成本稳定。2018 年第四季度温州民间融资综合利率为16.45%，P2P 平台监测借贷利率约为 13%，信托贷款、企业债券、银行承兑汇票、小贷公司等融资利率平均分别为 8%、6%、5.6% 和 15% 左右。利率水平更低的银行业金融机构贷款在小微企业融资中占比较高，拉低了整体融资成本。清华大学 2018 年发布的社会融资成本指数显示，当前我国社会融资平均成本为 7.6%。

（三）金融服务覆盖面持续拓宽

一是授信户数显著增加。各银行业金融机构回归本源、聚焦小微、下沉重心，小微企业授信户数快速增长。截至 2018 年末，小微企业法人贷款授信 237万户，同比增加 56 万户，增长 30.9%，贷款授信户数占小微企业法人总户数的18%；普惠小微主体授信 1793 万户，较 2017 年末增加 467 万户，增长 35.2%。

二是户均贷款余额明显下降。银行业金融机构新增贷款更加注重向普惠小微主体倾斜，小微企业户均贷款余额明显降低。截至 2018 年末，小微企业贷款户

---

① 普惠型小微企业贷款，是指单户授信总额 1000 万元及以下的小微企业贷款、个体工商户和小微企业主经营性贷款。

均余额为 1095 万元，同比下降 17.94%；普惠小微贷款户均余额为 44.58 万元，同比下降 12.74%。如浙江泰隆商业银行坚持小微金融市场定位，优化营销方式，户均贷款仅为 29 万元。

（四）金融组织体系和产品服务不断创新

一是机构体系建设不断健全。大中型银行普惠金融事业部建设持续推进，1621 家村镇银行和 17 家民营银行获批成立。多数银行成立小微业务专门部门或专营机构。地方性银行逐步回归本源，重点向社区、县域和乡镇延伸拓展。

二是金融产品日益丰富。银行业金融机构创新抵（质）押方式、加强信用信息运用，推出多种金融产品。如建设银行"小微快贷"、工商银行"经营快贷"，基于税务、支付等数据，在线上为企业提供贷款；积极运用应收账款融资，创新专利权、商标权等知识产权融资产品，探索无担保、无抵押信用贷款模式，有效缓解了企业融资难、抵押担保难等问题。

三是服务模式不断创新。银行业金融机构积极开展"银商合作""银税互动"，获取企业纳税、工商年检、行政处罚等信息，提高了获客、授信和风险管理效率。针对小微企业信用评价难的问题，江苏、广东等多地整合信息资源，构建了信用信息服务平台，银行也不断优化风险评级模型和信用评价模式，积极打破重资产、重规模的传统方式。探索投贷联动、选择权贷款、成立合资银行等方式，丰富科技金融服务模式，努力解决科技创新型小微企业在种子期、初创期金融服务可获得性较低的问题。

（五）金融服务便利程度持续提高

一是贷款授信流程精简，权限下放。银行业金融机构在加强内部风险管控、推进流程再造等基础上，合理设定小微企业授信审批条件，并适当下放审批权限，缩短了对小微企业贷款的响应时间。中国银行"信贷工厂"模式将内部授信流程从 200 多个环节减少至 23 个，线下审批时间从 2~3 个月缩短为 5~7 个工作日，最快当天即可完成审批。

二是信贷审批方式优化，效率提升。针对小微企业贷款"短、小、频、急"的特点，银行业金融机构推进集中审批方式改革，实行年审制、循环授信等方式，有效满足了小微企业贷款需求。互联网技术发展使更多银行实现线上审批，提高了服务小微企业的效率。如华夏银行利用生物识别、电子签章等技术，使小微信贷业务的线上审批时间由 7 个工作日缩短至 1 分钟。

三是综合金融服务改善，体验更好。银行业金融机构通过搭建线上平台、完善线下多元化服务等方式积极为小微企业提供综合金融服务。如建设银行面向小微企业推出"惠懂你"手机移动端融资新平台，提升小微企业融资服务效率，2018年9月产品推出以来，下载超500万次，绑定企业近100万户；浙江台州银行打造百姓家门口的"金融便利店"，建立客户移动工作站，上门提供"一站式"服务；邯郸银行开设"夜市银行"；浙江泰隆商业银行推行社区化网格化银行服务，推动机构和服务"双下沉"。

（六）金融服务政策支持体系更加健全

一是货币信贷政策力度加大。中国人民银行坚持稳健货币政策取向，积极创新和运用结构性货币政策工具，2018年，四次定向降准、增量开展中期借贷便利（MLF）操作增加中长期流动性，三次增加支小再贷款再贴现额度，创设定向中期借贷便利（TMLF）支持银行获得长期稳定资金，扩大央行担保品范围，用好信贷、债券、股权"三支箭"，支持民营和小微企业拓宽融资途径。按照"几家抬"工作思路，会同相关部门完善政策支持体系，并根据国务院金融稳定发展委员会要求，组织七个督导组深入辽宁、浙江、广东等七省份开展现场督导，推动政策落实落地。

二是差异化监管政策不断优化。银保监会重点针对单户授信1000万元及以下的普惠型小微企业贷款提出"两增两控"考核目标，指导大中型银行建立健全"五个专门"的事业部专营机制，对符合条件的小微企业贷款适用优惠的风险权重和资本监管要求，对小微企业不良贷款明确监管容忍度，实施小微企业授信尽职免责制度，督促银行业金融机构加大小微企业贷款投放，降低贷款融资成本。

三是财政税收政策更加优惠。财税部门出台金融机构小微企业贷款利息收入免征增值税政策，成立国家融资担保基金，实施小微企业融资担保业务降费奖补政策。对贷款与担保损失或计提的损失准备金在所得税前扣除，对普惠金融发展提供专项资金支持等优惠措施，并优化了金融企业考核激励机制，帮助降低金融机构服务成本，增强其服务积极性；对小微企业与创投企业实行普惠性税收减免，降低了小微企业经营成本，增强了小微企业发展后劲。

四是营商环境不断优化。2018年，新修订的《中华人民共和国中小企业促进法》正式实施。小微企业融资担保体系、征信体系和公共服务体系建设进一步健全。取消银行账户开户审批试点，优化了企业开户服务。完善司法执行机制，推动中小企业应收账款质押融资，支持清理拖欠民营企业、中小企业账款等政策举措相继实施，小微企业营商环境不断优化，金融服务环境不断改善。

（七）信贷风险总体可控

2018年，金融系统在多措并举改善小微企业金融服务的同时，也十分注重防范信贷风险。积极推动技术创新，提高金融机构风险控制能力；规范整治不当金融行为，促进金融与实体经济良性循环；不断丰富增信方式，建立企业守信联合激励和失信联合惩戒机制；用市场化、法治化方式推动违约处置，更好地发挥市场优胜劣汰作用，这些措施对防范小微企业信贷风险起到了积极作用。截至2018年末，小微企业法人贷款不良率为3.16%，单户授信500万元以下小微企业贷款不良率5.5%，较上年同期下降0.35个百分点，小微企业信贷风险总体可控。

（八）小微企业金融服务仍需改善

解决小微企业融资难融资贵问题是一项综合性、长期性的系统工程，需要政府部门、金融机构、社会中介组织和小微企业发挥合力，持续推进。2018年以来，我国小微企业融资有了边际改善，同时也面临不少问题：从小微企业自身来看，经营成本上升明显，经营管理能力仍需提升；从金融部门看，银行整体信用风险偏好下降，负债成本上升，金融服务组织体系和融资结构需要优化；从政府部门看，营商环境与公共服务需要进一步改善。

二、中国小微企业融资的政策环境

（一）国有大型商业银行小微贷款增长30%

2019年3月，在第十三届全国人民代表大会第二次会议上，李克强总理在所作的《政府工作报告》中提出，要着力缓解企业融资难、融资贵问题。具体做法是改革完善货币信贷投放机制，适时运用存款准备金率、利率等数量和价格手段，引导金融机构扩大信贷投放、降低贷款成本，精准有效支持实体经济，不能让资金空转或脱实向虚。《政府工作报告》指出："要加大对中小银行定向降准力度，释放的资金全部用于民营和小微企业贷款。"

《政府工作报告》指出部分银行小微企业贷款要增长30%以上。加大对中小银行定向降准力度，释放的资金全部用于民营和小微企业贷款。支持大型商业银行多渠道补充资本，增强信贷投放能力，鼓励增加制造业中长期贷款和信用贷款。2019年国有大型商业银行小微企业贷款要增长30%以上。清理规范银行及中介服务收费。完善金融机构内部考核机制，激励加强普惠金融服务，切实使中小微企业融资紧张状况有明显改善，明显降低综合融资成本。

（二）全面促进和支持中小企业健康发展

2019 年 4 月 7 日，中共中央办公厅、国务院办公厅印发《关于促进中小企业健康发展的指导意见》（以下简称《意见》）。《意见》针对目前中小企业面临的生产成本上升，融资难、融资贵、创新发展能力不足等问题，提出了若干务实举措，为缓解中小企业融资困境提供了有力的政策支撑。

1. 营造良好发展环境

（1）进一步放宽市场准入。坚决破除各种不合理门槛和限制，在市场准入、审批许可、招标投标、军民融合发展等方面打造公平竞争环境，提供充足市场空间。不断缩减市场准入负面清单事项，推进"非禁即入"普遍落实，最大限度实现准入便利化。

（2）主动服务中小企业。进一步深化对中小企业的"放管服"改革。继续推进商事制度改革，推动企业注册登记、注销更加便利化。推进环评制度改革，落实环境影响登记表备案制，将项目环评审批时限压缩至法定时限的一半。落实好公平竞争审查制度，营造公平、开放、透明的市场环境，清理废除妨碍统一市场和公平竞争的各种规定和做法。主动服务企业，对企业发展中遇到的困难，要"一企一策"给予帮助。

（3）实行公平统一的市场监管制度。创新监管方式，寓监管于服务之中。避免在安监、环保等领域微观执法和金融机构去杠杆中对中小企业采取简单粗暴的处置措施。深入推进反垄断、反不正当竞争执法，保障中小企业公平参与市场竞争。坚决保护企业及其出资人的财产权和其他合法权益，任何单位和个人不得侵犯中小企业财产及其合法收益。严格禁止各种刁难限制中小企业发展的行为，对违反规定的问责追责。

2. 破解融资难融资贵问题

（1）完善中小企业融资政策。进一步落实普惠金融定向降准政策。加大再贴现对小微企业支持力度，重点支持小微企业 500 万元及以下小额票据贴现。将支小再贷款政策适用范围扩大到符合条件的中小银行（含新型互联网银行）。将单户授信 1000 万元及以下的小微企业贷款纳入中期借贷便利的合格担保品范围。

（2）积极拓宽融资渠道。进一步完善债券发行机制，实施民营企业债券融资支持工具，采取出售信用风险缓释凭证、提供信用增进服务等多种方式，支持经营正常、面临暂时流动性紧张的民营企业合理债券融资需求。探索实施民营企业股权融资支持工具，鼓励设立市场化运作的专项基金开展民营企业兼并收购或财务投资。大力发展高收益债、私募债、双创专项债务融资工具、创业投资基金类债券、创新创业企业专项债券等产品。研究促进中小企业依托应收账款、供应链金融、特许经营权等进行融资。完善知识产权质押融资风险分担补偿机制，发挥知识产权增信增贷作用。引导金融机构对小微企业发放中长期贷款，开发续贷产品。

（3）支持利用资本市场直接融资。加快中小企业首发上市进度，为主业突出、规范运作的中小企业上市提供便利。深化发行、交易、信息披露等改革，支持中小企业在新三板挂牌融资。推进创新创业公司债券试点，完善创新创业可转债转股机制。研究允许挂牌企业发行可转换公司债。落实创业投资基金股份减持比例与投资期限的反向挂钩制度，鼓励支持早期创新创业。鼓励地方知识产权运营基金等专业化基金服务中小企业创新发展。对存在股票质押风险的企业，要按照市场化、法治化原则研究制定相关过渡性机制，根据企业具体情况采取防范化解风险措施。

（4）减轻企业融资负担。鼓励金融机构扩大出口信用保险保单融资和出口退税账户质押融资，满足进出口企业金融服务需求。加快发挥国家融资担保基金作用，引导担保机构逐步取消反担保，降低担保费率。清理规范中小企业融资时强制要求办理的担保、保险、评估、公证等事项，减少融资过程中的附加费用，降低融资成本；相关费用无法减免的，由地方财政根据实际制定鼓励降低取费标准的奖补措施。

（5）建立分类监管考核机制。研究放宽小微企业贷款享受风险资本优惠权重的单户额度限制，进一步释放商业银行投放小微企业贷款的经济资本。修订金融企业绩效评价办法，适当放宽考核指标要求，激励金融机构加大对小微企业的信贷投入。指导银行业金融机构夯实对小微业务的内部激励传导机制，优化信贷资源配置、完善绩效考核方案、适当降低利润考核指标权重，安排专项激励费用；鼓励对小微业务推行内部资金转移价格优惠措施；细化小微企业贷款不良容忍度管理，完善授信尽职免责规定，加大对基层机构发放民营企业、小微企业贷款的激励力度，提高民营企业、小微企业信贷占比；提高信贷风险管控能力、落实规范服务收费政策。

3. 完善财税支持政策

（1）改进财税对小微企业融资的支持。落实对小微企业融资担保降费奖补政策，中央财政安排奖补资金，引导地方支持扩大实体经济领域小微企业融资担保业务规模，降低融资担保成本。进一步降低创业担保贷款贴息的政策门槛，中央财政安排资金支持地方给予小微企业创业担保贷款贴息及奖补，同时推进相关统计监测和分析工作。落实金融机构单户授信 1000 万元及以下小微企业和个体工商户贷款利息收入免征增值税政策、贷款损失准备金所得税税前扣除政策。

（2）减轻中小企业税费负担。清理规范涉企收费，加快推进地方涉企行政事业性收费零收费。推进增值税等实质性减税，对小微企业、科技型初创企业实施普惠性税收减免。根据实际情况，降低社会保险费率，支持中小企业吸纳就业。

（3）完善政府采购支持中小企业的政策。各级政府要为中小企业开展政府采购项下融资业务提供便利，依法及时公开政府采购合同等信息。研究修订政府采购促进中小企业发展暂行办法，采取预算预留、消除门槛、评审优惠等手段，落实政府采购促进中小企业发展政策。在政府采购活动中，向专精特新中小企业倾斜。

（4）充分发挥各类基金的引导带动作用。推动国家中小企业发展基金走市场化、公司化和职业经理人的制度建设道路，使其支持种子期、初创期成长型中小企业发展，在促进中小企业转型升级、实现高质量发展中发挥更大作用。大力推进国家级新兴产业发展基金、军民融合产业投资基金的实施和运营，支持战略性新兴产业、军民融合产业领域优质企业融资。

4. 提升创新发展能力

（1）完善创新创业环境。加强中央财政对中小企业技术创新的支持。

（2）切实保护知识产权，保护中小企业创新研发成果。

（3）引导中小企业专精特新发展。支持推动中小企业转型升级，聚焦主业，增强核心竞争力，不断提高发展质量和水平，走专精特新发展道路。

（4）为中小企业提供信息化服务。推进发展"互联网＋中小企业"，鼓励大型企业及专业服务机构建设面向中小企业的云制造平台和云服务平台，发展适合中小企业智能制造需求的产品、解决方案和工具包，完善中小企业智能制造支撑服务体系。

5. 改进服务保障工作

（1）完善公共服务体系。规范中介机构行为，提升会计、律师、资产评估、信息等各方面中介服务质量水平，优先为中小企业提供优质高效的信息咨询、创业辅导、技术支持、投资融资、知识产权、财会税务、法律咨询等服务。

（2）推动信用信息共享。进一步完善小微企业名录，积极推进银商合作。依托国家企业信用信息公示系统和小微企业名录，建立完善小微企业数据库。

（3）重视培育企业家队伍。继续做好中小企业经营管理领军人才培训，提升中小企业经营管理水平。

（4）支持对外合作与交流。优化海关流程、简化办事手续，降低企业通关成本。深化双多边合作，加强在促进政策、贸易投资、科技创新等领域的中小企业交流与合作。

6. 强化组织领导和统筹协调

（1）加强对中小企业支持和统筹指导，加强监督检查，推动政策落实。

（2）加强工作督导评估，开展中小企业发展环境评估。

（3）营造有利于中小企业发展的良好舆论氛围。

（三）金融服务振兴乡村

为深入贯彻落实中央农村工作会议、《中共中央　国务院关于实施乡村振兴战略的意见》和《乡村振兴战略规划（2018—2022 年)》有关要求，切实提升金融服务乡村振兴效率和水平，人民银行、银保监会、证监会、财政部、农业农村部在 2019 年 2 月联合印发《关于金融服务乡村振兴的指导意见》（以下简称《指导意见》）。

《指导意见》强调，要以习近平新时代中国特色社会主义思想为指导，紧紧围绕党的十九大关于实施乡村振兴战略的总体部署，坚持以市场化运作为导向、以机构改革为动力、以政策扶持为引导、以防控风险为底线，聚焦重点领域，深化改革创新，建立完善金融服务乡村振兴的市场体系、组织体系、产品体系，促进农村金融资源回流。

《指导意见》对标实施乡村振兴战略的三个阶段性目标，明确了相应阶段内金融服务乡村振兴的目标。短期内，突出目标的科学性和可行性，到 2020 年，要确保金融精准扶贫力度不断加大、金融支农资源不断增加、农村金融服务持续改善、涉农金融机构公司治理和支农能力明显提升。中长期，突出目标的规划性和方向性，推动建立多层次、广覆盖、可持续、适度竞争、有序创新、风险可控的现代农村金融体系，最终实现城乡金融资源配置合理有序和城乡金融服务均等化。

《指导意见》指出，要坚持农村金融改革发展的正确方向，健全适合乡村振兴发展的金融服务组织体系，积极引导涉农金融机构回归本源；明确重点支持领域，切实加大金融资源向乡村振兴重点领域和薄弱环节的倾斜力度，增加农村金融供给；围绕农业农村抵质押物、金融机构内部信贷管理机制、新技术应用推广、"三农"绿色金融等，强化金融产品和服务方式创新，更好地满足乡村振兴多样化融资需求；充分发挥股权、债券、期货、保险等金融市场功能，建立健全多渠道资金供给体系，拓宽乡村振兴融资来源；加强金融基础设施建设，营造良好的农村金融生态环境，增强农村地区金融资源承载力和农村居民金融服务获得感。

为确保各项政策措施有效落实落地，《指导意见》提出，要完善货币政策、财政支持、差异化监管等政策保障体系，提高金融机构服务乡村振兴的积极性和可持续性。金融机构也要切实加强组织领导，不折不扣抓好落实。同时，开展金融机构服务乡村振兴考核评估，从定性指标和定量指标两大方面对金融机构进行评估，定期通报评估结果，强化对金融机构的激励约束，有效提升政策实施效果。

另外，各相关部门将按照职责分工，扎实推进金融服务乡村振兴各项工作。各涉农金融机构要根据《指导意见》的要求，加大对乡村振兴领域的支持力度，更好地满足乡村振兴多样化、多层次的金融需求。

（四）加强金融服务民营企业

为深入贯彻落实中共中央办公厅、国务院办公厅印发的《关于加强金融服务民营企业的若干意见》（以下简称《意见》）精神，进一步缓解民营企业融资难、融资贵问题，切实提高民营企业金融服务的获得感，银保监会在 2019 年 2 月向各派出机构及银行保险机构下发《关于进一步加强金融服务民营企业有关工作的通知》（以下简称《通知》）。

《通知》从持续优化金融服务体系、抓紧建立"敢贷、愿贷、能贷"的长效机制、公平精准有效开展民营企业授信业务、着力提升民营企业信贷服务效率、从实际出发帮助遭遇风险事件的民营企业融资纾困、推动完善融资服务信息平台、处理好支持民营企业发展与防范金融风险的关系、加大对金融服务民营企业的监管督察力度八个方面，对落实《意见》精神提出了二十三条细化措施。

《通知》要求，商业银行要在 2019 年 3 月底前制定 2019 年度民营企业服务目标。在内部绩效考核机制中提高民营企业融资业务权重。尽快建立健全民营企业贷款尽职免责和容错纠错机制，对已尽职但出现风险的项目，可免除相关人员责任。根据民营企业融资需求特点，借助互联网、大数据等新技术，设计个性化产品，综合考虑资金成本、运营成本、服务模式以及担保方式等因素科学定价。推广预授信、平行作业、简化年审等方式，提高信贷审批效率。保险机构要在风险可控情况下提供更灵活的民营企业贷款保证保险服务。鼓励银行保险机构加大对民营企业债券的投资力度。

《通知》明确，银保监会将在 2019 年 2 月底前明确民营企业贷款统计口径。按季监测银行业金融机构对民营企业的贷款情况，根据实际情况按法人机构制定实施差异化考核方案。将对金融服务民营企业政策落实情况进行督导和检查。2019 年督察重点将包括贷款尽职免责和容错纠错机制是否有效建立、贷款审批中对民营企业是否设置歧视性要求、授信中是否附加以贷转存等不合理条件、民营企业贷款数据是否真实、享受优惠政策低成本资金的使用是否合规等方面。

（五）进一步深化小微企业金融服务

人民银行、银保监会、证监会、发展改革委、财政部联合印发《关于进一步深化小微企业金融服务的意见》（银发〔2018〕162号，以下简称《意见》）。《意见》从货币政策、监管考核、内部管理、财税激励、优化环境等方面提出23条短期精准发力、长期标本兼治的具体措施，督促和引导金融机构加大对小微企业的金融支持力度，缓解小微企业融资难融资贵，切实降低企业成本，促进经济转型升级和新旧动能转换。

加大货币政策支持力度，引导金融机构聚焦单户授信500万元及以下小微企业信贷投放。《意见》提出，一是增加支小支农再贷款和再贴现额度共1500亿元，下调支小再贷款利率0.5个百分点。二是完善小微企业金融债券发行管理，支持银行业金融机构发行小微企业贷款资产支持证券，盘活信贷资源1000亿元以上。三是将单户授信500万元及以下的小微企业贷款纳入中期借贷便利（MLF）的合格抵押品范围。改进宏观审慎评估体系，增加小微企业贷款考核权重。

加大财税政策激励，提高金融机构支小积极性。《意见》提出，一是从2018年9月1日至2020年底，将符合条件的小微企业和个体工商户贷款利息收入免征增值税单户授信额度上限，由100万元提高到500万元。二是对国家融资担保基金支持的融资担保公司加强监管，支持小微企业融资的担保金额占比不低于80%，其中支持单户授信500万元及以下小微企业贷款及个体工商户、小微企业主经营性贷款的担保金额占比不低于50%，适当降低担保费率和反担保要求。

加强贷款成本和贷款投放监测考核，促进企业成本明显降低。《意见》强调，一是银行业金融机构要努力实现单户授信总额1000万元及以下小微企业贷款同比增速高于各项贷款同比增速，有贷款余额的户数高于上年同期水平。二是进一步缩短融资链条，清理不必要的"通道"和"过桥"环节，禁止向小微企业贷款收取承诺费、资金管理费，严格限制收取财务顾问费、咨询费。三是改进信贷政策导向效果评估，着力提高金融机构支持小微企业的精准度。

健全普惠金融组织体系，提高服务小微企业的能力和水平。《意见》要求，一是大型银行要继续深化普惠金融事业部建设，向基层延伸普惠金融服务机构网点；鼓励未设立普惠金融事业部的银行增设社区、小微支行。二是推进民营银行常态化设立，引导地方性法人银行业金融机构继续下沉经营管理和服务重心。三是银行业金融机构要强化内部激励，大中型银行要加大内部资金支持力度。深化落实小微企业授信尽职免责办法。四是要运用现代金融科技等手段，推进小微企业应收账款融资专项行动，发挥保险增信分险功能，提高小微企业金融服务可得性。

大力拓宽多元化融资渠道，优化营商环境，严厉打击骗贷骗补等违法违规行为。《意见》提出，一是支持发展创业投资和天使投资，完善创业投资、天使投资退出机制；持续深化新三板分层、交易制度改革，完善差异化的发行、信息披露等制度。规范发展区域性股权市场。二是引导小微企业聚焦主业，健全财务制度，守法诚信经营，提升自身信用水平。三是推动建立联合激励和惩戒机制，依法依规查处小微企业和金融机构内外勾结、弄虚作假、骗贷骗补等违法违规行为，确保政策真正惠及小微企业。

小微企业活，就业旺，经济兴，做好小微企业金融服务责任重大。金融部门要认真贯彻党中央、国务院部署，切实转变观念，按照《意见》提出的各项要求，不断把金融服务小微企业工作推向深入，为服务小微企业蓬勃发展、促进创新创业与新动能壮大做出应有的贡献！

（六）放宽普惠型小微贷款不良容忍度

银保监会于 2019 年 3 月印发《关于 2019 年进一步提升小微企业金融服务质效的通知》（以下简称《通知》），要求商业银行在目前小微企业信贷风险总体可控的前提下，将普惠型小微企业贷款不良率容忍度放宽至不高于各项贷款不良率 3 个百分点。

《通知》强调对普惠型小微企业贷款全年要实现"贷款增速不低于各项贷款增速、贷款户数不低于上年同期"的"两增"目标。同时要求银行 2019 年对使用人民银行支小再贷款或政策性银行转贷资金，以及获得政府性融资担保公司担保的普惠型小微企业贷款，严格控制利率定价。

《通知》还督促银行完善差别化的贷款利率定价，通过内部资金转移定价优惠、降低利润指标考核权重、安排专项费用，提升基层服务小微企业的积极性。将落实授信尽职免责与不良容忍制度有机结合，对小微企业不良贷款率未超过容忍度标准的分支机构，在无违法违规行为的前提下，对相关业务责任人可免予追责。同时要求优化信贷服务技术和方式，支持银行在加强合规管理和风险控制的前提下，进一步加强与互联网、大数据的融合，探索全流程线上贷款模式。根据小微企业融资特点，进一步优化贷款支付方式和对资金流向的监测分析手段，不将发票作为认定贷款用途的唯一要件。

三、中国小微企业融资的发展困境

在我国特定的发展阶段和金融体制下，小微企业融资既有制约发展的老问题，又面临经济运行中的新问题。中国小微企业融资难、融资贵的比较对象是大型企业的融资情况，具体来看，对比我国小微企业对整体经济的贡献情况，金融机构对小微企业融资的支持力度不够。中国小微企业最终产品和服务价值占GDP的比例约60%、纳税占国家税收总额的比例约50%，而2017年末中国金融机构小微企业贷款余额占企业贷款余额的比例约37.8%，小微企业的经济贡献与金融机构对小微企业的贷款支持力度有较大差距。

与日本相比，日本中小企业（日本中小企业的规模与中国的小微企业规模相似）贡献的GDP比例约50%，而日本国内银行的企业贷款和贴现中中小企业占比约62%，日本与我国企业融资环境有所不同，但可以看出日本小微企业的经济贡献与金融机构对小微企业的贷款支持力度较为相当。

当下亟待解决小微企业"融资难"过程中存在的问题：第一，小微企业信用数据缺失，金融机构难以完成有效的风控和授信。绝大部分小微企业由于缺乏不动产抵押物，且没有可信的数据化记录，小微企业运营成本、生意流水和客群消费类型等，都难以被金融机构获知和核证，导致金融机构往往无法对其融资风险做出有效判断。第二，传统信贷模式在服务小微企业时可持续性差。银行向小微企业贷款的传统模式以线下风控、线下放贷为主，该模式决定其触达更多小微企业难且动力不足。传统银行完成一家小微企业授信的成本数百元至数千元不等，时间周期需要一个月甚至数月；人工成本方面，一位传统银行客户经理每年仅能管理（包括贷前和贷后）10～20家小微企业。第三，小微企业融资面临"两多两难"问题，即"小微企业多、融资难，社会资本多、投资难"。

（一）小微企业的融资需求很难得到满足

随着银行业市场竞争加剧，为提高经营利润，商业银行开始由过去的偏重客户信贷规模转向偏重单笔贷款的利率水平。由于大型国有企业融资渠道广阔，实力强大，银行很难上浮利率；而在先天弱势的中小企业面前，银行的谈判优势极为明显。在利润和风险的双重约束下，商业银行必然会选择中型企业中排位靠前的企业作为信贷对象。相比之下，大中型商业银行对小型企业和微型企业的重视还远远不够。2010年中国银行业小企业贷款占贷款总额的比例为14.73%。作为对比，美国小企业贷款占同期美国商业银行贷款总额的比例达到1/3强。

（二）中小企业承担过重的融资成本

目前，商业银行对中小企业的贷款利息基本都是上浮，幅度在20%～70%。除贷款利息以外，中小企业还要负担登记费、评估费、公证费、担保费、审计费、工商查询费等费用。据中国中小企业协会调查，企业反映综合贷款成本已经高达贷款额的10%～15%。按照一年期利率6.31%、上浮50%、担保费率为利率的50%计算，在未考虑其他费用的情况下，小企业一年期贷款的成本就达到

14.2%。由于大企业即便上浮利率幅度也很小（在过去两年流动性宽松时期大企业贷款利率通常是下浮的），而且大企业往往不需要担保，因此估计目前小企业贷款成本比大企业要高出6~8个百分点。从部分发达国家经验看，小企业贷款平均利率高出大企业贷款利率1.5~2个百分点。1993年以来，澳大利亚小企业贷款平均利率相对大企业贷款利率平均溢价1.51个百分点，2005年以来，平均溢价幅度在1.66个百分点。在美国；10万美元以下的微型企业贷款利率较最低风险贷款利率高出2个百分点左右。[①]

从银行、担保机构角度来看，这种收费是对中小企业较大贷款风险的有限补偿（尚不能完全覆盖其承担的风险），监管部门也认为"高风险、高收益"是合理的；但从中小企业角度看，如此之重的资金成本意味着企业的资金利润率至少要达到10.5%以上才不致亏本（按负债率50%、银行一年期存款利率3.25%计），而从目前我国产业的情况来看，平均利润率能够达到这一水平的行业并不多。中小企业本来就在市场竞争中处于弱势，其所处的经营领域多为微利行业，面对如此之高的资本成本，企业将很难发展。

另据央行的调研显示，多数中小企业表示2019年以来贷款利率较基准利率普遍上浮，上浮幅度从10%~60%不等，有些甚至更高。而多数大企业仍可以获得基准利率贷款或者略有下浮。部分大企业虽然贷款利率有所上浮，但上浮幅度普遍低于中小企业，中小企业民间融资利率更高。央行调查统计司对全国6299家工业和非工业企业的调查显示，2019年前5个月，企业民间融资利率为15.6%。其中，小型企业民间融资的加权平均利率最高，达到17.1%；中型企业次之，为14.7%；大型企业最低，为11.5%。[②]

融资成本居高不下加重了中小企业经营负担。首先，银行贷款是中小企业融资渠道中成本相对较低的方式，但当前货币政策在一定程度上限制了银行的信贷供给能力，无风险利率处于高位，抬升了全社会融资成本，中小企业更是首当其冲。其次，大量中小企业从正规渠道融资无门，转向民间融资渠道，其利率水平随着需求的旺盛而持续上升。据不完全统计，中小企业的银行贷款年利率高达15%以上，而民间过桥的日息最高达0.2%~0.6%，折算成年利率将近50%~150%。从调研情况看，中小企业通过民间借贷过桥周转的年息在30%左右，为基础利率上浮4~7倍。最后，除资金利率成本外，包括资产评估费、担保费、贷款保险费、承诺费、财务顾问费、咨询服务费等在内的各类名目繁多的融资中介费用，直接抬高了2%~6%不等的融资成本，融资贵挤占了中小企业本就狭窄的利润空间。

① 交银国际研究报告。

② 《上海证券报》：《信贷数据显示中小企业融资状况在改善》，http：//www.ca－sme.org/content.asp？id＝26117。

（三）金融机构对中小企业融资服务能力不足

尽管中小企业金融服务有了较大改进，但金融机构仍存在融资期限僵硬、融资操作不够灵活（审批手续多、耗时长）的问题。目前，商业银行和担保机构基本不做特短期（如1个月以内的过桥贷款）和中长期贷款业务（贷款期限大多为一年以内，很少有两年期限的贷款，三年以上则基本没有），从而形成金融服务的空白。中小企业的资金需求往往具有时间急、额度小、多批次的特点，但是除了一些小型机构（如小贷公司）之外，多数商业银行并不提供此类服务。此外，中小企业经营还极易受到货币信贷调控的影响。特别是在紧缩性调控下，中长期贷款由于原始期限长，存在相对刚性；而压缩流动资金贷款就相对容易，因此银行往往首先压缩短期贷款来达到调控要求。在这种情况下，中小企业会比大企业受到更大的冲击。

（四）中小企业大型企业融资两极分化

相较大型企业，我国中小企业因自身缺陷，在融资中存在明显劣势：一是经营规模小，经营时间和平均寿命较短，成长具有较大的不确定性。调研显示，中国中小企业平均寿命只有短短的2.5年，存活5年以上的企业不到7%，10年以上的企业不到2%，显著低于国际水平。中小企业天然的高风险性和商业银行内在的风险规避偏好存在一定的错位。二是普遍缺乏资本，可供抵押担保的资产不足。即使是属于新兴产业或国家重点战略支持产业的中小企业，虽然科研能力强、具有核心知识产权，但由于企业轻资产特点，现有评价体系很难准确价值评估，正常融资依然受限。三是产业链中的地位较低，大企业拖压小企业货款问题严重，中小企业应收账款占用资金多、账龄长、坏账率高，严重削弱了企业的抗风险能力。四是经营管理不够规范，财务记录不完整、信息透明度低。金融机构难以获得企业真实可靠的财务信息，无法对企业的盈利情况和真实性做出准确判断。五是融资存在不理性现象。有的中小企业忽视企业成长规律，盲目扩张、过度融资，或将贷款资金用于与企业经营无关的用途等，导致银行被迫采用收缩单户贷款规模或限制企业合作银行家数等措施控制风险。

（五）对企业早期阶段支持不够

在科技企业创业的早期阶段，企业往往很难符合银行贷款条件，这时风险（创业）投资就成为重要的资金提供者。但是目前风险（创业）投资的突出问题是投资机构普遍向企业后期集中。特别在创业板推出之后，其造富效应吸引了大多数投资机构挤入IPO市场。以著名的红杉资本为例，原来资金的70%是用于投资早期创业企业，现在绝大多数资金都投向了 IPO 前期的企业。美国风险投资机构投资于早期的资金比例平均为 25%，而目前中国该比例小于 5%。

（六）经济下行加大中小企业融资困难

在经济增速放缓、产业结构调整深化的大背景下，中小企业受困于经营收入下滑、回款不畅、资金拖欠严重等原因，无法按时足额偿还贷款，出现债务违约，引发信用度下降、授信等级降低、贷款金额下降、资金链断裂等一系列连锁反应。近年来，山东、江苏、辽宁等地相继出现了企业担保圈贷款风险事件，互联互保贷款风险频发，金融风险扩大趋势显现。商业银行对中小企业不信任程度加剧，"惜贷""慎贷""断贷""压贷""惧贷"情绪较往年更盛。

（七）融资渠道窄制约中小企业资金获取

我国绝大多数的中小企业运营时间较短、技术含量较低、竞争力偏弱、盈利水平有限，很难满足资本市场的准入要求，不具备股票发行和债券融资的条件，只能高度依赖银行信贷等间接融资。调查显示，剔除民间借贷，中小企业通过正规渠道获得的外部融资 98.7% 来自银行贷款，直接融资仅占 1.3%。然而，受制于道德风险和逆向选择等约束，银行贷款的融资方式对于中小企业而言面临着体制性梗阻与技术性梗阻，信贷供给远远不能满足中小企业日益增长的融资需求，贷款门槛高、信贷手续繁、担保增信难、资金期限短、贷款稳定性弱等问题重重。一些以服务地方经济、服务中小企业为使命的城商行在做大做强、实现跨区经营后，出现了"洗脚上岸"脱农脱小、热衷"垒大户"的倾向。央行数据显示，2018 年上半年小微企业贷款增加 1.07 万亿元，同比减少 6994 亿元，增量仅占同期企业贷款的 20.9%。中小企业获得的金融支持与其对国民经济的贡献度不相匹配。

（八）资本供给结构不均衡阻碍中小企业发展

一方面，不同产业间的资本供给冷热不均。新兴行业中技术先进、符合市场潮流、管理水平领先的企业受到资金方追捧，融资饱和度高，甚至出现供给过剩；而对于大量技术装备水平较低、产品核心竞争力弱的传统制造业中小企业，不仅商业银行惜贷，风险投资和私人股权资本也不看好。

另一方面，不同地域间的资本供给也存在差异。东部地区尤其是长三角和珠三角地区，经济发展水平较高、中小企业活跃、信用体制相对健全、民间资本充裕，加之该地区的中小企业经营管理水平相对较高、企业的资本运营意识较强，相比中西部地区中小企业，更容易获得外部融资支持。2017 年，东部地区本外币贷款平均占比达 56%，高于中部、西部和东北三地区之和。

从金融资源配置的地区来看，主要集中于经济发达地区、城市地区，而中西部地区、农村地区获取金融服务的难度较大。发达地区由于经济发展水平高，金融市场主体多元，金融供给相对充分；欠发达地区由于经济发展水平低、金融深化不足，导致金融压抑较重，金融供给明显不足。2018 年，东部广东、江苏、浙江的股权融资规模分别为 2189 亿元、1665 亿元和 1062 亿元，中西部江西、陕西、贵州的股权融资规模仅分别为 51 亿元、69 亿元和 67 亿元。从金融资源配置的领域来看，主要集中于大型企业、基础设施、房地产等领域，对中小微企业、节能环保、创业创新等领域的支持相对不足。这既与近年来金融体系自我循环、"脱实向虚"有关，也与"重资产、重抵押"的传统金融服务模式滞后难以满足小微、创新企业的融资需求有关。

（九）传统金融与新型金融各自面临发展难题

传统金融面临活力不足、转型艰难的困境。随着信息技术的迅猛发展和人们生产生活方式的巨大变化，传统金融产品和服务已经越来越难以满足"随时、随地、随心"的金融需求，适应场景和创新能力显得不足。新型金融野蛮发展，有待进一步规范监管。近年来市场上出现"e 租宝"事件、校园贷、首付贷、P2P爆雷潮等问题均与此密切相关。这些主要涉及小微和民营企业融资的新兴融资业态，一方面反映了目前国内融资市场结构的"短板"与市场需求的不匹配，另一方面也反映了政策对发展迅速的科技金融监管的滞后。2018 年中期，P2P 问题平台集中爆发，"踩雷"的投资者高达 6000 万人，涉及金额超过 5700 亿元。截至 2019 年 2 月，P2P 累计问题平台数量已达 2695 个。在新型金融发展过程中，金融监管必须跟上，补足监管"短板"、避免监管真空。

综上所述，小微企业融资面临困境经营难度增加，加强小微企业贷款迫在眉睫。其中，经济发展水平较低的中西部以及农村地区，金融压抑较重、金融供给明显不足，小微企业融资困难加大。而传统的中小银行小微贷款在经济发展水平较低的中西部以及农村地区有着新型金融难以匹敌的优势，传统中小银行在解决中国视角下小微企业的融资困境有着不可替代的基础作用。

四、中国小微企业融资困境的主要成因

（一）经济体制方面

我国长期存在不均衡的二元经济和社会结构，经济体系和金融体系也呈现明

显的二元特征。经济体系中分化出了以大型国有企业集团为代表的国有经济体系和以中小企业为代表的私营经济体系，以及以社会化生产为主要特点的城市经济和以小农生产为主要特点的农村经济；金融体系中产生了正规金融与民间金融的二元市场，资金价格存在官方利率与市场均衡利率的分化。这种"双重"的二元结构直接造成了金融资源分配机会和占用成本的失衡与不公，金融机构往往对一些大项目"一拥而上"、无序竞争，而对中小企业、农村农户等弱势群体则较为审慎。在产权制度不完善的情况下，由"父爱主义"而产生的投资饥渴症，形成资金黑洞，一些国有企业和地方政府融资平台的预算约束软化、运行效率和资金回报低，却占用大量信贷资源，造成资金供需紧张，加剧中小企业融资难度。

（二）产业部门方面

房地产市场的"挤出效应"和产能过剩行业的"沉淀效应"是加剧中小企业融资困难的主要诱因。近年来，房地产价格不断上涨导致大量资金涌入房地产项目，打击了创业与创新活动，恶化了实体经济的投资环境，对中小企业融资形成"挤出效应"。2018 年上半年，金融机构累计新增人民币贷款 9.03 万亿元，其中房地产贷款 3.52 万亿元，占比仍高达 39%。同时，长期依赖投资拉动导致我国产能过剩问题较为突出，产能过剩行业投资收益率低，资金周转速度慢，贷款无法及时、足额偿还，形成大量资金沉淀。近年来，我国钢铁、煤炭、水泥、建材、电解铝、玻璃、造船等行业的产能利用率只有 70% 左右。由于政府隐性担保使那些无望恢复生机的企业免予破产倒闭，"僵尸企业"吞噬大量信贷资金，间接推高了中小企业的融资成本。

（三）金融部门方面

银行负债成本、风险溢价上升以及流动性管理难度加大，不利于中小企业融资。一是表外转表内的监管要求使银行业经营杠杆降低，资本压力上升。不利于商业银行腾出信贷空间，提高对实体经济的支持力度。二是银行对防控金融风险的手段措施过于简单，信贷评级标准"一刀切"。大部分银行仍沿用对大企业形成的客户评级标准，使中小企业的信用标准不能真实反映其实际情况。三是金融机构负债端成本上升推动资产端利率上扬。2018 年第二季度，金融机构人民币贷款加权平均利率为 5.97%，较 2017 年同期的 5.67% 上升 0.3 个百分点；一般贷款中执行上浮利率的贷款占比为 75.24%，较 2017 年底上升 10.83 个百分点，执行下浮利率的贷款占比为 9.93%，较 2017 年底下降了 4.35 个百分点。四是资产质量压力不减，不良贷款余额继续攀升。截至 2018 年 6 月末，商业银行不良贷款余额 1.96 万亿元，较 2017 年同期增加 3213 亿元；不良贷款率 1.86%，较 2017 年同期上升 0.12 个百分点（见图 4－2）。在信贷资产质量防控压力较大的形势下，金融机构通常会采取提高风险溢价的办法来覆盖潜在损失。基于利益最大、风险最小的原则，银行在调整信贷结构时更倾向于选择安全性和收益性相对较好的大企业，资金紧张对中小企业的冲击最为突出。五是大型银行和中小银行从央行获得流动性支持的难易程度仍存在较大差异。部分中小银行过度依赖同业市场获取流动性支持，资金获取成本较高，这在很大程度上限制了中小银行对中小企业的信贷投放，导致中小企业融资服务的数量和质量都远不能满足市场需求。

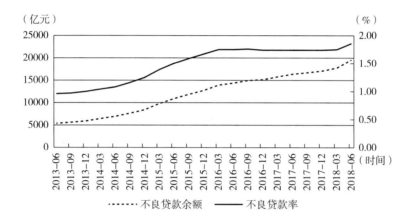

图 4－2 2013 年 6 月至 2018 年 6 月商业银行不良贷款情况

（四）政府部门方面

中小企业在市场竞争中长期处于弱势地位，政府运用"看得见的手"在促进中小企业发展壮大、保障资源配置公平方面作用空间巨大。然而，尽管近年来政府出台了一系列改善中小企业融资环境的法律和政策措施，但收效不尽理想，主要问题在于：一是全国性中小企业管理机构缺位。尽管新修订的《中华人民共和国中小企业促进法》明确"国务院统筹全国中小企业促进工作"，但负责具体组织实施的责任部门不明确。目前，工信部下设的中小企业局承担着中小企业发展的宏观指导，但在跨部委协调方面力不从心。二是社会信用建设滞后。由于司法对失信企业的惩戒不足、逃废债务成本低，我国中小企业恶意骗贷、假破产真逃债的情况较多，一定程度上挫伤了金融机构开展中小企业业务的积极性。三是商业信用体系不健全。信息不对称导致以商业信用为基础的商业承兑汇票不被市场主体认可，同时《票据法》《支付结算办法》等法律法规对商票违约的处罚力度偏低、手段落后，导致商业承兑汇票的普及范围明显小于银行承兑汇票。四是政府干预作为不当。在扶持中小企业发展的政策制定中有悖市场规律，对政府不擅长的事情过多介入，不但没有产生预期效果，还浪费了宝贵的公共资金和资源。

第五章 小微贷款管理咨询破解融资困境的功能优势

一、中国小微贷款管理咨询的发展历程

（一）中国小微贷款技术与国际接轨的早期探索

从 20 世纪 90 年代初开始，一些国际机构和国内非政府组织开始在中国引入微贷技术咨询项目。这些项目虽然对特定贫困群体提供了支持和帮助，但绝大部分项目面临种种困难，无法持续运作。主要原因：一是缺乏成熟业务模式。非政府组织的项目多以实验性质为主，缺乏长期开展微贷业务的规划和模式设计。政府主导的项目，则偏重于社会目标，采取财政贴息的方式进行，贷款回收率很低。二是缺乏资金和技术。非政府组织资金来源于国际、国内组织援助，资金仅能覆盖运营成本和小规模放贷。农信社资金虽然丰富，但由于其按照传统信贷方法开展业务，贷款不良率较高。三是利率政策的影响。在 2004 年国家放开贷款利率上限之前，微小贷款无法按照风险水平和实际成本定价，财务上不可持续。

（二）国家开发银行推动小微贷款的国际实践

国家开发银行（以下简称"开发银行"）从经济和社会发展的战略角度出发，借鉴国际先进经验，通过与世界银行、德国复兴信贷银行（KFW）等国际机构和地方中小商业银行合作，于 2004 年启动了以商业可持续为特征的微贷款项目，以达到使所有有劳动能力的人都能享受到正规微金融服务，实现人人享有平等融资权的目标，并促进经济持续增长和充分就业、减缓贫困以及金融深化与发展。

1. 微小企业转贷款项目的总体情况

从 2004～2011 年，国家开发银行借鉴国际经验，结合国内微贷实践经验和教训，与世界银行和德国复兴银行合作，引入德国 IPC 公司微贷技术，以地方中小商业银行为依托，按照商业可持续的原则，采用"批发银行 + 零售机构"模式，在包头、台州和九江等 12 家城市商业银行开展了制度型微小企业转贷款项目试点（以下简称"微贷"）。

2. 微小企业转贷款项目的方案设计

微贷款项目借鉴欧洲复兴信贷银行（EBRD）成功经验，由国家开发银行承担项目执行单位角色，与地方中小商业银行合作，为我国数以百万计的个体经营者及小微企业提供正规金融服务。

项目设计以"技术 + 资金"为基本模式，其中"技术"是指国家开发银行在世界银行的帮助下，选择合适的中小商业银行作为合作伙伴，聘请国际微贷款专家为其提供无偿技术援助，帮助其改革内部管理制度，提升微贷款业务专业机构能力；"资金"是指开发银行联合世界银行、德国复兴信贷银行等国际金融机构，为接受技术援助的合作伙伴提供转贷款批发资金，并通过他们向各地符合条件的小微企业客户大规模发放贷款。

3. 微小企业转贷款项目的实施运作

（1）组织保障。为保障项目顺利实施，2004 年 10 月，国家开发银行专门成立了"国家开发银行微小企业贷款领导小组"，负责项目重大问题的协调和决策。

2005 年 1 月，经国家开发银行内部公开招聘，组建"微小企业贷款工作组"，具体负责项目推进和实施；之后，项目团队逐步发展壮大，演变为"项目管理""合作银行选择与评价"以及"微贷款技术咨询"三个专业小组。

（2）提升专业能力。2005 年 4 月，"微小企业贷款工作组"专程赴德国、保加利亚、马其顿和塞尔维亚等国微贷款专业机构考察学习；2005 年 6 月，国际微贷款专业顾问 GDS 公司到位，帮助项目团队建立业务专业能力。

在世界银行和国际顾问的指导下，项目团队积累总结，编制了《微贷款项目操作手册》《微贷款项目技术管理手册》《微贷款合作银行建设与评估手册》等制度规范，对项目管理、机构选择和技术方法进行固化，提升项目专业能力。

（3）引进项目执行顾问。2005 年 11 月，经全球招标，国际微贷款专业顾问 IPC 公司到位。作为项目执行顾问，IPC 公司与国家开发银行一同对项目下 12 家合作银行提供无偿技术援助。接受技术援助的银行包括包商银行、台州银行、九江银行、马鞍山农村商业银行、贵阳银行、龙江银行、德阳银行、重庆银行、桂林银行、荆州商业银行、曲靖市商业银行和兰州银行。

（4）驻地实施专业技术援助。微贷款专业技术援助以驻地咨询方式开展，内容全面深入，主要包括帮助合作银行组建独立的微贷款业务部门，开发并建立微贷款技术体系和流程，设计信贷产品，招聘并培养新的信贷人员，指导并参与大规模资金发放，控制风险保证质量，建立全新考核和激励机制，以及引进微贷款业务 IT 信息系统等。

（5）提供中长期批发资金。提供技术援助的同时，国家开发银行联合世界银行、德国复兴信贷银行等国际开发性金融机构，为项目下合作银行提供中长期批发信贷资金。其中，世界银行提供转贷款资金 9500 万美元，德国复兴信贷银行提供转贷款资金 5000 万美元，经国家开发银行转贷款的人民币 12.99 亿元，有效地支持了合作银行对各地小微企业客户的大规模资金发放。

4. 微小企业转贷款项目的主要成效

开发银行推动的微小企业转贷款试点项目质量优良，与国际同类、同期项目相比，效果显著，该项目的成功实施，对项目合作银行、对我国微贷款事业的商业可持续发展均具有划时代的重要意义。实践证明，小微贷款业务不仅能取得显著的社会效益，而且可以实现商业可持续；不仅有助于改善民生，而且有利于建立多元化金融服务体系。国家开发银行的微贷试点得到了新闻媒体、国际机构、当地政府以及社会各界的肯定和赞誉。《财富周刊》认为：包头商行的微贷让客户如沐春风，为银行开拓了越来越多的客户。世界银行中国代表处首席代表杜大伟对九江微贷项目进行考察和评估后认为，国家开发银行及合作行对微贷的管理很规范，服务质量得到了客户的肯定，世界银行对整个项目的运作感到满意。

（1）全面完成项目设计指标。在国家开发银行技术援助下，先后有 12 家中小商业银行建立了全新、独立的微贷款业务体系，其中 6 家还获得来自国家开发银行的中长期批发资金支持。自 2005 年 12 月合作银行发放第一笔微贷款，到 2011 年 6 月项目执行期结束，项目下专业支行数量发展到 104 家，微贷款专业信贷员超过 1200 人，累计发放微贷款 24 万笔，金额 245 亿元，平均单笔贷款 10 万元，贷款逾期率始终控制在 1% 以下，各项指标超越项目设计值。

（2）对合作银行的附加贡献。全面实现设计指标的同时，微贷款项目实施对合作银行整体经营也有积极作用，其中包括：帮助合作银行实现资产多样化，降低组合风险，开辟业务蓝海并实现可持续发展；部分合作银行将微贷款业务理念推广至银行其他业务领域，也获得了明显的成效；微贷款培训系统被普遍作为全行信贷培训体系使用，效果良好。

（3）对国内银行系统的影响。受微贷款项目影响，国内多家城商行、农商行、农信社以及邮储银行开始学习、引进该套技术方法；部分商业银行将微贷款技术改造，向农户贷款和小企业贷款延伸；国内"小微企业贷款风险高、业务不可持续"的传统观念也有了很大的改观，尝试学习正确的技术方法突破业务

"瓶颈"；传统信贷过度依赖抵押担保的信贷文化也在发生变化，开始更加关注小微企业经营管理能力和信用道德水平。

二、中小银行开展小微贷款的不足和挑战

小微贷款咨询项目启动前，商业银行普遍认为小微企业贷款风险高、收益低、手续烦琐，不愿意介入，历史上也曾出现过大量小微企业不良贷款，进一步限制了商业银行服务小微企业的意愿，并导致银行追逐高端企业客户，同质化严重，银行贷款集中度过高，风险加大。与此同时，商业银行因缺乏处理小微企业信息的技术能力，转而高度依赖抵押担保，逐步形成了倾向抵押担保的信贷文化，小微企业因缺乏抵押担保，获取信贷支持的希望渺茫，或者成本很高。

此外，在利率市场化及经济下行的压力下，商业银行、股份制银行、农信机构等金融体系下的传统业务利润不断被挤压，浮动利率的实施、存款保险制度的推出等金融创新手段不断挑战传统的利润源泉。同时，城市商业银行大规模兴起，银行同业竞争日趋激烈，蚂蚁金服、京东金融等互联网金融的兴起与爆发也来势凶猛。在如此紧张的竞争局势下，大部分银行本身或多或少地存在着一些管理上的弊端，主要表现为以下三个方面：

（一）客户端调查水平不足，后台风险管理压力大

实践表明，银行传统客户经理贷款调查能力有限，现场调查浮于表面，无法获得有效数据，加之信贷业务流程不熟悉，客户经理整体业务水平有待提升，同时，年轻客户经理责任感亟待加强。固化的传统信贷思维，无法解决银行与客户之间信息不对称的问题，从而在贷前调查中未能有效识别风险，最终加大了后台风险管理难度。

（二）信贷结构单一，信贷产品创新不足

地方商业银行传统信贷结构中，社团贷款、大额贷款份额占比较重，剩余部分涉及的行业主要以当地支柱产业为主的商业链条，此类行业发展受国家政策影响大，且下行趋势明显，同时在担保方式上联保类贷款比重较高，多方因素综合分析可得，银行信贷资金安全在一定程度上受到了威胁，潜在的行业性风险正逐步形成。此外，不同的银行机构受体制性质影响，本身的信贷产品创新程度不高，竞争力不足，导致信贷人员获客难的现象日益加剧，大量客户流失。

（三）绩效考核缺乏正向激励作用，营销意识不足

银行的信贷人员或客户经理工资普遍低于柜员，现行的信贷绩效考核机制未能合理匹配办贷人员繁重的业务压力和工作量，从而导致工作积极性未能被有效激发，主动意识薄弱；加上严格的信贷问责制度，形成了客户经理惧贷心理较严重，主动营销意识不足。

三、小微贷款管理咨询的特色功能与战略价值

小微企业贷款难的难点主要体现在信息不对称、无信用记录、无正规财务报表、无抵押担保、经营不稳定等方面。要想完全摒弃对抵押担保物的依赖，就要求客户经理必须具备较强的分析、判断能力，熟练运用交叉检验技术，以便在最短时间内尽可能充分、详尽地了解客户的借款用途、经营状况、财务信息、还款来源、举债能力，评估其管理层及其雇员的胜任能力、品德声誉、生活习性，评估其行业特征、成长性、稳定性、环境等。在此过程中，不断交叉检验客户提供的财务信息和信用信息的真实性、可靠性，把分析延伸到期上下游客户，延伸到其家庭状况。

通过专业化的咨询团队引入制度型小微贷款技术，能够有效解决中小企业融资难的问题。小微贷款技术决不仅仅是分析技术本身，而是观念、文化、制度、流程、方法、模式、管理、创新能力的和谐统一，是人才、技术、管理密集度的合理配置和持续跟进，是招聘流程、贷款流程、培训流程的同步高效运转，是坚持不懈、坚忍不拔、坚定不移的信贷文化。小微贷款管理咨询公司在结合中国小微金融的最新趋势，依托专业化、成熟化的小微贷款业务咨询管理服务经验，可以提供全生命周期的咨询建议，从而有效地帮助银行解决其自身普遍存在的发展约束问题和金融乱象。

（一）交叉检验技术还原客户真实还款能力

还款能力取决于借款人的现金收入。财务报表上的利润不足以衡量还款能力，贷款分析应当侧重借款人的现金流。基于现实假定进行现金流分析，可以使用交叉检验技术。

解决小额贷款业务信息不对称问题的一个重要方法是利用交叉检验技术审核调查所获的软信息及财务信息的可靠性，其中包括权益交叉检验、销售额交叉检

验等。客户经理在审贷会中陈述交叉检验的过程及结果，审贷会委员判断交叉检验的合理性与准确度。由于小额贷款客户往往无正规的账目记录或财务报表，交易凭证也遗漏不全，因此，交叉检验技术对于本行摸清客户生意的真实状况，分析模拟出最接近现实情况的现金流量，提供贷款决策依据起到了非常重要的作用。

（二）快速贷款审批提高业务运作效率

在小微贷款标准业务操作流程中，贷款的审批是决定发放贷款的最后一个环节。因此，审贷会成员组成和审批效率至关重要。小微贷款专营部门通过建立授信审批体系实现高效的业务审批，授信审批由专营部门在总行授权范围内进行，根据小微贷款业务人员的岗位职责、工作能力以及从业经验等，动态授予其一定的授信审批参与权限。通过总行专营部门在保证贷款质量、控制贷款风险的前提下合理设置审批权限，优化操作流程，提高审批效率。

（三）建立人员培训机制保障规模增长

针对目前中小银行员工能力素质有待提升的现实，转变传统的管理模式，围绕服务中小企业和实体经济的发展战略，以增强员工素质能力、高度调动员工工作积极性为重点，通过做好人才选、用、育、留、退等方面的工作，完善人力资源管理制度，包括薪资福利、人员聘用和聘任、员工培训以及人员奖惩等。通过社会招聘，奠定业务拓展的基础。通过人员竞岗工作，进一步挖掘员工潜能，提高工作水平。推进绩效考核改革以及完善薪酬激励，激发全员积极性。

客户经理能力建设是小微贷款业务持续开展的重要原因，客户经理在营销、贷前调查、编制报表、审贷会陈述、贷后监控和维护、催收不良贷款等各环节都发挥重要作用。因此，客户经理的培训既要注重实际业务操作培训，同时不能忽视专业理论知识的讲授，如财务知识、市场营销、沟通技巧以及行业知识都需要全面掌握。

建立专业化的小微贷款专业人才队伍培养制度，将责任态度、专业知识、经验潜力作为选拔人员的主要标准。通过课堂培训、实际业务操作培训和专题培训，提升小微贷款金融服务人员的业务营销能力和风险控制能力。在部门内建立培养机制，保障人员队伍的可持续发展和业务的规模增长。

（四）持续完善管理制度和业务流程标准化

根据小微贷款业务发展需求，以及监管部门出台的法规和要求，开展小微贷款管理咨询服务有利于促进管理制度健全、规范业务操作规程，使各项业务有章可循、有法可依，为有效防范和控制各类风险提供制度保障；有利于加强人员培训，做到流程简化、执行力高度提升，真正做到信贷业务便捷、高效、低风险；有利于大规模增加客户数量，有效分散信贷风险，提高盈利水平；有利于转变信贷文化，有效应对市场竞争。针对以上分析结果及建议，银行机构开展小微贷款管理咨询还有以下积极意义：

（1）建立正向绩效激励考核机制。微贷部门根据自身特点建立规范的小微贷营销人员绩效管理体系，绩效薪酬较其他信贷部门更有竞争力，充分调动了员工积极性，达到正向激励的作用。

（2）建立独立运营机制。针对性的制度管理办法、操作指引、绩效薪酬及问责等；独立的组织架构（事业部或者小微专营支行）保证小微贷部门高效运转。

（3）建立全新的信贷文化。小微贷款业务提倡"上门营销、快速放款"，培养客户经理积极主动营销意识和吃苦耐劳精神；同时积极进行风险及思想教育，采取措施防范道德风险，形成积极向上的文化。

（4）能够支持商务转型。小微贷款业务适应市场变化、走差异化的经营道路，积极探索利率市场化、目标客户群定位符合"社区银行""零售银行"理念；且小微贷产品利率议价能力较强，银行收益很高。

（5）打造综合金融盈利中心。小微贷款的营销将是对整个区域的沿街商铺、专业市场等进行全方位网格化经营，根据行业、区域及需求特点，开发批量营销的产品，简化流程，提高审批效率，增加盈利增长点和利润实现规模。

（6）建立银行业务数据中心。根据数据分析对数据库内的客户进行全面营销（包含但不限于"手机银行、网上银行、理财产品及保险、存款、票据"等）。用金融方案和客户合作，既保证了盈利的最大化，也达到了普惠金融的目的。

四、中国特色小微贷款技术的本土化特征

（一）客户信息数据收集的规模化和专业化

我国仍是发展中国家，社会信用体系仍在持续完善和建设中，相较于发达国家仍有较大差距。信用环境、信用体系等因素导致被采集信用的对象信息维度不够健全，信息真实性有所欠缺。基于国际微贷技术开展的小微贷款业务要求更多

的人工采集和人力成本支出，并且对人员素质提出了较高的标准要求。鉴于此，国内引进微贷较为成功的银行在选聘第一批微贷成员时，对其素质提出了较高要求，可以说是以全才的高标准进行选聘及后期的培训。对于客户信息收集的规模化和专业化特征，主要体现在财务信息及非财务信息两方面。

（1）财务信息。国外的个人或者企业的财务信息相较于国内采集难度明显较低。以德国为例，生意往来过程中的票据都是以统一制式登记记录，客户经理在检验客户营业额，日润及盘点客户生意资产工作量大大降低。而国内需要客户经理去寻找客户有限的经营往来单据，客户库存更多需要客户经理逐个盘点，非常耗费人力。这就拓宽了客户经理检验客户财务信息及还款能力时的渠道。其中较为明显的是客户的手工记账，这类检验元素在早期是不被认可的，但从国内的实际情况看，正规的报表往往数据失真，手工的财务数据记录反而显得真实。

（2）非财务信息。国外的社会信用体系较为健全，而在我国引入微贷技术初期阶段，采用的人民银行信用报告还是第一版，信息维度少，信息更新周期长。即使采用2011年第二版时，相较于国外仍有很大差距，也就意味着被调查的信用主体的信息采集从官方渠道只能查到一段周期之前客户的银行客户关系信息，更多的非财务信息需要人工收集，通过进行侧面打听、客户经理校验技术及行业经验进行主观判断。这就是为什么高标准的人工培养在国内显得尤为重要。

（二）中国传统文化影响贷款行为的差异性

中国作为四大文明古国，传统文化与人文思想在世界上独树一帜，包括仁智礼仪信等都影响客户的信贷行为和信贷逻辑。这些导致国际微贷技术中对于被调查信用主体的行为分析标准出现偏差。德国微贷技术引入中国初期，外国专家很难理解某些信贷行为，如中国人在不缺钱的情况下，为了与银行建立合作的良好信用关系，愿意贷款并支付利息，以便为以后更大规模的合作打下基础。但这些行为在国际微贷技术设计的行为标准是不被认可的，而在中国这是被理解的正常行为标准。

（三）小微贷款技术的价值取向趋于人才培养

微贷技术引入国内之初，一度被定位用来做个人及小微企业贷款风险控制的专业技术。随着与中国实际情况和实际诉求的有机结合，尤其是银行业对于不良贷款处置、客户经理老龄化、道德风险频发、在岗不作为、惜贷惧贷等一系列问题的困扰，微贷技术的价值取向已经发生根本性转变，从风控技术演变成了培养新生代客户经理的育人技术。主要体现在以下三个方面：

（1）标准化的风控体系降低了客户经理的主观臆断评判，从而降低了道德风险，提升了尽职免责的执行力。

（2）新的信贷理念的导入，"不喝客户一杯水，不吃客户一顿饭，不抽客户一根烟"，从客户的思想中入手，改变他们对于找银行贷款要托人、要送礼、要请吃饭的想法，重新树立银行业在社会中的良好形象。

（3）全方位的能力培养，更是适应新时代，敢用人，用新人，用能人的用人导向，摆脱原有体制下不作为、不敢为、不会为的发展困境。

五、中国特色小微贷款的价值理念与行为规范

中国特色小微贷款始终坚持联合国倡导的普惠金融①发展理念，其宗旨是为那些缺乏良好金融选择权利的人群提供金融服务，其终极目标是扶持企业和家庭经济增长、消除贫困和不平等，将所有需要金融服务的人都纳入金融服务范围，让所有人都能得到适当的、与其需求相匹配的金融服务。

中国特色小微贷款的价值规范集中体现在业务团队秉持的信贷文化，具体来说就是指信贷管理工作中所形成的价值取向、行为规范的总称，其作用力具有持久性特征。信贷人员是信贷文化的载体，信贷管理工作要用现代先进的信贷文化来规范信贷经营行为。在当前经济呈现新常态、客户需求出现新变化的形势下，良好的小微贷款管理文化是小微金融服务实际经济发展的重要基础和有力保障。

（一）中国特色小微贷款的精神内涵

作为专门为银行业金融机构提供小微贷款技术服务的咨询机构，包括上海智榜商务信息咨询有限公司（以下简称"上海智榜"）、开联信息技术有限公司等在内的国内多家咨询机构见证了中国小微贷款的发展和成长。小微贷款技术专家见微知著，从小微贷款管理咨询角度总结和提炼了中国特色小微贷款的工作态度和敬业精神，窥见到应有的社会责任担当、服务意识和风控水平，并用实践证明了中国式的"小微精神"。

1. "舍我其谁"的实践精神

作为服务中小企业融资的助力团队，中小银行在发展小微金融业务方面需要"舍我其谁"的奉献精神。外部专家和咨询团队提供的技术辅导是在国际微贷技

---

① 2005年，联合国"国际小额信贷年"提出"普惠金融体系"（或称为包容性金融体系，Inclusive Financial System）的概念并快速推广。它的含义是以有效的方式使金融服务惠及每一个人，尤其是那些通过传统金融体系难以获得金融服务的弱势群体。

术的基础上做出了本土化的创新优化，但学习、掌握技术只是前提，真正用好技术服务企业才是发展的关键。小微贷款是普惠金融的主要载体，服务的对象是社会大众，需要广大中小商业银行尤其是各地区农信机构因地制宜地持续创新、不断实践。

2. "永不止步"的普惠精神

"小微精神"的内核是金融机构服务社会经济发展的使命和担当。银行要关注对微贷业务进行规范整合，打造具有本行特色、本地特色的统一品牌形象；小微贷款团队应以"帮'小'扶'微'"为己任，坚持阳光信贷理念，不断设计和创新小微金融服务产品，不断优化和改良微贷业务流程和体制，不断加强微贷技术升级与更新，不断巩固和提升微贷文化的指导性价值，永不止步，永无止境。

3. "步步为营"的开拓精神

深究微贷客户特点小而散，需要的是"不积跬步，无以至千里"的开拓精神。传统的信贷员习惯于"投放一大笔，坐享一整年"，习惯于坐等客户上门"有求于他"，对待大客户甚至不惜重金维护，导致银行资源浪费，形象俱损。而对待小微客户，信贷员"瞧不起、看不上"的思想严重。实质上，微贷业务的发展就是需要1万元、2万元、5万元、10万元一笔一笔积累，需要"走出去"主动获客，长期坚持下来，才能真正体会到帮扶他人的成就感。

4. "求真务实"的工作精神

深究微贷受理特点细而实，需要客户经理"火眼金睛辨别妖魔"的求真务实精神。微贷风控需要上门看、过细算、辨流水、查水电和盘存货等深入交叉验证，需要"敢较真""不看僧面"的客观思维去理性识别客户。

深究微贷营销考核方式简频快，需要的是"滚石上山抓铁留痕"的实干苦干精神。做微贷需要有效掌控时间，白天陌拜、加班上会、晚上整理是常态，丝毫没有轻松的机会；需要与客户深入沟通、仔细为客户盘算后才能成就一笔笔贷款，挣得一笔笔奖励。

（二）中国特色小微贷款的信贷文化

信贷文化是小微贷款业务健康发展的"压舱石"和"助推器"，是信贷队伍建设的"必修课"，是提升资产质量的"治本策"，是银行经营管理的"软实力"。发展信贷业务，信贷规章制度是保障信贷工作有效持续发展的有力措施，但"再严密的墙也有缝隙，再规范的制度也有漏洞"，在信贷人员的实际操作过程中，规章制度不能解决个人道德上的风险。而信贷文化作为信贷人员工作的价值取向与行为规范，是贯穿整个信贷流程的有力保障，是除规章制度外的防范风险的利剑。

（1）防范风险六切记：不要突破业务底线；贷前调查深入细致；重视第一还款来源；贷后管理及时有效；不要存有侥幸心理；将风险化解在贷款投放前。

（2）讲求职业道德、尊重信贷规律、坚持风险制度、严守诚信原则。

（3）以安全为生存、以效益为发展、以流动为基础。

（4）选择"五好客户"做信贷：自身经营好、业主素质好、社会口碑好、风险缓释好、合作意愿好。

（5）小企业客户选择"三看"：看人品、看产品、看押品；"三查"：查报表、查水表、查电表；"三关注"：关注人流、关注物流、关注资金流。

（6）贷前调查是基础，贷中审查是关键，贷后管理是保证。

（7）放款前审查支付凭证是否真实；放款中落实支付对象是否一致；放款后追踪资金流向是否合规。

（8）做好尽职调查关键环节：见过企业9成的管理人员；坚持10点前到企业；走过至少7个内设部门；在企业连续待过6天；对团队、管理、技术、市场、财务5个要素进行过详细调查；与不少于4个企业的客户面谈过；调查3个以上同类企业或竞争对手；掌握最少20个关键问题。

（9）看准一个客户，发掘两个优势（行业、企业），弄清三个模式（管理、业务、盈利），查看四个指标（营业收入、净利润、经营性净现金流、利润增长率）。

（10）"四不七看"信贷业务合作门槛：企业法人代表不涉黑、不吸毒、不赌博、不包养情妇，关注企业主道德风险；看诚信、看产品、看市场、看管理、看效益、看环保、看民间融资，关注企业经营风险。

（三）中国特色小微贷款的基本准则

客户不是朋友，胜似朋友。银行的成功很大程度上来自公众的信任，或者直接地说来自对客户经理的信任。行为准则是我们核心价值观的体现。行为准则不仅是准则，也是客户经理的工作规范。只有当一个人决心按照诚实和正确的原则做事才能成为一个出色的职业人。

1. 服务理念
支持每一个创新、创业的奋斗者。
支持每一个勤劳勇敢、诚实经营的商户、农户。
支持每一个认真生活并努力改善生活的大众。

2. 服务态度
用心：秉承客户至上理念，真诚为您提供服务。
公平：践行普惠金融事业，致力于让每个人拥有平等获得贷款的机会。

廉洁：遵循廉洁自律原则，不与任何中介合作，提供最直接透明的金融服务。

（四）中国特色小微贷款的国际准则

积极承担对社会和自然环境的责任，在进行营业活动和选择客户时，严格遵守环保标准。为了符合这些标准，小微贷款不会给任何危害社会和自然环境的行为和机构提供任何融资服务。作为小微贷款从业人员，工作的责任之一就是支持本机构保护社会和自然环境的行为。

（五）业务人员的"十禁"原则

（1）严禁与社会中介机构或中介个人发生信贷业务往来。
（2）严禁泄露内部商业秘密及客户信息。
（3）严禁代替客户签名、违规代替客户办理贷款手续。
（4）严禁索取、收受客户宴请、礼金、财物。
（5）严禁与客户之间存在私人借贷关系。
（6）严禁收受各种名义的回扣、手续费、介绍费、利差。
（7）严禁非法进行承兑汇票买卖，以及一切非法借贷行为。
（8）严禁借用贷款客户住房、车辆及其他财物。
（9）严禁以职权参与贷款户的股份投入或兼任职务，谋取私利。
（10）严禁以职权与客户合伙投资、经商、办企业（包括以配偶、父母、子女的名义与客户合伙投资、经商、办企业）。

第六章　管理咨询增强小微贷款能力建设的路径与方案

　　小微贷款管理咨询以中国特色小微信贷技术为核心，主要侧重于对客户的偿债意愿以及偿债能力的分析，而并非贷款抵押物的价值或以前和银行的关系，由此使那些具备一定信用度，但无法获得传统银行贷款服务的小微企业成为银行机构的目标客户群体。

　　为了使银行机构具备大规模开展商业可持续的小微贷款业务的能力，小微贷款管理咨询重点对相关人员（信贷人员、微小贷款管理人员等）进行系统培训，依托于成熟完善的中国特色微贷技术，建立具有银行机构自身特色的小微贷款业务体系，包括信贷流程及相关的监督、管理程序。总体布局如图6-1所示。

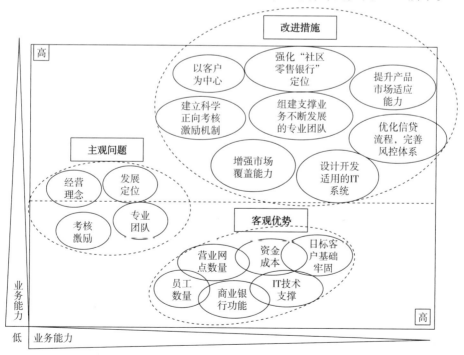

图6-1　地方商业银行小微贷款能力建设布局

一、小微贷款管理咨询的基本流程与进度计划

举例来说，作为三年周期的小微贷款能力建设管理咨询项目，主要分为体系建设咨询期和能力建设运营期两部分。具体划分为咨询团队进场、尽职调查、业务体系建设、培训实施、业务能力建设五个阶段任务。具体如表6-1所示。

表6-1 小微贷款管理咨询基本流程与进度计划

小微贷款管理咨询基本流程与进度计划

序号	咨询模块与主体内容	第1个月				第2个月				第3个月				第4个月				第5个月				第6个月				第7~39个月
		1周	2周	3周	4周	5周	6周	7周	8周	9周	10周	11周	12周	13周	14周	15周	16周	17周	18周	19周	20周	21周	22周	23周	24周	
	阶段性工作成果	★	★		★			★	★	★	★		★									★	★		★	
0	签署服务协议	●																								
1	咨询团队进场	★																								
2	尽职调查阶段	▓	▓	▓	▓																					
2.1	高管及部门访谈	▓	▓																							
2.2	规章制度分析		▓	▓																						
2.3	市场竞争分析			▓	▓																					
2.4	业务体系基础性分析				▓																					
2.5	提交尽职调查报告				★																					
3	业务体系建设阶段					▓	▓	▓	▓	▓	▓	▓	▓													
3.1	提交制度文件初稿		★																							
3.2	确定业务发展规划					▓																				
3.3	设计组织架构和管理岗位				★																					
3.4	设计贷款产品							★																		
3.5	设计贷款流程及审批体系								★																	
3.6	设计贷款出账流程								★																	
3.7	设计贷后理管流程								★																	
3.8	设计薪酬考核体系								★																	
3.9	人员招聘			▓	★																					

续表

序号	咨询模块与主体内容	第1个月				第2个月				第3个月				第4个月				第5个月				第6个月				第7~39个月
		1周	2周	3周	4周	5周	6周	7周	8周	9周	10周	11周	12周	13周	14周	15周	16周	17周	18周	19周	20周	21周	22周	23周	24周	周
3.10	制定市场营销策略									★																
3.11	建立风险控制体系												★													
3.12	建立内审制度和问责制度												★													
3.13	完善业务文档表格模板												★													
3.14	编写管理办法等制度文件												★													
4	培训实施阶段																									
4.1	客户经理课堂培训						★																			
4.2	小微贷款产品上线												★													
4.3	业务实际操作培训																									
4.4	客户经理评估																								★	
5	业务能力建设阶段																									

二、尽职调查阶段

（一）内部尽职访谈

内部尽职访谈主要是对银行机构内部运营管理环境做深入调查，主要包括发展战略目标分析、内部资源分析和自身实力分析。银行单位通过分析本机构的重要资源及其利用程度，将已有的资源和小微贷款业务需求进行对比，将自身的优势和劣势与主要竞争对手进行比较，结合本机构的小微企业信贷业务发展规划、战略目标和内部资源的有效配置，确定重点营销的范围和客户群体。

1. 访谈内容

（1）发展战略目标分析。发展战略目标是银行单位战略构成的基本内容，是生存和发展的关键，它反映了银行单位在一定时期内经营活动的方向和所要达到的水平，既可以是定性的，也可以是定量的。银行单位在制定小微贷款业务战略目标时，最重要的是确定自身在金融市场上的相对地位和竞争地位。要使小微贷款业务占据最优的市场份额，就需要对客户、对目标市场、对产品或服务、对销售渠道等做详细的分析，然后根据自身发展战略目标制定相应的营销策略。

（2）内部资源分析。内部资源分析主要涉及人力资源、财务资源、组织资源等有形资源和技术资源、商誉度等无形资源，银行单位通过对内部有形资源与无形资源的分析，可以清晰地知道本机构现有资源状况、利用情况、资源的应变力，为最终的决策提供物质、技术等方面的支持。

（3）经营实力分析。银行自身的经营实力分析主要包括对以下方面的分析：金融业务的处理和快速应变能力，对资源的获取能力和技术的改变与调整能力，市场地位和市场声誉，资本实力等，这些都难以在短时间内形成，需要银行单位在经营过程中长期不断积累和巩固。通过自身实力的分析，能促进银行单位不断提升竞争能力。

（4）部门职能分析。各家银行机构在运营过程中，逐步形成了完整的组织架构体系，对于不同权限业务的划分相对明确、具体。若要开展小微贷款业务专营，必须进一步独立划分出业务范畴，以免造成对内部其他机构业务的冲击和冲突，同时还应具体布置好各业务部门的配合关系，管理部门的协调关系等其他相关联性的事务。

2. 访谈要点

小微贷款管理咨询公司在与银行单位合作的过程中，应依据银行各部门职能及开展小微贷款业务专营的必要条件，设计访谈要点如表6-2所示。

表6-2　小微贷款管理咨询尽职访谈要点

职务/部室	访谈要点
董事长/行长	1. 银行的长短期经营目标和经营战略分别是什么？银行目前在经营上、管理上所面临的最大挑战是什么？ 2. 银行对其业务在市场凸显的优势是什么？在客户拓展、产品开发和服务销售渠道方面未来一年有何重点发展计划？如何配合当地的发展？ 3. 银行与当地人民银行、银保监会、省联社（农村商业银行需了解）的关系如何？与政府部门关系如何？有哪些小微企业客户资源？ 4. 对小微贷款业务专营是如何考虑的？事业部制、独立部门还是专营网点等其他形式？ 5. 目前小微贷款专营机构的管理人员是如何选定的？（重点是考虑其哪些方面的能力和潜力） 6. 对本次合作期望达到的目的是什么？对该项目实现盈亏的容忍周期多长？有何保护措施？ 7. 对咨询团队有何要求？

续表

职务/部室	访谈要点
分管副行长	1. 目前行内的基本业务情况如何？个人业务、公司业务和中间业务的分别占比如何？小微贷款占比如何？户均贷款额度是多少？不良率水平如何？ 2. 如何看待本次小微贷款业务管理咨询服务项目？希望达到的目标是什么？ 3. 行内对本项目有何不同看法？主要的反对意见来自何处？ 4. 计划如何协调小微贷款业务与传统信贷业务间的竞争关系？ 5. 小微贷款专营机构管理人员是如何选聘的？其优缺点是什么？对其有无业绩考核要求？ 6. 对咨询团队有何要求？
信贷部	1. 本行的信贷战略和政策是什么？风险偏好如何？ 2. 总体介绍本行现行的信贷业务产品；当前客户结构、客户规模、客户行业怎样？当前行内的贷款结构如何？ 3. 市场竞争环境和面临的困难是什么？本行的市场份额、竞争优势和市场定位是什么？ 4. 本行信贷相关组织架构和职责分工如何？ 5. 是否完全实现线上流程？信贷管理使用什么系统？ 6. 人员的绩效考核和激励机制，以什么标准考核：贷款业务量？存款业务量？客户综合收益？其他考核指标？ 7. 本行贷款业务审批、放款、贷后管理的相关流程是怎样的？流程效率如何？若要调整流程需要做哪些工作？
风险管理部	1. 银行是如何定义目前业务中存在的风险的？是否有一个全行的风险管理政策描述？风险的测量和管理原则是什么？ 2. 对不良贷款的定义如何？目前行内贷款业务的不良分布如何？目前的表内/表外不良率情况怎样？ 3. 目前银行是如何计量业务中的风险暴露的？ 4. 风险管理报告如何撰写？ 5. 贷款风险分类采用什么方式？五级分类管理实施深度如何？ 6. 是否建立了风险预警体系？如何进行风险预警？信用风险管理报告的频率如何？是否使用信用风险管理信息系统？流程是否有系统支持？纸质文档资料同系统流程如何配合？ 7. 行内是否有自己的信用评价系统？违约信息如何共享？在贷款审批中行内信用评价起什么作用？ 8. 不良贷款处理：由哪个部门负责？如何进行责任认定？现行的问责方式是怎样的？主要的不良资产处理方法？目前的工作成效？催收的绩效考核如何确定？ 9. 对行里开展小微贷款业务有何看法？对以咨询的方式开展该业务有何看法？有何建议？

职务/部室	访谈要点
授信审批部	1. 授信审批部审批贷款的因素有哪些？贷款利率定价如何确定？ 2. 目前信贷决策的主要依据是什么？评级、限额（额度）、借款人整体回报在信贷决策中的作用？如何确定贷款的最终额度？ 3. 如何衡量风险与经风险调整后的收益之间的平衡关系？ 4. 审批权限如何划分？ 5. 授信审批流程是什么？
合规部	1. 贷款合规审查的方法、要求、频率是怎样的？ 2. 业务规章制度的制定流程是什么？最终发布由哪个部门发布？合规部在期间起到的作用是什么？
零售业务/ 公司业务部	1. 业务品种总体介绍，当前客户结构、客户规模、客户行业怎样？当前行内的贷款结构如何？ 2. 市场竞争环境和面临的困难是什么？本行的市场份额、竞争优势和市场定位是什么？ 3. 目前行内产品管理是什么水平？贷款业务是否进行了产品化？产品有哪些说明文件？新产品的推出流程是什么？ 4. 信用贷款、保证贷款和抵押贷款的比例是什么样的？是否依赖于抵押？ 5. 50万元以下的微型贷款占比如何？行内户均贷款额度为多少？ 6. 贷款业务办理流程如何？审批周期是否能达到客户要求？ 7. 市场贷款利率水平如何？民间借贷利率如何？主要竞争对手是谁？小贷公司、担保公司、典当行等的贷款利率如何？ 8. 人员的绩效考核和激励机制，以什么标准考核：贷款业务量？存款业务量？客户综合收益？其他考核指标？每年任务分配和任务量如何确定？
科技部	1. 与贷款业务相关的系统有哪些？ 2. 贷款业务产品设置、流程调整等工作由哪个部门负责？ 3. 新引进的小微贷款业务流程与传统贷款流程不同，在系统中可否实现？如何调整？ 4. 行内各项管理类报表是否可以由系统导出？
办公室	1. 银行的高级管理人员的构成情况？各自负责的业务领域？ 2. 各支行分布的地理位置以及支行的组织结构，支行业务种类，各家支行的规模以及盈亏情况如何？ 3. 银行的宣传手段有哪些？哪些是小微贷款业务可以使用的？需要什么样的申请流程？ 4. 向媒体发新闻稿的审批流程是什么？主要合作的媒体有哪些？ 5. 宣传品的制作流程是什么？费用如何审批？ 6. 与其他机构的对公交流途径如何？需要什么流程？ 7. 银行目前的核心价值和企业文化是什么？

续表

职务/部室	访谈要点
人力资源部	1. 目前行里的人力资源状况如何？机关和支行的人员分布比例？客户经理数量有多少？ 2. 如何评价目前员工的总体素质？哪类人才是银行的核心人才？为提升核心能力，银行在培训与发展方面采取了哪些措施？效果如何？ 3. 人员的选聘机制如何确定？培养路线如何？客户经理的成长路径、晋升渠道怎样？ 4. 银行依靠什么吸引并保留其员工？员工士气怎样？员工的流动性如何？主要流动的人员/岗位是哪些？原因是什么？ 5. 银行的薪酬水平与市场水平的比较情况如何？对银行目前的薪酬方案和管理存在哪些疑问和设想？对小微贷款业务实行独立的绩效考核和薪酬标准有何建议？ 6. 银行是否有主动淘汰机制？淘汰机制是什么？是否可执行？ 7. 若小微贷款业务客户经理的绩效工资水平高于传统客户经理，您认为将面临什么困难？
审计/稽核部	审计工作如何展开？是否会对每个业务进行单独审计？审计频率和内容是什么？
支行行长	1. 支行当前的业务整体状况如何？在行内排名如何？贷款、存款结构如何？当前支行的客户结构、客户规模、客户行业如何？ 2. 客户经理偏向大额贷款还是小额贷款？为什么？ 3. 贷款业务办理流程如何？审批周期是否能达到客户要求？ 4. 管辖范围内贷款利率水平如何？民间借贷利率如何？主要竞争对手是谁？小贷公司、担保公司、典当行等的贷款利率如何？ 5. 支行的绩效考核方式是什么？
客户经理	1. 对银行和自己所在的部门做个评价。 2. 市场竞争环境和面临的困难是什么？贷款营销过程中遇到的困难是什么？有什么好的解决办法？ 3. 日常工作状态是怎样的？ 4. 最常用的营销方法是什么？怎样进行客户维护工作？主要的客户来源是什么？ 5. 最喜欢做哪类产品？喜欢哪类客户？为什么？ 6. 抵/质押类贷款的办理流程是什么？车管所、房管所等机构的办理要求有哪些？怎么办理？ 7. 市场贷款利率水平如何？我行贷款利率处于何种水平？民间借贷利率如何？主要竞争对手是谁？小贷公司、担保公司、典当行等的贷款利率如何？ 8. 是否了解自己绩效工资构成？对绩效考核方式的看法是什么？有无激励效果？ 9. 对行里以咨询的方式开展小微贷款业务有何看法？

（二）外部市场调研

市场调研是小微贷款专营机构根据特定的规划决策目标而系统地设计、收集、记录、整理、分析及研究市场各类信息资料、报告调研结果的整体工作过程。银行单位在开展小微贷款专营机构的筹备工作时，应该对客户的需求、竞争对手的实力和金融市场变化趋势等外部市场环境进行充分、详细的调研和分析，以保证小微贷款专营机构的规划设计等决策的准确性。

1. 调研内容

银行单位要对外部环境因素进行全面综合的分析，对小微贷款业务做出可行性分析。外部环境因素的分析主要从区域经济环境、人文信用环境、产业分布情况、政府监督现状、同业竞争态势等多个角度进行。通过外部市场环境调查，了解并掌握规划设计中的业务有效需求有多大、产业化程度有多高、地方信用环境的好坏、竞争对手的市场表现如何等问题。

（1）区域经济环境分析。对于信贷经营来说，经济发展水平越高，市场化程度越高，区域信贷风险越低。市场经济的成熟和完善与否，是影响经济发展水平的直接因素，也影响到金融经营环境的优劣，对地方性金融机构的信贷资产质量有着更为密切的关系。区域经济环境的分析可以从区域生产总值及增长率、固定资产投资规模、资本投资回报率、劳动力成本等方面进行分析。

（2）人文、信用环境分析。人文环境、信用环境是市场经济的基石，是金融机构开展信贷业务的基础，也是小微企业不断发展成长的肥沃土壤。银行单位的市场调研既要分析小微贷款专营机构所处区域是否具有适合市场经济发展的人文基础；也要分析当地小微企业通常采用的管理思维，是传统的还是开放的，是固化的还是灵活的；还要分析所处区域的金融生态环境如何，这包括法律制度、行政管理体制、社会诚信状况、会计与审计准则、中介服务体系、企业的发展状况及银企关系等方面的内容。

由于受传统自给自足小农经济思想的影响，许多个体户、小微企业主习惯于从亲戚、朋友等熟人处借款，没有形成从正规金融机构融资的习惯，银行单位在进行调研和分析中需要多方综合考虑。银行单位普遍扎根于当地管辖服务范围，有利于充分了解当地人文特点和信用环境，让小微贷款业务的优点和特点逐步渗透，充分发挥"地利、人和"的优势去适应当地融资环境。如有些地区的信用环境较好，小微客户对负债经营比较抗拒，习惯于靠自身积累发展业务，对业务扩展也比较审慎，小微贷款专营机构可以针对从事该行业时间长，积累了一定行业经验、业务基础和经济基础的小微客户开发免抵押的贷款。同时，考虑到部分地区人文环境中对个人信用比较重视的特性，以关键性的亲属担保，如兄弟姐妹、成年子女等作为保证担保，可以起到增大其违约成本的作用。

（3）产业和行业分布情况。在市场调研中很重要的部分就是要分析当地的产业结构特色和行业分布情况。比如所处区域有着怎样的产业结构分布和主导产业，它们是否属于区域经济发展的支柱和核心，这些调研对制定小微贷款业务政策具有十分重要的作用。调研的区域拥有个体户及微小型企业的数量，直接影响到小微贷款业务的发展和市场占有率，小微客户数量多，小微贷款业务的发展潜力就大；反之发展前景就不容乐观。

例如，广东省珠三角地区邻近港澳、东南亚，改革开放以来，珠三角地区的经济和社会发展取得了巨大的成就，各种行业规模由小变大，并最终形成集群化效应。某个地区的经济往往是围绕一个或者几个行业发展，并逐渐壮大起来的，区域分布比较集中，如顺德的家具生产行业和家具批发业，南海的内衣产业、纺织行业，云浮的石材产业，中山的灯饰行业等，这些区域性的集群化行业产生，孕育了无数小微型企业，在对珠三角 GDP 和工业总产值做出贡献的同时，也为银行单位小微贷款业务提供了市场基础。

（4）政府行政部门支持力度。银行单位要认真分析当地政府、行政部门对待小微贷款业务的态度以及对相关政策的落实力度，这对小微贷款业务的长远发展起到至关重要的作用。如国家近年出台了许多扶持中小企业的指导政策，但全国各地仍有许多中小企业出现融资难、经营难的情况，归根结底是相关政府行政部门没有将具体的扶持和优惠政策落实到位。因此，政府以及相关行政部门若能积极支持小微企业发展，推进相关融资机制的构建，将有利于加快银行单位小微贷款业务专营的建设以及开展。

2. 调研方法

市场调研的方法多种多样，市场调研人员可根据调研目的或调研对象选择不同的方法。市场调研方法主要分为两大类：第一类是按选择调查对象来划分，有全面普查、重点调查、随机抽样、非随机抽样等；第二类是按调查对象所采用的具体方法来划分，有访问法、观察法、管理咨询团队法等。下面简要介绍在小微贷款业务拓展中最常用的一些方法。

（1）访问法。

1）人员访问。人员访问是通过调查者与被调查者面对面直接交谈，以获取市场信息的一种调查方法。当地的银行相比其他专业银行，具有网点多、面对的客户群体数量大、人缘好的优势，因此在开展市场调研的过程中不妨利用该优势，将预先需要调查的内容定制成统一格式，由一线网点人员负责开展访谈工作，这样既可以充分利用银行单位现有的资源，也可以节省成本。

2）电话访问。电话访问是通过电话中介与选定的被调查者交谈，以获取信息的一种方法。目前，银行单位普遍都设有专业的客户服务中心，电话访谈的工作可以通过中心人员完成。

3）网上访问。网上访问是一种随着网络发展而兴起的新型访问方式，是传统方式的提升和变革。主要是调查者将需要调查的问题系统制作好，通过互联网发送传递并收集资料的一种调查方法。

（2）观察法。观察法是指调查者凭借自己的眼睛或摄像、录音器材，在调查现场进行实地考察，记录正在发生的市场行为或状况，以获取各种原始资料的一种非介入调查方法。银行单位可以充分利用现有的客户资源开展观察法的市场调研，如珠三角某银行单位在开办小微企业信贷专营机构的筹备过程中，利用信贷人员队伍和客户资源对主要的目标市场开展深入的调查，获取了第一手的市场信息。

（3）管理咨询团队方法。小微贷款管理咨询公司在开展业务之前会制订详细的市场调研方案，对被调研的市场环境、经济结构、调查人员和对象、调研样本结构、执行的调研时间周期及需要的辅助物料等具体工作做精细化准备，同时为保证调研质量研究可行的调研控制举措，并做必要的调研方法培训和模拟。

其中，调研样本结构设计不仅收集了被调研客户的基本信息资料，同时也收集了小微客户群体对小微贷款额度、利率、担保方式、还款方式等方面的需求信息，并且还关系到该行在市场中存款及中间业务等方面的金融服务口碑以及与他行对比后的优劣势情况。

小微贷款管理咨询公司原则上要求按日采集和录入调研信息数据，以便实时监控市场调研工作的质量和进度。

3. 梳理分析

银行单位要对通过不同形式的调研方法所收集到的原始资料进行审核、分类、加工和汇总，从中筛选出真实、有用的资料，利用这些资料反映的情况和数据，去分析开展小微贷款业务专营的可行性，并根据调查结果为小微贷款专营机构的规划设计提供有效、准确、及时的信息依据。

（1）资料的梳理。银行单位要组织专门的人员，对调研过程中收集的原始资料进行审核、分类、加工和汇总，从中筛选出有分析意义、有实用价值的资料。可以根据调研方案所拟定的目标加以分类，如产业类别、产品类别、利率水平、担保条件、额度需求、效率要求等。

（2）资料的分析。小微贷款专营机构筹备人员要对市场调研中收集并经过梳理、挑选出的各种原始数据和文字材料进行处理和分析，验证与小微贷款业务专营筹备规划相关的相互关系和变化趋势，得出结论。通过资料分析，要决定本银行单位所在的区域是否有开办小微贷款业务专营的外部条件和内部支持，如何解决筹备规划，如何规划发展目标，等等。通俗地说，就是决定能否开办、如何开办和开办后要实现什么目标等问题。

4. 明确目标

银行单位围绕着调研对象制定具体的调研内容，运用各种调研方法开展调研，对调研收集的相关资料进行系统的梳理分析等一系列的工作，都是为了从中获取有价值的文字和数据资料，为目标的确定提供有力的决策参考依据，最终明确营销目标。明确的营销目标将有利于信贷市场上的准确定位。

（三）同业机构调研

目前，开展小微贷款业务的金融机构几乎涵盖了市场上各类银行单位，包括大型国有商业银行、全国股份制商业银行、城商行、农商行、农信社、村镇银行等，另外小额贷款公司、典当行、民间借贷及一些非正规金融组织也是主要的竞争对手。银行单位在开展此项业务时首先要明确小微贷款业务的现有竞争对手和潜在进入者，调查、分析和预测现有竞争对手和未来进入者的数量和规模、竞争对手市场的大小、竞争对手在客户心目中的形象等，通过了解竞争对手的定位及其目标市场，从而确定自身的竞争策略，所谓"知己知彼，百战百胜"。

由于目前金融市场上产品的同质化程度较高，大部分的金融机构通过营销手段或服务手段来展开竞争，因此，要密切关注竞争对手营销策略的变化，及时制定对策做出反击，才能保持竞争优势。例如，在渠道策略中，某些银行通常利用其资金实力雄厚的优势，实施重点地区的设置策略或行政区域平衡设置等手段，而其他银行单位尤其是农信机构应根据人员本土化、网点分布广的特点，充分发挥人缘、地缘的感情优势，找准目标客户群体，明确市场定位，制定本机构的小微贷款业务的营销策略和小微贷款业务专营未来的发展方向。小微贷款管理咨询公司在组织同业机构调研时主要从以下四个方面出发：

（1）当地金融机构概况。银行数量、小贷公司、担保公司、投资公司、典当行等金融机构概貌。

（2）各金融机构展业能力分析。规模、注册资本、商业模式、市场定位、能力特征、竞争优势等。

（3）竞争产品分析。各产品特质，各产品核心竞争优势，和哪些客户的需求相匹配。

（4）营销策略分析。哪些营销推广手段？取得了怎样的成果？

基于上述调研信息的启发，从而为合作银行小微贷款业务专营的产品设计和营销策略制订应对方案。

（四）产品创新设计

银行金融机构信贷产品与一般工业产品不同，不存在贴牌、代销等商业行为，但由于信贷产品同质化程度相对较高，如果对自家产品没有赋予足以区别同业同类产品的明显标识，就不利于银行信贷产品进入市场，形成品牌。因此，现代商业银行竞争也逐步形成品牌竞争的市场模式，信贷产品品牌化正逐步被银行经营主体和客户认同。

我国银行业中，银行产品实施品牌化进程比较快的是股份制商业银行。比如招商银行在"金葵花"银行卡业务的品牌化策略属于业内比较成功的案例。

长期以来，农信机构作为服务"三农"的金融机构主体，长期服务县域、城乡结合部和农村地区的客户群体。1996 年以后，农业银行逐步退出基础农村市场，而邮政储蓄银行长期以来主要以负债业务为主，因此，独有市场及体制安排因素养成了农信机构资产业务长期处于"卖方市场""唯我独尊"的体制保护伞之下，农信机构的品牌意识相对滞后。随着我国 30 多年改革开放和经济快速发展，我国的城镇化进程进一步加快，城市周边的城乡结合部及县域地区经济突飞猛进，以民营经济成分为主的小型企业、微型企业、个体户如雨后春笋般涌现。区域经济发展催生出更多的金融服务需求，县域地区和城乡结合部金融市场竞争异常激烈，除了大型国有银行，广大股份制银行纷纷进驻，原来的地方性城市商业银行也跃跃欲试，分占市场。在此境况下，农信机构要参与金融市场的竞争，就必须改变观念，认清产品开发需形成明显的产品标识的重要性，充分发挥本机构的资源优势，设计出具有鲜明特色和个性的产品，在市场竞争中保持优势。产品开发设计是小微贷款专营业务发展的开端，是农信机构将市场定位更具体化的操作手段，因此具有至关重要的地位。

1. 产品定位

信贷产品定位是指银行用什么样的金融产品来满足目标客户群的需求，是供目标市场客户用来识别行业中的同类产品并形成购买决策的重要因素。这些因素就是金融经营者所要设计的信贷产品应该或者必须具备可以与同业同类产品形成差别化特征的属性，或者是目标市场客户具有的某些重要的共同特征。

在产品定位时，首先要重点了解如下相关信息：

（1）市场环境：农信机构作为金融经营者，其所处的金融市场环境是什么（主要围绕与信贷经营相关内容）？包括能够影响农信机构产品设计的地方政策、经济产业状况、金融市场需求容量、地区性文化特色（诚信环境、法制环境）是什么？

（2）目标客户：农信机构要满足谁的需求？是谁在购买你的产品？目标客户群有哪些特征？

（3）竞争对手：市场竞争者是谁？他们或他们的同类产品有哪些优势、劣势？

（4）自身条件：农信机构在哪些金融细分市场上存在比较优势？还有哪些处于农信机构金融服务半径范围的其他细分市场（或客户）没有得到充分的金融服务？有能力服务好其他客户吗？服务或者希望服务市场的需要、希望、偏好和优先顺序是什么?

获取以上信息的途径可以分为外部和内部两大类,内部途径包括客户经理的市场调研和信息反馈,贷款资料的信息整理,信贷管理系统所提供的数据库信息;外部途径主要是客户和潜在客户、政府、竞争对手、网络及媒体平台等。

(1) 市场环境的分析。小微客户金融市场环境分析是小微贷款业务专营机构产品定位的基础,通过对市场总量、目标市场总量、产业分布、客户分类等信息的分析,确定信贷产品的定位,梳理基本的产品线,进而开展具体信贷产品设计。

(2) 目标客户群的基本特征及融资需求分析。

1) 目标客户群的基本界定及细分。

小型企业:是指客户规模符合《中小型企业划分标准》小型企业标准的企业客户,贷款额度一般在 50 万 ~500 万元。

微型企业贷款客户群体:有一定时间经营存续期(一般要求三年以上),小规模经营,企业主或实际控制人对某一行业有较长时间的经营实践,具有持续稳定现金流的较小型企业、个体工商户、从事农业产业的农户和有经营主业的自然人(不含个人消费性融资)。有别于个人贷款和一般企业贷款。一般单户融资总额不超过 50 万元,一般没有编制正规财务报表。

在小微贷款业务专营机构设立初期,一般把小型企业和微型企业均纳入小微贷款专营机构范畴。小微贷款业务专营机构业务达到一定规模以后,出于更为精细化、专业化的考虑,可以考虑将小型企业与微型企业业务实施分离,单列出微型企业信贷专营业务。

2) 客户群的基本特征。

①小微客户多为家族式经营与管理,较少真正实行现代企业经营机制或经理人管理制。

②微型企业的生意更是以家庭为核心,某种意义上仍为"自雇谋生者",算不上真正的"企业"。

③大多数从事传统行业、投资少、规模小、经营比较单一、市场竞争能力较弱。

④一般无法提供金融机构认可的抵押物。

⑤一般无或较少银行贷款,或银行未服务到。

⑥无系统、正规的财务记录、信息不透明,真实性难以判断。

3) 客户分布、类型及集中的行业。

①客户的地域分布。主要集中在城市、县域、城乡结合部、乡镇、农村等广大区域,分布较广,跨度较大,但会形成相对集中的区域。

②客户的类型。主要有公司类小微客户、城镇个体工商户、小作坊和农户,

包括：可进一步细分为：小型贸易商户，小型服务商户；小型加工企业，小型制造企业，小型科技企业；农产品商品化经营的农户，从事建筑、物流及其他行业的小型企业。

③小微客户集中的行业。

贸易类：服装、小百货、果蔬、家具家电五金、电子产品等。

生产加工类：服装、农产品、食品、五金、小家电以及配套性加工业。

服务类：洗衣店、美容美发店、餐饮、旅店、娱乐等。

运输类：小型物流、货运专业户、客运、快递公司等。

4）融资需要的特征及偏好。

①融资需求的特征：短、小、频、急。

融资期限相对较短，一般以流动资金为主，小部分融资补充固定资产投资，但甚少大型固定资产投资贷款，因此，一般流动资金贷款期限在一年内，固定资产投资期限为2~3年。

额度需求较小，一般在100万元以内，视具体地区和行业而定。

由于市场利润回报率较低，小微客户周转资金的使用具有阶段性和周期性。为了降低融资成本，小微客户在某一周期可能出现反复借款、还款的循环，融资频率较高。

融资时效要求急，因为小微客户的商业计划相对松散，获得市场机会没有规律性，有时得到市场机会需快速融资并开展市场运作。在额度需求小，需求及营利性分析较容易的情况下，小微客户预期的审贷时间一般控制在7天，最好是3天。

②客户的融资偏好（见表6－3）。

表6－3　客户融资偏好分类

融资渠道	融资状况
留存收益	成熟企业
亲戚朋友	亲朋较为富有，且人脉比较广泛的企业
商业信用	在产业中处于强势地位的特定行业、特定市场、成熟企业
民间借贷	短期、预期外支出或急需用钱的企业
金融机构	当地的金融机构类型，产品及服务对市场的满足度

（3）小微客户金融市场状况。

1）传统银行为什么不提供小微客户的贷款服务？

借款人无法提供经过审计的财务报表；借款人无法提供银行所需的抵押物；借款人缺乏完整可靠的信用记录或官方征信信息；贷款人缺乏对小微客户贷款所

需的专门有效的信贷技术；贷款金额小、放贷成本高。

对银行来说，小微客户是高风险客户也是高成本客户；对客户来说，传统银行的门槛太高，程序复杂，很难获得支持。目前各家传统银行都在相应出台政策，积极拓展小微客户金融市场，但由于网点分布等渠道因素局限，虽然在城市地区有所体现，但广大的县域地区或城乡结合部地区仍然处于小微客户金融服务不足的状况。

2）市场上有哪些金融机构在为小微客户服务？

通过对比同一市场上的竞争对手的服务特色及市场反应，可以做到知己知彼。表6-4列举了各地农信机构、地方性商业银行、邮政储蓄银行、村镇银行和大型国有银行在金融市场上的服务特色和市场反应。

表6-4　金融机构服务分类

金融机构	服务特色	市场反应
各地农信机构	扎根农村、城乡结合的区域，重点为中小微客户和"三农"提供服务	在县域、农村市场上占有率较高
地方性商业银行	以包商银行为代表的小型商业银行，通过引进国外先进的贷款理念及技术，逐步向小微客户金融市场拓展	主要市场在城市
邮政储蓄银行	小微客户贷款业务刚刚起步，初步推出了小额联保贷款、小微客户循环贷款等	与农信机构部分重叠，主要是小额贷款
村镇银行	专门为农民、农业和农村经济提供金融服务	规模小，尚未形成有效竞争力
大型国有银行	主要集中在城市部分，资金实力和规模较大，贷款条件高	门槛高，区域主要集中在城市地区

（4）农信机构自身的经营特点。经过多年的改革发展，农信机构经营规模不断扩大，经营状况明显改善，随着票据兑付、统一法人和部分机构已转制农村商业银行，法人治理结构和内部管理得到进一步完善。此外，作为地方性金融机构，一直坚持"服务'三农'、服务社区、服务中小企业"的市场定位，初步形成了对中小企业的金融服务理念和经营管理体制，包括扁平化的管理模式，相对高效的授信审批机制，有效的风险控制措施，遍布城乡的营业网点，面向地方客户和本土化的营销队伍等，具备了一定的开办小微客户金融服务创新的基础条件。

与其他金融机构比较，农信机构作为本土金融机构，具有以下经营特色：一是地缘特色。农信机构长期服务于地方经济，赢取了广大本地客户（尤其是县域经济、农村经济组织和村民）的信任，相互建立了良好的合作关系，形成了较为稳固且覆盖广泛的客户关系群。二是人缘特色。本土化的信贷营销人员对地方小微客户的信息掌握能力较强，能在较大程度上解决与小微客户信息不对称难题。三是网点特色。农信机构网点分布广、数量多、贴近小微客户（如广东省农信机构约占全省银行业网点总数的27%，远远领先于区内其他金融机构），有条件为客户办理业务提供更好的便利条件。四是决策特色。相对于国有商业银行复杂的授权体系，农信机构具有自主经营下的决策优势。调查、审查、审批基本在贴近市场的同一层级的机构可以完成，决策更快捷，时效性更强，判断更准确。五是重视创新。近年来，农信机构越来越重视包括当地中小企业信贷业务等传统领域竞争力的巩固和提高。如广东省农信机构自2009年开始，通过"引进来，走出去"的战略方针，积极创新信贷技术、改进业务流程、开发信贷产品和提升服务效能等，为小微客户提供金融便利和灵活的金融服务。

（5）综合信息分析。经过对上述几个与产品设计相关因素的综合分析，现阶段农信机构小微贷款业务专营机构信贷产品设计的基本特征及定位如下：

1）产品特征。

①差异化：充分利用农信机构自身的比较优势，设计的产品与其他机构形成明显的差异化，而且其他机构难以复制、逐步形成有农信机构特色的品牌形象。

②地域化：充分利用各地区经济及产业差异，把信贷产品的开发设计融入当地经济产业特点之中，其他金融机构总行或分行级开发的统一产品在当地难以适应。

③标准化：虽然产品设计存在上述的差异化和地域化，但在后台管理、分析模式、操作流程等方面要形成法人层级的标准化。这既有利于防范风险，也有利于组织培训。

④高效率：通过产品设计的标准化，规范信贷操作，简化贷款手续，以高效率充分满足小微客户的需求特点，同时对其他金融机构信贷产品形成相对优势。

2）产品定位。

①定位于地方经济。农信机构小微贷款业务专营机构的信贷产品定位离不开地方经济。某个产业能够在一个地区形成，具有一定的历史、地缘、人缘的优势，该地区的产品也具有地域性的竞争实力，往往存在一大批服务于该产业的小微客户群，从事该产业或行业的小微客户主具有一定的经验。农信机构在开展小微贷款专营业务时可以顺势而为，在产品定位上首先要考虑本土产业的信贷需求。

②定位于信息调查。小微贷款业务专营业务需要解决的信贷技术难题是如何掌握影响信贷安全的有关重要信息。农信机构基于从业人员本土化、与客户地域联系密切、熟悉客户信用与经营状况，容易对地方小微贷款业务进行贴近式的调查和管理。能以较低的交易成本达到有效避免"信息不对称"引起的逆向选择

和道德风险问题。信息交叉检验、编制简易三表、锁定现金流、坚持经营可持续性、本土客户优先等技术或经验，都是建立在对客户了解的基础之上。这也是农信机构开展此类业务的明显比较优势。

③定位于规模效应。小微贷款业务额度小、期限短、客户分散、单户贷款边际贡献小等特点决定了小企业信贷业务必须实现规模效益，单一、零散的业务难以把成本和风险分摊。所以在产品设计上考虑对市场的充分覆盖，考虑信贷产品在市场上的拓展能力，不能形成规模化的产品必须修正甚至淘汰。

2. 产品设计的基本要素

信贷产品设计的要素也是信贷产品设计的主要内容。根据目标客户的需求，把这些要素或内容进行不同组合就可以设计出不同的信贷产品。信贷产品设计得当，将有助于农信机构实现其宗旨和可持续发展。信贷产品设计主要包括如表6-5所示的要素。

表6-5 信贷产品设计分类要素

要素类型	要素内容	评价因素
风险要素	贷款额度	1. 以真实交易确定实际贷款需求 2. 以真实财务状况掌握负债率 3. 现金流是否匹配 4. 担保能力
	贷款期限	1. 预期现金流是否与贷款期限匹配 2. 新开发客户尽量提供短期限贷款，并通过分期检验客户现金流是否符合预期
	还款规则	1. 等额还款或非等额还款 2. 定期还款或非定期还款（或只还利息） 3. 还款设计应与借款人的经营模式相适应
	还款频率	1. 新老客户 2. 借款人资产可控性或违约成本 3. 借款人的经营特点
	担保方式	1. 从业信贷员业务熟悉程度 2. 新老客户 3. 借款人经营稳定性和资产可控性 4. 预期可还贷现金流与当期应还贷款的倍数 5. 组合担保形式

要素类型	要素内容	评价因素
价格要素	贷款利率	1. 是固定的还是浮动的 2. 是否能覆盖风险 3. 是否覆盖成本并达到目标利润 4. 是否与市场上的竞争对手利率形成竞争优势
	费用	1. 是否存在其他费用支出 2. 交易成本（如评估、保险、合同公证、登记等）
	奖励	1. 贡献度奖励（存款、中间业务的贡献） 2. 忠诚度奖励（忠实客户可考虑利率优惠） 3. 及时还款的奖励（无不良记录）
	违约处罚	1. 延期还款的惩罚 2. 提前还款的惩罚
服务要素	服务对象	1. 小企业所处的生命周期。小微企业的发展要经历起步期、成长期、成熟期和衰退期四个阶段。处于成长期的中小企业，企业的生命力旺盛、风险相对较小；处于成熟期的中小企业，企业的客户关系好、业务成熟、风险最小 2. 贷款需求在企业经营中的环节。企业在固定资产投资、采购、生产、销售过程中均会遇到资金问题，将不同环节融资需求特点作为设计中小企业信贷产品的因素 3. 客户所处的细分市场。将小微贷款业务市场进一步细分，开发更具个性化的小微贷款业务产品
	硬件服务	1. 银行电子化设备对客户的支持 2. 银行电子化设备对专营机构的支持 3. 网点建设对专营业务的支持
	软件服务	1. 客户服务能提供哪些便利（是否上门服务、电话回访） 2. 服务时间承诺（几天可以答复） 3. 服务廉洁自律的承诺（严防道德风险）
	服务定位	1. 差异化竞争定位 2. 低交易成本 3. 快捷、灵活 4. 专业化服务
	服务流程	1. 交付产品的方法及系统 2. 交易如何形成指定文件 3. 贷款审批效率的监督

3. 产品设计的方法及类型

（1）产品设计方法。小微贷款专营机构应发掘本机构的资源，从目标客户群体出发，开发设计出具有自身特色的信贷产品。以下是三种主要的产品开发方法：

1）仿效法，是指结合本机构目标客户群体的需求情况，在原有信贷产品的基础上进行调整、修改或补充，从而开发出另一种新的信贷产品。仿效法通常所花费的人力、物力、资金和时间比较少，操作上比较简便，目前，小微贷款专营机构利用仿效法进行产品开发一般都是以传统的信贷业务品种为基础，根据小微客户市场的融资需求，加入小微贷款专营的经营理念进行开发的。

2）组合法，是指小微贷款业务专营机构对两个或更多现有的传统信贷产品进行重新组合，形成一个新的信贷产品。目前这种重新包装组合法最适用于小微贷款专营机构在一些行业或专业市场集群客户的开发上，如互保产品加上应收账款产品，保证产品加上质押产品等。组合法开发设计的技术含量相对较少，操作上也有一定的难度，而且只有用于比较确定的目标客户群体时，才能获得较好的效果。

3）创新法，是指农信机构结合本机构的资源和目标客户群体的需求，开发设计出具有独创性的信贷新产品。独立创新法的特点是开发一个新产品在调查、设计、市场测试、成型推广等周期比较长，所花时间较多，有些新产品在市场测试后还得经过改进、再测试等环节反复，有些产品虽然经过市场测试，但实际推广过程中存在市场变化的风险等，创新产品存在开发成本和风险成本的考虑。当然，如果开发成功，在市场上的竞争力贡献是非常大的。因此，农信机构小微贷款专营要在激烈的市场上有持久的竞争优势，还是离不开信贷产品的独立创新，而最能体现长期效益的也是独立创新。农信机构应以创建有特定目标客户需求的产品为出发点，建立自己的一套独立的信贷产品设计流程和机制，开发出具有鲜明特色、个性化、不易被竞争对手复制的信贷产品。

（2）产品设计类型。产品主要可分为两大类：一类是适合当地整个市场普遍客户群体使用的基础产品，另一类是针对某一行业群体或某一专业市场而设计的专项产品。这些信贷产品一方面满足现有符合条件的小微客户的融资需求，另一方面为具有融资需求的潜在小微客户创建条件，培育潜在客户的市场。

1）基础产品。小微客户通用信贷产品是指能被该农信机构所有小微客户群体所普遍接受，并选择使用的具有自身特色的小微贷款专营信贷产品，其融资对象具有普遍性、广泛性。这类产品视各农合机构自身的开发设计水平、地区经济环境以及融资群体的接受程度等情况进行开发，产品的适用对象为该农信机构小微贷款专营业务营销范围内的小微客户。该类产品一旦开发设计成功推出市场，将成为该农信机构小微贷款专营的拳头产品，代表性非常强。

2）专项产品。小微贷款专营专项信贷产品是指能被该农信机构特定小微客户群体所接受，只适合某一行业类型企业或某一特定范围同质性集群客户所使用的小微贷款专营信贷产品，其融资对象具有特定性、单一性。这类型的产品可视各农信机构当地具有特色产业、行业或市场的数量和需求量而开发设计，与通用信贷产品相比，受外界的因素影响较少。该类产品特色鲜明，从营销情况可以比较直观分析出农信机构对该行业或市场的占有率。

4. 信贷产品设计的创新

产品设计要素的创新。小微客户融资难的问题有金融体制、法治环境、政策扶持等多重因素影响，但从小微客户自身特点来看，小微客户群体融资额度小、单笔贷款收益低、缺乏充足的抵质押物、小微客户信息不对称等客观因素也是事实存在。前面章节论述到农信机构利用地缘、人缘、网点分布等比较优势，在掌握交叉检验技术，核实小微客户重要经营财务数据，有效解决金融机构与小微客户信息不对称问题的前提下，设计出既符合对小微贷款业务风险控制要求，又能最大限度地满足小微客户融资需求的创新产品。从产品设计的维度来区分，可分为担保方式的创新和以降低交易成本的创新。

（1）担保方式的创新。小微客户融资难其中一个重要因素是银企双方信息不对称。现实中，因众多金融机构在趋利避害的风险规避要求下，对小微贷款普遍要求提供充足的抵质押担保。然而，小微客户由于经营规模小，资本积累少，往往是没有充足的抵质押物。近年来，广东省农信机构也有类似的探索实践，就是"了解你的客户"的宗旨，其风控的理念也是以特殊的技术或特殊的渠道获取更为丰富且能满足信贷调查需要的信息，再以担保方式和担保条件的创新来设计新产品，提高市场的竞争力。

1）扩大抵押担保范围的创新。将小微客户拥有具有合理市场价值的动产作为贷款的抵质押物。如企业经营者的重要经营设备抵押、汽车抵押、贵重商品抵押贷款等，都是以中小企业的动产作为抵押物的创新。如有些农信机构创新性地推出鲍鱼、海参、茶叶、白酒等高档商品的抵押，只要解决仓储管理的保质、保值及商品进出库管理登记问题，可以拓展出较大的小微贷款业务市场。

2）扩大质权范围的创新。可以将小微客户拥有的债权、知识产权、承包经营权等有经济价值的专属权利作为贷款的质权，包括基于收款权的创新：应收账款（交易对手应该是有实力有信用的企业）的质押贷款、保理业务、保理池融资、出口退税质押贷款、保险理赔质押贷款等；知识产权质押贷款：专利质押贷款、商标权质押贷款、文化创意版权担保贷款；股权质押贷款；未来货权质押开证业务等。

3）担保组合产品的创新。针对部分小微客户自身经营特点，在担保方式上引入组合担保的创新。包括"抵押＋保证""抵押＋质押""信用＋抵押""信用＋保证"等。

【农信机构担保组合产品创新案例】

"信用 + 抵押" 产品

产品开发背景：有些小微客户的经营场所并非自己的产权，但经过多年的经营有些积蓄，购买了自己的住宅，但由于住宅的评估价值较低，无法达到自身的融资需求。农信机构根据其经营情况推出了抵押率放大的产品，其实是"信用 + 抵押"产品。

企业情况：某小微客户经营时间 6 年，经信贷员调查核实其企业情况如下：总资产 300 万元，目前负债 10 万元，年营业额 500 万元，经营利润 50 万元，预测未来 3 年可用于还贷的净现金流分别为 30 万元、40 万元、50 万元，固定资产（无法办理抵押）150 万元；私营企业主情况：企业主自住商品住宅一套，评估价值 80 万元，农村宅基地房屋一栋，建筑成本 50 万元，企业主名下小车 1 辆，原价值 25 万元。借款申请：增加流动资金 20 万元，补充机器设备 60 万元。

按照信贷员的设计方案，推荐"信用 + 抵押"产品：按照抵押物商品住宅 80 万元的抵押担保能力，可以借款 56 万元；按照未来三年净现金流 120 万元，可以安排信用贷款 80 万元；既然企业主有抵押品，根据审慎性原则，动员其办理抵押担保，但对外宣传时说"可以按抵押品评估值贷到 100% 的贷款"，这样在市场上就具有较强的竞争力。实际操作方法是综合授信 80 万元：信用贷款 24 万元，一年期，每月归还 2 万元；抵押款 56 万元期限 3 年，第一年免还，第二年起每半年归还一次，每次归还 14 万元本金。分两个合同，为了充分利用抵押物的剩余担保能力，增强对信用贷款的保障性，办理对抵押贷款的二次抵押登记手续。

贷款效果：在信用贷款存续期间，农信机构设计了分期还款的计划，具有保障性，而企业主每月还款压力也较小（2 万元），而到了抵押足值时期，放宽了还款的期限和节奏，既符合固定资产投资的客观性，也在贷款安全的前提下提高了资金的使用价值，增加了利息收入。

4）无限责任担保创新。由于有些公司性质的小微企业法人贷款，企业和实际控制人的责任是分开的，为了提高实际控制人或股东的违约成本，增加企业实际控制人和股东，甚至其主要亲属作保证担保。由公司法人类小微企业借款的有限责任转变为企业主、股东、亲属的无限担保责任的担保贷款方式，也可以由小微企业股东的家庭共有财产，股东亲友的个人财产或连带保证责任等作为贷款的担保。在农村地区或城乡结合部地区，有些企业主存在比较强的子承父业的传统观念，有些企业主对其儿女（当然是达到民事法权年龄）增加为保证人尤为关注，可以增大其违约压力。有些企业主对自身的声誉看得较重，增加其兄弟姐妹的担保，也可以提高其违约成本。

5）贷款联保。贷款联保是指贷款需求企业（或企业主）或某一个行业协会（或商会）成员在自愿的基础上组成联保小组，由联保小组共同向其成员提供担保而获得贷款的方式。贷款联保是解决小微客户贷款难和银行承担高风险问题的创新信贷产品。由于联保贷款的联合互相担保特点，小组成员间可通过互相监督来提高各成员信用级别，也使银行更容易获得各成员企业的信息，由于小组成员信息的公开程度提高，降低了其"逆向选择"和"道德风险"发生的可能性。协会（商会）成员联保贷款还有一个好处，就是在某一个成员经营不善时，其贷款如果由联保小组的其他成员代偿，根据反担保规定，代偿借款的联保成员可与借款企业协商处置承接借款人的资产和业务，由于大家经营的行业相同，处置资产较为便利。从而使联保贷款的风险大大降低。

当然，行业协会或商会联保贷款也存在一定的风险特点，就是某一行业受到市场风险时，有可能整个行业的客户面临整体风险，所谓"一荣俱荣，一损俱损"。因此，在面对某一行业的小微客户营销时，掌握"择优原则"，挑选经营较佳、实力较强的小微客户作为借款主体和担保主体，作为规避风险的手段。同时，在风险控制方面要时时监测行业市场风险。

6）供应链融资模式。供应链融资是指通过调查某一行业供应链的整体状况，基于对供应链管理程度和核心企业的信用和实力的掌握，农信机构对其核心企业和上下游多个企业提供灵活的金融产品和服务的一种融资模式。由于供应链中除核心企业之外，很多都是中小企业，供应链融资就是面向中小企业的金融服务。供应链融资围绕核心企业，通过现货、应收账款和未来货权质押的结合，或者通过在供应链其中一个环节的企业开出承兑汇票，为收票的供应链上游企业办理贴现等方式，打通从原材料、中间及制成品到最后经由销售网络把产品送到消费者手中这一供应链链条，将供应商、制造商、分销商、零售商直到最终用户连成一个整体，全方位地为链条上的多个企业提供融资服务，实现整个供应链上客户信贷业务的批量营销，使信贷产品不断滚动，不断增值。其创新点是抓住核心企业稳定的供应链，围绕供应链进行产品设计。以核心企业为中心，选择资质良好的上下游经营规范、资信良好、有稳定销售渠道和回款资金来源的企业作为农信机构的融资对象，这种业务既突破了商业银行传统的评级授信要求，也无须另行提供抵押、质押担保，切实解决了小微客户融资难的问题。

【农信机构供应链融资模式产品创新案例】

买方信贷产品的开发

位于珠三角腹地的某地，辖内中小型民营企业众多，其所创的 GDP 占本地生产总值的 75% 以上，这些企业由小做大，最终形成规模化效应。其中有一个群体主要从事五金、塑料制品的产销，这类企业普遍规模较小，以来料加工为主，以租地建厂房或租地租厂房的方式进行生产，其原始投入的资金相对较少，除生产设备外，用较少的资金基本就可以起步经营，后续的配套流动资金也要求不高。由于这些企业在发展过程中的资金大多依靠自身的原始积累，因此当企业发展到一定规模后，无论是想扩大产能，还是想提高产品在市场上的竞争力，都需要增加技术含量高的配套生产设备，这时最大的难点莫过于如何筹集资金购置设备进行生产，但"巧妇难为无米之炊"，资金有限，又普遍缺乏足额抵押物的企业主伤透了脑筋。

续表

买方信贷产品的开发

　　小微企业主在伤脑筋的同时，为这类企业提供生产设备的厂家也不好过。A 公司是一家发源于上述地区，专门从事注塑机研发、设计、生产和销售的企业，经过近 20 年的发展，逐步壮大，目前主要以产销一条龙服务的方式开展业务。公司的产品在行业中具有较强的竞争力，当地许多中小型生产企业都愿意购买该公司的产品。问题是基于前述的原因，很多有购买需求的客户却面临资金不足的问题，而 A 公司很多时候想售出设备，要么赊销，要么让购买方分期付款，这样做的结果是应收账款周转非常慢，而且企业承受着较大的风险，因此，如何在销售方式上突破一度让企业非常困惑。

　　某农信机构小微贷款专营中心成立后，通过对购买方的需求调研，结合销售方的经营特点，有针对性地开发了一款符合这类客户群体的信贷产品。该产品以国内买方信贷的模式为基础，结合买卖双方的特点加以优化，以类似房产按揭的方式为企业发放除首付外的购机款，用以支付给设备销售方，企业只需每月按期还本付息即可，也就是说，企业只需少量的首付资金便能获得持续生产所必需的设备，每月以经营利润用以分期还本付息，减轻一次性支付的压力。

　　该产品在借款人准入条件方面要求借款主体必须为购买 A 公司设备的客户。在风险控制措施方面，所有客户必须执行面签制度，有真实的交易背景，有稳定的经营收入，制订分期还款计划，A 公司必须为借款人提供连带责任担保。在贷后管理方面，以监控借款主体是否按期还款付息为主要手段，对特殊对象则进行重点关注跟踪。

　　因为该产品的创新，解决了许多急需资金购机以维持或扩大经营的中小企业的融资难题，为它们开创了一条快捷、贴心的融资渠道。同时，由于该产品所有借款人的借款用途具有同质性，具有"集群化"性质，而且担保人为同一主体，极大地节约了农信机构业务处理的成本，提高了业务操作的效率，在有效保障信贷安全的前提下又能惠及广大的中小型企业主，达到了银企双赢的目的。

　　（2）以降低交易成本的创新。科斯认为，交易成本是获得准确市场信息所需要的费用，以及谈判和经常性契约的费用。交易成本由信息搜寻成本、谈判成本、缔约成本、监督履约情况的成本、可能发生的处理违约行为的成本所构成。就信贷市场而言，交易成本主要为信息收集和审查成本、监督履约成本。由于小微客户与银行的信息不对称导致银行获取准确信息成本增加以及由于小微客户贷款规模不经济导致平均交易成本高。目前，基于交易成本的创新主要是商业银行服务流程的创新和组织机构的创新。

　　1）循环贷款。银行对业务经营稳定、财务状况良好、资产可控性高、抵质押担保能力强的小微客户给予一段时间内限定金额的贷款额度，小微客户可以在有效期内不超过限额循环使用。这种贷款减少了信息收集、审查的成本，缩短信贷决策的时间，有利于降低贷款的成本。

　　2）信贷工厂。信贷工厂是指银行进行小微客户授信融资时，通过设计标准化的信贷产品，对不同信贷产品的过程实行流水作业。从前期客户接触，到授信调查、审查、审批、贷款的发放、贷后维护和监管以及贷款的回收等工作，均采取流水线作业、标准化管理。

信贷工厂运行机制：一是市场调查人员主动收集小微客户的信息，对小微客户按行业和发展状况进行分类，加以差别化处理，设计出不同的贷款产品。二是客户经理对于不符合标准的企业当即拒绝，对于符合标准的，则根据标准化的调查报告模板进行调查并填写调查报告。三是贷款审查审批时，将审查与审批合二为一，基于客户经理所做的信贷调查，结合审查审批人员的专业知识，对风险的识别做出审批。四是放款审核、放款前的核保和抵押物登记、放款后的档案管理等均应由后台集中负责。五是在贷款发放后，银行日常远程监控小微客户的资金收付、现金往来。贷款到期，使用正常程序收回贷款，若小微贷款业务形成不良贷款后，按照其担保方式主要涉及与担保公司及保险公司的赔偿协调、抵质押财产处置、个人连带责任的追索等，或对部分企业进行重组转化。信贷工厂在产品设计上，主要将小微客户进行分类，对不同的小微客户进行市场细分、客户细分，设计出适合各自发展水平的产品。信贷工厂的作业流程化是适应大量小微客户融资产品和服务创新小微客户贷款问题的解决方法。在信贷工厂的框架下，各步骤的处理由专人负责，大大缩短了发放贷款的时间，并将各步骤的责任明确划分和隔离，提高了小微客户融资服务和风险管理的效率。

3）老客户优惠。信贷产品与一般工业产品的不同之处在于，信贷产品是定制性产品，虽然某一产品的大的元素方面会有规范，但具体到某一笔业务，还是离不开调查、审查、审批和贷后管理。这有点像电梯产品，在卖出产品时还得"量身定做"，以及安装、调试、维护。信贷产品除了资金成本以外的营销管理成本也是非常高的，作为小微客户来说，其边际贡献较小，为了降低营销成本，小微贷款业务专营机构要在客户关系管理方面下功夫，建立完善的客户信息资料，做好客户的信息评估，对优质存量客户要维系好关系，可以考虑设计一些产品对老客户的优惠，包括利率优惠，银行卡结算优惠，理财产品优惠，减少审批环节等，通过向优质老客户让渡价值，建立一批优质存量客，实现长期可持续的发展。

5. 管理咨询团队产品研发思路

目前，小微贷款业务专营机构的规模优势并不明显，单纯靠扩张规模很难获得竞争优势，同时信贷产品本质是一项金融服务，产品的特征很容易被复制和模仿，小微贷款管理咨询公司在充分掌握上述制约因素的前提下提出应以特色化为主导思想，注重开发信贷产品内涵，增强产品服务和产品管理的技术方面的特色。

（1）通过差异化确定产品特色。产品管理过程中所追求的差异是产品的"不完全替代性"，有差异也能有市场。小微贷款管理咨询公司在咨询过程中善于抓住机遇，积极运用差异化的营销战略，基于与同业银行机构的比较基础上，结合合作银行单位的优势，进行差异化的产品定位，通过特色的产品、特色的商业模式、特色的运营模式来确定合作银行的发展路径。首先是客户市场差异化。

要"有所为有所不为"，根据合作银行的历史、规模、实力、经营管理特色等选择适合的目标客户群。其次是产品差异化。在产品上要防止盲目求全，针对客户日益多元化的产品、服务的需求状况，发挥合作银行优势，突出重点品种、重点地区，从而打造特色业务和产品体系。最后是服务差异化。以高质量服务为切入点，开发金融服务差异化，实现金融产品形态层次和附加层次的差异化，一旦形成了具有特色的服务风格及品牌效应，就使竞争者在短时间里难以模仿。

（2）通过竞争优势确定产品特色。小微贷款管理咨询公司在市场调研后会帮助合作银行进一步认清其在金融同业中所处层次，明确自身的资金实力、竞争优势和风险管控能力等客观条件，做出与之相匹配的产品定位，从而与同业进行错位竞争。一方面，小微贷款管理咨询公司利用合作银行所具有的突出的地缘、人缘优势，坚定其最初的目标客户定位，服务有政府背景的项目和业务、服务中小企业（也包括微小企业）、服务广大城乡（包括城市社区、县域、农村、乡镇地区）居民，从而达到其发展长期稳固的客户群体，形成在地方金融市场上战略优势的目标。另一方面，利用合作银行地域和信息沟通的优势，将竞争力定位于服务城市社区、服务县域经济、服务农村地区、服务乡镇地区，这不仅能够弥补大型股份制商业银行的市场空白，而且可以极大地降低与大型股份制商业银行盲目竞争的恶劣影响，更加有利于市场竞争力的提高。

（3）通过品牌概念确定产品特色。"产品品牌战略"思路既是小微贷款管理咨询时重要的手段之一，也是银行同业竞争的重要标志之一。产品可以被竞争者仿制，产品的品牌性却独一无二，小微贷款管理咨询公司有两种不同做法：一是利用原有行名标志和著名品牌进行品牌延伸推出新产品，可以缩短客户对产品的认知过程，也就意味着延长了新产品的生命周期；二是通过市场调研，并结合合作银行文化以及所处地域的经济特点创立新的小微贷款产品品牌和服务标语，再进行大力的市场推广，充分调动小微客户的好奇心和体验欲望。产品的研发设计、营销推广，包括电视广告、分支网点、网络等渠道的宣传，都需要维护一个强大的统一形象，避免出现矛盾，进而影响产品品牌推广的效果。小微贷款管理咨询公司会构思出一个富有想象力的品牌名称来统领全局，对产品设计明显标识，并建立持久的品牌效应，以扩大市场影响力。

三、业务体系建设阶段

（一）小微贷款管理框架

为保证银行单位开展小微贷款业务专营的独立、高效、完整实施，实现流程化、规范化和精细化管理，按照《中国银监会关于支持商业银行进一步改进小企业金融服务的通知》（银监发〔2011〕59号）"六项机制"（利率的风险定价机制、独立核算机制、高效的贷款审批机制、激励约束机制、专业化的人员培训机制、违约信息通报机制）、"四单原则"（小企业专营机构单列信贷计划、单独配置人力和财务资源、单独客户认定与信贷评审、单独会计核算）要求，需要对小微贷款业务专营中心内部组织架构和岗位职责作重新规定和说明。

1. 事业部制是小微贷款业务管理体系的最优选择

2005年7月，银监会发布了《银行业开展小企业贷款业务指导意见》，要求商业银行建立风险定价、独立核算、高效审批、激励约束、专业培训和违约信息通报六项重要机制。实践证明，事业部制在业务拓展、风险控制、资本管理、激励约束等方面具有明显的优势；在市场竞争方面，各家银行在市场定位上，越来越关注小微企业的潜在发展空间，不断围绕目标进行客户产品创新和服务等方面的提升。而事业部制则会使金融服务更加专业化，实现销售、管理和评审的专业化。从自身战略定位看，战略本身是基于内外部环境的诊断评估，为提升核心竞争力而制定的长期目标和战略举措，而组织管理模式是企业为实现战略而建立的组织结构和业务流程。以小微金融业务为战略型业务的市场定位，要求为小微客户提供专业化、全面的金融服务，这符合事业部制以客户为导向的经营理念以及专业化的经营方式。

从内部资源和条件看，建立事业部制至少应具有以下三方面前提条件。一是总行具有较强的管控能力，将小微企业金融业务作为战略业务，注重在人员招聘、培养、能力建设、企业文化、专业技能等方面的打造，从而培养出高效的管控队伍，并在制度机制上进行保障；二是具有较高的业务水平，外部咨询专家对小微企业金融部员工实行"学徒制"，进行一对一的、手把手的培训，在实际操作中，培养出亲和力、沟通能力和分析判断能力等；三是中后台具备相应的支撑能力。

2. 专营机构是小微贷款业务管理体系的基本模式

2008年以来，在原中国银监会（现为"银保监会"）的推动下，小微贷款专营机构从无到有，发展迅速。据统计，截至2010年末，全国共有包括5家大型商业银行和12家全国性股份制商业银行在内的109家银行设立了小微企业金融服务专营机构。此外，农村合作金融机构、城市商业银行等也均设立了小微贷款服务专营机构。从目前的开展情况来看，小微贷款专营以"独立性、专业性、适应性"为特点，从一定程度上解决了小微信贷中存在的门槛高、效率低、产品适应性低等问题，充分挖掘了银行业在拓展小微贷款方面的潜力，已经成为当前我国大多数金融机构开展小微信贷业务的首选模式。

小微贷款专营是指银行或金融机构对小微贷款业务进行专业化经营。从全国各金融机构小微贷款专营的实践情况来看，小微贷款专营应具备以下要素：

（1）成立专门的组织体系，专门负责经营管理小微贷款业务。

（2）建立专门的运作机制，至少应建立利率的风险定价机制、独立核算机制、高效的贷款审批机制、激励约束机制、专业化的人员培训机制、违约信息通报六项机制。

（3）搭建专门的制度体系，即根据小微贷款业务的特点，专门制定小微贷款业务各类规章制度。

（4）配备专业化的人才队伍，专门经营管理小微贷款业务。

（5）建立专业化的产品体系，开发出个性化和特色化的产品，不断满足小微客户多样化、差异化的融资需求。

（6）针对小微企业信息不对称、缺乏抵押物等特点，引进或开发专业化的风险评估技术。

（7）构建专门的考核体系，对小微贷款专营组织机构和人才队伍进行全方位考核。

（8）建立专业化的后台支持和信息系统。

3．小微贷款业务的一般管理架构

遵循提高效率、保障服务的原则，小微贷款业务专营中心一般作为银行单位总行下设的一级业务管理部门，实行总分架构下的垂直管理。根据业务拓展和辐射范围的要求，小微贷款业务专营机构下设市场营销中心、风险管理中心、运营中心和培训中心四个二级中心，另设置贷款审查管理委员会（以下简称"审贷会"），审贷会独立于小微贷款业务专营中心二级中心之外行使职责。其组织架构如图6-2所示。

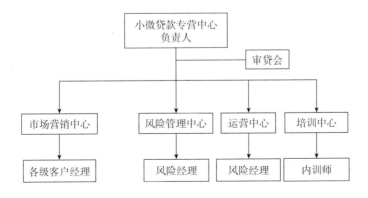

图6-2　小微贷款业务专营中心管理组织框架

（1）小微贷款专营中心职能。小微贷款专营中心主要负责小微贷款业务的组织、开展与管理，研究小微客户群体和小微市场需求，提出业务发展和产品设计建议，拟定并执行营销策略，开发、维护与管理客户资源，促进小微贷款业务的持续发展。具体职能如下：

1）组织建设。制订、实施与完善本中心管理制度及操作流程，为工作开展提供依据和指导。制订并监控实施本中心工作计划，确保部门目标的实现。负责本中心员工的培训，不断提升员工业务能力。负责本中心团队建设，提高部门员工凝聚力与执行力，营造良好的工作氛围。

2）经营管理。依据总行下达的年度部门经营目标，制订部门工作计划，并组织实施。监督部门经营目标的进度，编制部门经营业务分析报告，及时发现并解决经营中的问题，确保部门经营目标的顺利达成。组织编制信贷业务报表，向上级领导提供各类业务数据和材料。

3）市场营销。依据总行信贷方针和原则，制订部门市场营销方案和计划，积极拓展业务渠道，扩大小微贷款业务市场占有率，确保部门目标的顺利达成。

4）客户管理。负责客户服务体系的建立和管理，受理顾客投诉，致力于为客户提供优质、高效的服务，为本行打造服务的核心竞争力。负责小微贷款业务全过程服务的安排、落实、监督和跟踪检查，竭尽全力为客户提供满意的服务。负责客户信息、客户需求、客户反馈意见的收集、统计和分析整理工作，为本行信贷产品开发、市场定位及利率体系方面的决策提供参考依据。

5）日常工作。负责小微贷款业务的营销、受理、贷前调查、审查审批、贷款条件落实、合同制作及签署、贷款发放及回收等工作，确保信贷业务的有序性及合规性。负责放款后小微贷款业务的贷后检查工作，对风险及时预警，确保本行信贷资金的安全性。负责客户档案资料的整理，并按规定完成档案资料的审查及归档工作，确保客户档案资料的完整性。组织实施客户信用评级、综合授信工作，认真审查资料，确保客户信用评级、综合授信真实有效。

6）贷后管理。负责小微贷款业务贷后管理工作的组织与实施，监控贷款质量；负责逾期贷款的催收并及时提出处置方案，最大限度地降低本行损失。协助总行对不良贷款进行处置。

7）完成总行交办的其他工作任务。

（2）小微贷款专营中心二级部门主要职能。

1）市场营销中心：负责小微贷款专营中心业务拓展、客户维护、贷款催收、新产品开发及推广、业绩目标达成等工作。

2）风险管理中心：负责小微贷款专营中心风险控制和内部审核、与总行风控、授信等相关部门的对接、五级分类统计、不良客户名单管理维护等工作。

3）运营中心：负责小微贷款专营中心审贷会组织、合同制作与签署、贷款发放、系统操作与维护、档案管理、贷款自查、统计汇报、与其他部门配合协调等工作。

4）培训中心：负责制订小微贷款专营中心用人计划、招聘、培训、实习评价等工作。

4. 小微贷款业务的主要岗位职责

一般地，小微贷款专营中心共设置6个岗位，其中1个负责人岗位和5个业务岗位：营销主管岗、客户经理岗、风险经理岗、运营岗、培训师岗。岗位说明具体如下：

（1）小微贷款专营中心负责人岗位职责。

1）根据总行的发展规划和年度经营计划，统筹规划并制订本中心业务的工作计划和发展目标，并组织实施。

2）负责制定和完善本中心业务各项管理制度、考核办法，监督小微贷款业务的合规工作。

3）组织制定小微贷款业务风险评估体系和决策权限。

4）小微贷款业务授信审批授权体系及审批流程建设。

5）组织实施小微贷款业务的调查、审查审批及贷后管理工作，组织管理维护小微客户授信业务的整个生命周期，确保小微贷款业务运作良好、风险可控。

6）组织小微贷款业务产品研发、品牌和营销建设，与相关支行协调客户拓展及利益共享等事宜。

7）设计绩效考核方案，统筹管理绩效考核评估办法的落实和实施。

8）统筹组织本中心下设二级中心的规划、设立、管理、业务拓展、绩效考核、风险管理、责任追究等工作。

9）统筹协调本中心用人计划、招聘、培训、管理、评估评价工作。

10）组织定期统计分析小微贷款业务运行状况，并向高级管理层及相关部门报告。

11）统筹组织本中心小微贷款业务贷后监控等其他工作。

12）其他。

（2）小微贷款专营中心营销主管岗位职责。

1）组织客户经理营销拓展、贷前调查、客户维护及贷后管理工作。

2）收集整理客户需求及同业竞争信息，并反馈给上级。

3）定期观察客户和潜在客户的要求、意见、评价和需求，并及时反馈至风险经理，协助风险经理设计开发小微贷款产品。

4）设计、优化小微贷款业务流程。

5）接受小微贷款专营中心负责人分派的市场任务并带领团队积极完成目标。

6）参与制定小微贷款业务市场营销策略，负责开展广告宣传和市场推广工作。

7）统筹组织与协会、商会、商圈负责人的沟通，做好营销渠道建设。

8）组织市场部客户经理选聘、培训和管理。

9）按照客户经理管理办法参与对下级客户经理的评估工作。

10）监督管理客户经理贷后监控落实情况，指导、协助客户经理完成贷款回收、逾期贷款催讨等工作。

11）其他。

（3）小微贷款专营中心客户经理岗位职责。

1）贷款营销：开展贷款营销推广与产品宣传工作，做好潜在客户维护，提供专业的咨询服务，协助客户进行贷款申请。

2）贷款调查：根据小微贷款业务调查技术和流程，对贷款客户开展实地调查，分析客户还款能力、还款意愿和经营的可持续性，收集完整的贷款所需资料。对信息的真实性进行交叉验证，撰写贷款调查报告，分析贷款信用风险，客观、全面地向审贷会陈述客户情况。

3）协助运营岗签署贷款合同及放款工作。

4）负责将贷款信息录入信贷管理系统。

5）客户维护：按照要求完成客户维护工作，严格执行客户贷后监控要求，提醒客户按时还款，及时发现风险信息并研究处理办法。积极催讨客户应还贷款本息。

6）贷后管理：严格执行客户贷后监控要求并记录，提醒客户按时还款，及时发现风险信息并研究处理办法。

7）收集、整理客户的需求、意见、评价及竞争情况并定期向直接上级反馈。

8）逾期催讨：客户出现风险预警时，及时上报审贷会，研究制定处理办法并实施催收方案，积极催讨客户应收贷款本息。

9）定期进行案例整理、汇编。

10）其他。

（4）小微贷款专营中心风险经理岗位职责。

1）参与制定小微贷款业务风险评估体系和决策权限。

2）小微贷款业务贷款审议，并给出决策意见。

3）执行完善各项贷款的管理制度、操作流程工作。

4）负责小微贷款专营中心贷后管理工作。

5）参与贷款业务的需求研发、制度、流程编制和测试等工作。

6）根据市场反馈及同业信息，结合总行政策，研究设计小微贷款产品，并对现有产品进行优化、改进。

7）协助管理贷款审批分级授权体系。

8）发起逾期贷款处理方案讨论，并监督、跟踪催收方案的执行。

9）组织典型案例汇编工作，建立小微贷款专营中心案例数据库。

10）协助清降不良贷款工作，负责小微贷款业务问责工作的发起、评定及出具意见。

11）按照本中心内审要求，定期组织贷款自查工作，审查信贷资料的完整性、合规性，调查报告的准确性，借款人的还贷能力、担保人的担保能力等，重点审查贷款业务风险，并提出独立的审查意见，撰写内部审查报告。

12）统筹组织小微贷款业务五级分类工作。

13）管理维护小微贷款客户"黑名单"。

14）与总行风险部门进行对接，定时提交相关统计数据。

15）其他。

（5）小微贷款专营中心运营岗岗位职责。

1）负责查询征信报告，授信、风险分类等相关资料的收集、整理、装订、归档与保管。

2）按照本中心审查要求，审查预上会信贷资料的完整性、合规性，调查报告的准确性，并填写内审报告。

3）负责对客户经理收集的客户资料进行完整性与合规性审查，并对需立卷归档资料进行整理与保管。

4）确保所有归档资料的安全性，定期对档案进行检查，避免破损遗漏，并做好调阅与查询登记工作。

5）系统流程维护。

6）对拟放款资料进行完整性、有效性以及和审批依据的一致性进行合规审核，确保签订合同质量。

7）制作、签署贷款合同，确保客户了解贷款相应条款，并完成客户放款工作。

8）协助风险经理进行典型案例汇编工作，建立小微贷款专营中心案例数据库。

9）组织审贷会安排及贷款数据统计汇报。

10）做好本中心各岗位绩效薪酬核算（上报）及业绩数据统计工作。

11）做好本中心综合事务处理工作。

12）与行内其他部门的沟通、协调工作。

13）其他。

（6）小微贷款专营中心培训师岗位职责。

1）协助本中心负责人制订人员发展计划及培训方案。

2）组织实施人员招聘工作。

3）组织实施新进客户经理小微贷款理论知识培训及营销技巧授课。

4）辅导新进客户经理的业务操作，传授其客户营销维护、贷款调查、贷款流程等操作经验。

5）收集培训需求，优化培训方案，不断完善和调整培训流程、方法和模式。

6）不定期组织本中心职业技能等专题培训。

7）协助营销主管进行评估考核。

8）其他。

5. 其他说明

小微贷款专营中心负责人、客户经理岗和运营岗是小微贷款专营中心的全职岗位，客户经理根据相关管理办法规定存在不同级别，高级别的客户经理有一定的管理职责。客户经理与运营岗的岗位人员比例在业务成熟期一般为 10∶1，在业务运营初期，由于业务量的限制，可先行配置 2 名运营岗负责相关工作，根据业务的发展需要增加人员配置。

此外，小微贷款专营中心运营初期可以暂不设置营销主管岗，管理工作由小微贷款业务管理咨询项目组协助专营中心负责人开展。风险经理、运营经理及培训师均不独立设置，由中心负责人指定具备相应工作能力的客户经理兼任，待业务规模扩大、人员能力成熟后，可逐渐设置专职人员。

（二）小微贷款人员招聘

相对于大中型企业客户来说，小微贷款分散、小额和单一贡献低等特点决定了其专营机构建设必须"以人为本"，人是决定成败的关键因素，人力资源管理与考核是小微贷款专营的关键。本节充分阐述了人员选拔、人员培训、考核激励、责任追究等关于人力资源管理问题。

小微贷款专营机构要实现良性发展、快速占领市场的目标，关键要有足够庞大的专业化人才队伍。队伍建设是业务发展的基石，而人员选拔则是队伍建设的关键。只有通过一定的标准、程序和方法，才能选出理想的员工。

1. 选拔标准

从风险的角度来看，内部员工的品德、智能、技术与知识等修养与企业经营好坏、与风险文化息息相关。因此，做好人员选拔是加强队伍建设的第一关，对员工的考察应更慎于对借款人的考察。小微贷款专营机构的员工素质主要包括四个要素：观念、道德、能力、责任心。

（1）观念是前提。小微贷款专营机构之所以把员工的观念要求放在首位，是因为观念是开展一切工作的前提。小微贷款专营机构面对的是一种新的经营模式、新的风控技术，因此从事小微贷款专营机构的人员必须从思想认识上接受这些新观念、新事物，才能在自己的岗位上真正做到爱岗敬业。

（2）道德是基本。小微贷款专营机构实行道德风险"零容忍"的约束机制，对人员的道德要求较高。道德风险是小微贷款专营机构风险控制的高压线，任何人不能碰，也碰不起。因此，在进行人员选拔时，必须把好道德关。道德是小微贷款专营机构人员从业立足之本、业务开展之基。

（3）能力是保障。有能力才能胜任。从事小微贷款专营机构工作的从业人员，必须具备以下四种能力：

1）沟通交流能力。具体是指从业人员能够清晰地向客户介绍业务或者产品，详细地解答客户提出的问题，善于倾听，能够适时地提出问题以确保信息的准确；能够清晰地陈述自己所掌握的信息；掌握沟通的技巧，懂得与他人周旋的方法，在必要的时候可以采用一些非常规的方式与他人交流，能够影响客户接受自己的观点和意见；预期客户的反应，并做出相应的表现方式。

2）观察和判断能力。这是指从业人员能够从客户的言谈以及与周围朋友的关系中观察出客户的人品，客观地做出判断，不带有个人主观色彩；多方面收集信息，并能够运用多种信息验证自己的判断。

3）抗压能力。从事小微贷款业务，由于市场领域新、贷款产品新，业绩压力和面临风险都很大，业务起步较为艰难，在工作任务繁重时，从业人员需要保持良好的心态，从容应对；当遇到挫折和不顺利的情况时，能够克服困难并及时调整自己的情绪，保持足够的信心；始终保持积极的心态。

4）学习能力。善于持续地学习工作所需要的新知识、新业务、新政策和法规，能获取各种有效信息以此来解决工作中遇到的各种问题；有较强的求知欲；较好的逻辑思维能力；善于归纳和总结。小微贷款专营机构工作本身就是一个不断学习和摸索的过程，因此需要学习能力强的人才，并以此形成学习型组织。

（4）责任心是关键。由于小微客群的财务管理相对薄弱，缺乏相应的信息披露制度，部分甚至没有财务报表，银行在获得小微客户完整的财务信息方面存在一定困难。同时，小微贷款专营机构产品涵盖无抵押或抵押率放大的产品，贷款风险较高。因此，无论是调查、审查或审批人员，都必须有高度的责任心，本着十分谨慎负责的态度开展工作，善于从细节中了解信息，把握住别人不易察觉但有效的信息，必须多方面、不同侧面了解信息，同时善于多方面验证信息。工作作风必须严谨务实，有强烈地寻求事实依据的倾向。

2. 选拔渠道

人员选拔渠道分为内部遴选和外部招聘两种，具体应根据小微贷款专营机构的战略规划来选择。如果采取的是快速扩张型的经营策略，那么人员选拔仅仅通过内部遴选一般无法满足配置的需要，需要进行外部招聘。反之，如果采取的是稳健发展型的经营策略，一般通过内部遴选就可以满足配置的需要。

（1）内部遴选。内部遴选一般通过知识笔试、问卷调查、面试等环节对员工的职业素质和性格特征进行全面考核。

优点是员工比较熟悉当地市场，经过柜台磨炼后比较珍惜现有的机会，银行工作经验及金融知识相对丰富，风险意识强，思想上相对比较稳定，并且内部员工知根知底，对员工考评时准确性较高。局限是内部选拔毕竟人力资源有限，如果采取快速扩张型战略，无法满足需求。此外，内部员工由于性格同化原因容易造成"近亲繁殖"，带有思想包袱，思想观念需要改善和重新培育。

（2）外部招聘。外部招聘一般通过筛选简历、知识笔试、情景模拟测试、面试等环节来对应聘人员进行全面评估。

优点是人力资源供应充足，容易招到优秀的人才，尤其是刚毕业的应届大学生，思想仍是一张白纸，接触新生事物比较快，员工可塑性强，比较能够执行小微贷款专营机构的营销策略。局限是可能对企业缺乏归属感，对银行文化缺乏一定的认同度，容易出现"水土不服"，人员稳定性不足，而且不熟悉当地市场和业务情况，无社会经验，思想单纯，需要时刻警示风险意识，培训成本高，成长周期较长。

3. 选拔方法

人员选拔方法是按照选拔标准，通过一定程序，对选拔人员进行综合评价来筛选具备相应条件的人员，主要包括资格审查、诚信调查、心理测试、知识笔试、面试、家访等多种方法。无论采取何种选拔方法，其基础都是运用选拔标准对选拔人员进行综合评价评分以选拔最适合的人员，核心都是把好人员风险控制关。

（1）资格审查。可以初步确定这个人是否符合最基本的选拔条件。学历是否符合最低标准，是否有一定的工作经验。另外，还可以通过简历分析、判断被选拔者工作的稳定性，如通过离职动因判断此人的价值取向、发展欲望，结合企业自身情况，来判断此人能否留住。

例如，小微贷款管理咨询公司在人员资格审查时一般有以下要求：

①诚实守信，遵纪守法，身体健康，具有较强责任心和压力承受能力。②年龄不超过30周岁。③普通高等院校全日制大学本科及以上学历毕业生，能够熟练使用办公自动化软件。④具有金融、保险等从业经验者优先；经济类、金融

类、财会类、市场营销类等相关专业者优先。⑤具有本地户籍（条件优秀者可放宽）。

（2）诚信调查。由于客户经理岗位的特殊性，要求做好诚信调查，包括个人身份核实、征信系统调查、公安系统调查、背景信息调查等。联系人的身份和意愿的核实，就好比是贷款调查中的软信息调查和交叉检验。

（3）心理测试。工作本身对人的素质和心理适应性的要求越来越高。心理测试的运用可以使人事决策更为科学、准确。通过心理测试，可以对人员的兴趣、人格、能力、技能等多方面进行分析，为实现人员的选拔提供信息。

（4）知识笔试。主要判断人员的政策水平、相关专业知识、逻辑推理、语言理解、分析判断、阅读理解等方面的综合素质能力。考察应聘者是否具备一般的知识水平和素质能力。

（5）面试。这是最重要的一关。它分为两种模式：无领导小组讨论面试和一对一结构化面试。无领导小组面试部分主要就是采用情景模拟的方式对应聘者进行集体面试，通过专题讨论和小组讨论考察应聘人员的人际互动和协作能力，检测应聘者的语言表述能力、沟通交流能力、团队协作意识、主动性；一对一结构化面试是指逐个针对应聘人员的特点和专业、从业经历、背景等方面，深入考察其在决策分析、应变能力、数理逻辑、职业操守、道德素养、专业技能、心理抗压能力、解决问题等方面的情况。

（6）家访。所谓家访，就是通过走进应聘者家庭来了解应聘者的生活、工作情况。其目的是为防止应聘者在求职过程中"注水"，严把应聘者的道德品质关。想要在短时间内更详尽了解一个人的品行，比较可取的方式就是走进其亲友圈，从中取得对求职者客观真实的评价。在家访的过程中，要求家庭的主要成员必须在场，通过与在场的每一个家庭成员交谈，对应聘者进行评价，判断应聘者的家庭关系是否和睦，以及观察家庭的环境。

（三）小微贷款人员培训

1. 培训的意义

小微贷款专营机构要实现可持续经营，需求的是具备扎实理论和实践专业知识的高素质人才。培训是为员工提供信息、技能和对组织目标理解的过程。能否建立起一套系统、科学、完善的培训体系，关系到小微贷款专营机构的战略规划和整体目标能否成功实现。小微贷款专营不仅需要观念的更新，同时也需要营销方式、风控技术的转变。没有一个良好的培训体系，就无法培养出胜任的人才。所以，小微贷款专营机构要将培训作为一项长期、重大而紧迫的任务来抓。

（1）人员培训是增强企业竞争力的有效途径。随着市场经济日益成熟，知识和技术的更新速度加快，需要不断创新，这就要求持续地对员工进行培训。通过培训，可以增强员工对企业决策的理解和执行能力，使员工掌握企业的管理理念和先进的管理方法、技术，不断提高企业的市场竞争力。

（2）人员培训是提高员工素质、建立人才储备的良好手段。加强对员工的培训，可以使员工准确地理解工作意图和完成复杂任务，同时还可以从数量、质量、结构上为企业的经营与发展提供人员保障和人才储备，确保企业的可持续发展。

（3）人员培训是对员工的一种重要激励方式。培训是一项重要的人力资源投资，同时也是一种有效的激励方式，如选送优秀人员去参加带有旅游性质的培训班、组织业绩突出的人员去外地参观著名企业、鼓励员工利用业余时间进修并报销学费、定期选拔优秀人员出国考察等，让员工长见识、开眼界、拓宽思路，对员工有巨大的激励作用。

2. 培训体系的建设

小微贷款专营机构的培训体系建设应分为两个层面：一是战略层面，二是技术层面。所谓战略层面，就是银行单位高层首先要更新观念、统一思想、形成共识，其次是中层管理人员和信贷人员的培养。居于战略层面的培训应包括"走出去"和"请进来"两个方面："走出去"就是到先进的商业银行进行调研学习，"请进来"就是邀请外部专家进来授课。所谓技术层面，就是对员工的基本技能、业务知识和道德观念方面的培训，包括岗前脱产集训，岗中的以岗代训、以会代训、以老带新等持续而反复的过程。员工能独立操作的培训周期一般是 3~6 个月。

3. 培训内容

小微贷款专营机构的培训内容，从战略层面来讲，包括发展小微贷款的意义、国内外小微企业发展现状及前景、国内外小微贷款发展状况、专营模式选择、战略规划和实施、机构管理与考核等；从技术层面来讲，包括基本技能、业务知识、道德观念等。

（1）基本技能。包括营销方法与技巧，小微贷款调查、验证方法与技巧、小微企业财务分析能力、小微贷款审查、审批方法与要点、小微贷款实务操作等。

（2）业务知识。包括小微市场特点分析、小微贷款产品知识、相关法律法规及运用能力、小微贷款风险防控知识等。

（3）道德观念。包括道德风险教育、市场观念培育等。

4. 培训方法

小微贷款专营机构培训效果好不好，方法至关重要。小微贷款专营机构主要采用脱产集训、以会代训、以岗代训、以老带新四种方法。培训形式有面授、远程、实时等。一般来说，脱产集训及以会代训多采用面授形式，以岗代训及以老带新多以在实践工作中实施教学形式开展，有条件的银行单位可以通过小微贷款管理咨询公司设计配套的培训方案。

（1）脱产集训。集中员工开展脱产培训，尤其是在上岗前，通过系统的培训课程，让员工能够全面了解和掌握小微贷款专营机构的业务知识。

（2）以会代训。安排员工参加相关专业研讨会和座谈会，交流实践经验和心得体会。定期组织员工参与案例分析和讨论，增强员工风险识别能力和防控意识。

（3）以岗代训。提供业务助理岗，让员工接触事务操作，开展实地考察，边看边做边学。

（4）以老带新。在员工熟悉实务操作的情况下，实行师傅带徒弟的"学徒制"，让员工在师傅的指导下逐渐开展业务。

案例：某管理咨询公司为某农信机构小微贷款专营业务提供的新员工的岗前培训方案如下：

1）理论培训。主要学习小微贷款信贷从业人员的职业道德、行为规范以及小微贷款业务理论、信贷技术、营销技巧、风险分析、贷后管理、信贷法律、有关政策等内容。

2）实践培训。管理咨询公司安排项目组进驻小微专营机构现场，实行"一对一"师傅带徒弟式岗位实践学习，以"传帮带"形式进行培训，每名新入职人员均由1名具备丰富微贷经验的项目组成员进行现场指导和带教，学习内容包括客户拓展、贷前调查、报告撰写、利率定价、贷款审批、贷款发放、贷后管理、关系维护等内容。

培训课表相关内容如表6-6所示。

表6-6　小微贷款业务知识培训课程表

周期	培训时间	培训课程
第一个月	第一天	银行企业文化介绍
		客户经理团队建设
	第二天	小微贷款业务介绍（目标客户、业务流程、核心技术）
	第三天	会计基础/企业财务报表分析
	第四天	小微贷调查技术之资产负债表、利润表
	第五天	小微贷调查技术之现金流量表
		小微贷调查之交叉检验
		信息（财务信息与非财务信息）的获取与检验以及电话核实

续表

周期	培训时间	培训课程
第一个月	第六、七天	行业案例分析（贸易业、服务业、制造业、种植业、养殖业）
	第八天	小微贷款调查要点与演练
	第九天	银行流水与征信报告解读
	第十天	审贷会与审贷会陈述
	第十一天	零售银行营销实务与演练
	第十二天	职业生涯规划与时间管理
	第十三天	小微贷风险防范与内部控制概述
	第十四天	拓展训练
	第十五天	银行从业人员公共基础知识
	第十六天	信贷基础知识个人业务介绍
		电子银行业务介绍
	第十七天	贷款业务法规
	第十八天	文明规范服务礼仪
	第十九天	小微贷款业务管理办法与制度
	第二十天	结业考试
第二、第三个月	实际业务操作培训	由项目组老师带教指导，主要学习客户拓展、贷前调查、报告撰写、利率定价、贷款审批、贷款发放、货后管理、关系维护等

（四）小微贷款市场营销

1. 小微贷款市场定位

小微贷款市场定位，是指银行单位根据客户需求，设计和确定本机构的形象，并决定向客户提供何种信贷产品和金融服务的行为过程。市场定位主要是通过为本机构的产品创立鲜明的特色，从而塑造出独特的产品市场形象来实现的。合理恰当的定位不仅可以使银行机构及信贷产品为更多的客户接受和认同，而且可以使银行能充分利用本身的优势和资源，在市场中形成持久的竞争优势。

（1）市场定位的内容。市场定位的实质是使本机构与其他同行业严格区分开来，使客户明显感觉和认识到不同的金融机构之间的差别，从而使本机构在客户心目中占有特殊的位置。市场定位包括产品定位、品牌形象定位、竞争定位、客户定位等多个方面。

1）产品定位。产品定位是指根据客户的需要和客户对产品某种属性的重视程度设计出区别于竞争对手的具有鲜明个性的产品，让产品在未来客户的心中找到一个恰当的位置。产品的定位主要是对产品实体的定位，如质量、特征、性能等。信贷产品的属性可以从多方面反映出来，如产品利率定价低，产品无须提供抵押物也可获得融资额，产品分期还款周期合理等。

2）品牌形象定位。品牌形象定位是指通过塑造和设计小微贷款专营机构的经营理念、标志、外观建筑、户外广告等手段在客户心目中留下与众不同的形象，独特的定位能够起到立竿见影的识别作用。如山西省某市农商银行针对小微企业的市场定位，设计了"贷出晋彩"小微专营业务品牌，建立"指日可贷有我在，无限晋彩任您来"的经营理念，通过设计形成独特的标志，通过广泛的广告、网络、媒体等宣传让该品牌深入民心。

3）竞争定位。竞争定位是指银行机构确定自己与同行业其他金融机构的市场位置。如专业银行资金实力雄厚，是金融市场上的佼佼者，目标市场普遍定位于那些规模大的市场，而农信机构资金实力薄弱，具有较强的地域性，就要避免参与竞争激烈的大规模市场中，应因地制宜、因财而定，以巩固和发展农村金融阵地、立足本地为最佳选择。

（2）小微贷款市场细分。小微贷款业务市场定位分析的核心是市场细分，市场细分的基础是客户需求的差异性，而使客户需求产生差异性的原因是多种多样的。银行金融机构小微贷款专营对客户市场细分可分为两大类：一类是个人客户的市场细分，另一类是法人客户的市场细分。下面主要讲述法人类客户的市场细分标准，一般按照客户所在区域、产业、规模等进行细分。

1）按区域细分。按照区域对市场进行划分是市场细分最常采用的标准。按照区域对客户市场进行细分，主要考虑客户所在地区的市场密度、交通便利程度、经济发达程度以及整体需求总量等方面的差异，并将整体市场划分成不同的小市场。不同区域下的客户对于同一类产品往往具有不同的需求与偏好，他们对金融机构采取的营销策略与措施会有不同的反应。如城市与乡村、发达地区与落后地区、以工业为主的地区和商业氛围浓厚的地区，其客户需求和偏好必定有较大的区别。例如，在经济发达，人口稠密的地区，会有许多有实力的企业或私人兴建物业出租；而在经济欠发达、主要以农业为主、人口稀少的地区即使有人愿意投入大量的资金兴建物业也没有市场。此时，在这两个地域同时推行以租金收入为还款来源的信贷产品，市场的需求量会大相径庭。因此，银行机构在进行市场细分时，要根据客户的区域环境设计出不同的服务产品和营销策略，同时还要善于不断开发、创新具有本机构特色的产品和服务，以区别于竞争对手。

2）按产业细分。在经济发展过程中，不同产业的经营效果和发展态势随着国际宏观经济形势和产业政策的变化而变化。银行作为社会资金流入流出的再分配机构之一，其发展不仅与企业休戚相关，同时也受到国家产业政策变动的影响，因此对市场活动的参与必须根据国民经济产业划分的标准对市场进行细分，同时依据国家产业政策的导向，分析产业发展态势，确定目标客户群和优质客户。如某地区的陶瓷行业曾兴旺一时，由于近年来该地区政府越来越重视环境保护和城市建设，因此将该类具有污染性的企业列为强制性的迁移目标，此时，银行机构必须进行产业细分，对小微贷款的投放必须遵循当地政府的相关政策而行，否则会得不偿失。

3）按规模细分。中小企业的认定标准主要包括营业收入、从业人数、资产总额等。通常情况下对企业规模的认定采取综合标准，即同时考虑上述标准中的几个标准。根据 2011 年 7 月工业和信息化部、国家统计局、国家发改委和财政部四部门共同制定的《中小企业划型标准规定》，中小企业划分为中型、小型和微型三种类型。根据四部委的划分标准，小微客户是小型和微型企业的合称，如表 6－7 所示。

表 6－7　小微客户划分标准

行业	指标名称	计量单位	小企业	微型企业
农、林、牧、渔业	营业收入（Y）	万元	$50 \leqslant Y < 500$	$Y < 50$
工业	从业人员（X）	人	$20 \leqslant X < 300$	$X < 20$
	营业收入（Y）	万元	$300 \leqslant Y < 2000$	$Y < 300$
建筑业	营业收入（Y）	万元	$300 \leqslant Y < 6000$	$Y < 300$
	资产总额（Z）	万元	$300 \leqslant Z < 5000$	$Z < 300$
批发业	从业人员（X）	人	$5 \leqslant X < 20$	$X < 5$
	营业收入（Y）	万元	$1000 \leqslant Y < 5000$	$Y < 1000$
零售业	从业人员（X）	人	$10 \leqslant X < 50$	$X < 10$
	营业收入（Y）	万元	$100 \leqslant Y < 500$	$Y < 100$
交通运输业	从业人员（X）	人	$20 \leqslant X < 300$	$X < 20$
	营业收入（Y）	万元	$200 \leqslant Y < 3000$	$Y < 200$
仓储业	从业人员（X）	人	$20 \leqslant X < 100$	$X < 20$
	营业收入（Y）	万元	$100 \leqslant Y < 1000$	$Y < 100$
邮政业	从业人员（X）	人	$20 \leqslant X < 300$	$X < 20$
	营业收入（Y）	万元	$100 \leqslant Y < 2000$	$Y < 100$
住宿业	从业人员（X）	人	$10 \leqslant X < 100$	$X < 10$
	营业收入（Y）	万元	$100 \leqslant Y < 2000$	$Y < 100$

续表

行业	指标名称	计量单位	小企业	微型企业
餐饮业	从业人员（X）	人	$10 \leqslant X < 100$	$X < 10$
	营业收入（Y）	万元	$100 \leqslant Y < 2000$	$Y < 100$
信息传输业	从业人员（X）	人	$10 \leqslant X < 100$	$X < 10$
	营业收入（Y）	万元	$100 \leqslant Y < 1000$	$Y < 100$
软件和信息技术服务业	从业人员（X）	人	$10 \leqslant X < 100$	$X < 10$
	营业收入（Y）	万元	$50 \leqslant Y < 1000$	$Y < 50$
房地产开发经营	营业收入（Y）	万元	$100 \leqslant Y < 1000$	$Y < 100$
	资产总额（Z）	万元	$2000 \leqslant Z < 5000$	$Z < 2000$
物业管理	从业人员（X）	人	$100 \leqslant X < 300$	$X < 100$
	营业收入（Y）	万元	$500 \leqslant Y < 1000$	$Y < 500$
租赁和商务服务业	营业收入（Y）	万元	$10 \leqslant Y < 100$	$Y < 10$
	资产总额（Z）	万元	$100 \leqslant Z < 8000$	$Z < 100$
其他未列明行业	从业人员（X）	人	$10 \leqslant X < 100$	$X < 10$

随着市场竞争的日趋激烈，蓬勃发展的中小企业对银行的融资需求不断增强。小微企业的运作特点是期限短、额度小、需求急、周转快。银行机构小微贷款专营机构应针对这些特点，不断创新信贷产品，完善信贷管理制度，以适应小微企业的融资需求。

4）其他细分方式。

①按行业类型划分：新兴行业、成熟行业、衰退行业。

②按业务关系划分：新客户、存量客户、忠诚客户。

③按发展阶段划分：启动期、成长期、成熟期、衰退期。

2. 目标客户开发策略

从小微信贷客户经理营销团队的工作流程来看，主要是采用"规划先行、批量开发、名单制销售"的作业模式，将每一环节的工作成果进行标准化，保证能够执行到位、有效实施客户批量化开发。

（1）名单制销售策略。"名单式管理"思路，已经被大部分商业银行所采纳，但是在客户资获取方式上并不能像大型企业、集团企业那样，从公开网站披露信息、上市公司年报中获取，而是需要客户经理前期调研走访，陌拜营销，才能拿到小微客户的联系方式、经营地址、业务经办人等具体信息。

针对细分市场中的目标客户"名单式营销"之中，小微贷款客户经理应当将确定的目标客户及其背景资料记录下来，最后列成表格形式，便于查找。客户信息记录要做到及时、连续、准确、详细，尤其是不可记录错误信息。

对目标客户的相关信息进行分析，然后全面制订客户培育计划、培育方案及拜访的具体步骤。客户经理应按照客户培育计划进行客户培育活动。在客户培育过程中，客户经理可根据实际情况，对培育计划进行适当调整。

另外，针对小微客户"融资措施缺少、持续性效果差"这一现状，商业银行可以对小微客户资源进行整合分类，并区分客户性质采取不同政策，推出小微客户名单制管理制度，并根据相应的名单从辖内"小微客户池"吸取扶持对象。具体来看，名单制管理是根据一定分类标准，将进入"企业池"名单分为三类，如表6－8所示。

表6－8　小微客户名单制管理客户分层策略

名单类别	具体说明
重点支持名单	指符合国家产业调整方向，缓解社会就业、承担社会经济责任等方面贡献大，社会效益绩效排名靠前的中小企业
限制支持名单	指不符合国家产业结构调整方向，不属于国家鼓励和支持产业类型，政府无须进行政策扶持
一般支持名单	介于重点支持名单和限制支持名单之间，承担一定的社会责任，享受国家政策扶持

小微客户实行名单制管理以后，对重点支持名单企业支持力度加大，对限制支持名单企业支持力度逐渐缩小，直至不予支持，如此，可以把原先对限制支持名单企业的资源转移分配到一般支持和重点支持名单企业中，使经济结构符合生产力发展的要求，凸显支持政策效果。

同时，利用名单制管理促进产业结构实现转型升级，名单制管理策略应与国家政策导向一致，进入支持名单的企业，必定是符合国家产业和环保政策、能够吸纳就业的科技、服务和加工业等实体经济，加大对这部分企业的支持力度，可以加快产业结构调整。

（2）批量式销售策略。商业银行要发展小微客户批量授信业务，就要在全行层面形成战略共识，明确小微客户市场定位，明确为小微客户板块配备的信贷资源。重要的是要为小微客户批量授信明确重点拓展方向，明确小微客户批量授信业务的风险偏好与总体授信政策。

商业银行经过不断地探索，探索出两种小企业批量贷款操作模式：一种是基于标准化操作的批量授信模式，另一种是基于核心第三方面的批量授信模式。

1）第一种模式的代表是信贷工厂。该模式的特点主要是工厂化、标准化、专业化。工厂化就是将信贷的流程进行精细化的划分，比如分为营销与受理、市场开发与方案设计、业务申报、批量审查、批量审批、异常客户处理、贷款发放、客户跟踪和维护以及贷后风险管理等各个环节，每个环节都有明确的程序和标准，并且建立详细的操作手册，这样信贷办理过程就像工厂流水线一样，每一个环节的用时都有规定，一旦进入这个流水线，很快就可以知道结果。标准化的含义是将产品标准化、客户标准化、流程标准化、工作要求标准化，每一个客户的材料进入申报程序之后，就能够明确其审批通道，然后就能够批量化、工厂化地进行业务办理。专业化就是每一个环节都配备了专业人员，他们非常熟悉审查、审批和作业要点，由于在岗位上受到了专门的训练，因此这些工作人员既能够保证业务办理的效率，也能保证风险过滤的效果。总体来看，通过工厂化、专业化、标准化的设置，实现小微客户授信业务成本、收益、风险的匹配。另外，信贷工厂的核心思想是将前台的营销和后台的处理分离。在营销阶段，市场开发人员将客户的相关资料收集齐全，然后交给后台进行集中化审查与审批。从处理效果看，从处理效果看，即使散户来到银行办理业务，在程序上、效果上也具有批量操作的功能，从而产生规模效益，最终达到提高融资的效率。而且，信贷工厂模式下，商业银行会安排专人进行过程管理、质量检查、历程控制等，这也是确保授信业务高效、合规办理的一项机制。

2）第二种模式是基于核心第三方、基于某类聚类因素进行批量操作。这种模式是根据小微客户集聚生存的特征设计的。小微客户数量众多，但大多数围绕供应链、产业链、园区、集中市场、各类行业协会、商会、开发区、商业街、商圈、电商平台等集聚生存的。这些平台或者第三方，掌握着小微客户的资金流、现金流、物流，非常熟悉小微客户的经营情况以及业主的人品。通过与这些平台或者第三方合作，设计恰当的机制与方案，就能够确保批量授信过程中的办理效率和风险过滤。

在小微客户批量授信的实践中，上述两种授信模式不断发展创新并逐步融合。从目前的情况看，两者已经融为一体。商业银行在实践中，将聚类客户的开发、审查、审批等也进行了标准化。这样，商业银行在操作过程中，将客户大致分为散户与聚类客户，在营销阶段确定了适用的产品与方案，就进入批量授信的流水线。

要发展小微客户批量授信业务，一个主要的条件就是要建立标准化的产品库，就是将适合批量授信的产品收录、分类整理，形成产品体系和目录。授信产品设计是基于品种贷款、票据、国内信用证、保函、保理业务、法人账户透支业务等进行的，对授信基本要素包括授信对象、授信期限、还款方式、抵押担保方式等进行标准化，将风险过滤、流程管控措施等转化为产品要素，最终形成一个标准化操作过程。

目前，针对小微客户授信的产品创新层出不穷。小微信贷产品创新的基点从小微客户的显性特征向需求挖掘转变。小微客户专营机构主要针对小微客户生命周期、所处的产业链、担保和信用等级、还款方式等显性特征进行创新。随着小微贷款业务的发展，商业银行将更加注重需求挖掘，推出更加特色化、差异化、更加贴近企业特点的授信产品。

3. 目标客户条件要素

小微贷款发放的对象主要是小微企业（主）、个体户和有稳定收入的个人，其业务核心是找到风险抓手从而严控违约风险，因此，确定好小微贷款业务的准入门槛是第一步，即对借款人的基本条件做好规定，具体可参照以下几点：

（1）年龄适中：选择目标客户的第一步就是要调查其年龄，一般贷款客户年龄需保证在 18～65 岁，且具有完全民事行为能力。若客户年龄太小，经营能力和经验相对欠缺，容易造成持续盈利能力不足；而年龄太大，又没有足够的抗风险力。因此，客户年龄必须适中，才可受理。

（2）客户信用良好：要查看征信，即要保证客户的信用状况良好。而信用状况良好又包含两方面的内容：资信状况良好，在银行没有没有恶意逾期，没有主观的不良社会和商业信用记录，自身没有赌博、吸毒、酗酒等不良习惯；个人信用观念强，即一旦贷款，个人还款意愿强烈，不会主观故意拖欠银行贷款。

（3）经营合法合规：小微客户借款有两种情况，一种是为了生产经营，另一种是为了个人或家庭消费，多数都是为了生产经营。因此，选择目标客户的第三步就是要调查其经营项目是否合法合规。所谓的合法合规，就是要有齐备各种证件，如营业执照正副本以及租赁合同、合法的夫妻关系证明等。这些都是客户申请贷款的必要条件。

（4）还款能力足够：为了消费而借款的个人客户，在第三步的调查方面，就需要考察其是否有充足的还款能力，即是否在正规的工作单位上班，是否收入稳定，工资是否能按时发放等。

（5）未来收入稳定：在确认了客户的项目合法合规并有充足的还款能力以后，选择目标客户的下一步就是要考察客户的未来收入是否稳定。这就是说，受贷款期限的影响，个别贷款期限甚至达到 10 年以上，我们不能只观察眼前，要整体分析这个行业的未来走向，是朝阳还是夕阳产业，以此来判别其未来的收益情况，是否能保证还款。

（6）用途真实合理：在贷款的初期，客户经理就必须先了解客户的借款用途，对于客户想贷款去做类似货币投机业务、国际禁止开发产业以及烟草生产等，银行是不能给其发放贷款的。而且，客户经理在贷后管理中，尤其要关注客户的资金动向，保证其真实合理。

（7）担保稳定可靠：小微贷款业务整体是遵循"重信用、轻抵/质押"担保原则，如果对客户经过前六个步骤的调查分析，仍然发现其还有某些不确定的因素，客户经理可以向客户追加担保，以避免风险。

（8）其他方面，还可对目标客户的户籍所在地、项目经营年限、共同借款人引入条件、融资经历、负债比例等做出相应要求，从而更加细化借款申请人的准入条件。

4. 客户经理营销渠道

（1）"扫街"模式。"扫街"是一个小微贷款专营中心的常态工作，是扩展客户范围的一种重要方式，不管有没有客户，小微客户经理都应该进行日常"扫街"工作，这是客户经理与市场的一个连接，可以帮助其随时掌握市场动态，有助于市场开发、储备客户资源。

1）及时梳理反馈意见。"扫街"贵在坚持，并且最好制作专门的客户反馈表，内容包括客户是否有资金需求，对贷款产品是否感兴趣，对产品有什么不满意之处等，以便全面了解客户需求。客户经理需要定期对客户反馈表进行梳理，建立资料档案，为后续开展营销工作储备客源。这样做主要有两个方面的好处：一方面便于客户经理筛选出对贷款有兴趣的客户；另一方面可以节约时间，便于再次"扫街"时进行有针对性的宣传，同时根据市场反馈情况，及时调整产品及服务方式。

2）了解客户行业特性灵活选择"扫街"时间。客户经理印制产品宣传资料、宣传购物袋、宣传笔等物料进行发放营销，要选择在客户空闲时候对小微信贷产品和服务进行宣传。例如，对于餐饮行业的客户，一般选择在下午3～4点进行"扫街"。客户经理每人每星期"扫街"时间一般为3～4小时，在新区域首次"扫街"时每人每周可对60户商户进行宣传。随着"扫街"次数的增多，客户对产品的了解程度加深，再次"扫街"时每人每周可对100多户商户进行宣传。对有兴趣的客户，二次进行深层次沟通，与社区、商铺的客户建立良好的社会关系。

3）注重营销宣传细节，提高审批服务效率。比如下雨季节，客户经理会将鞋子水迹擦干后再进店与客户进行沟通宣传，提供优质贴心的服务，依靠客户介绍客户产生辐射连锁效应。加强贷后检查和宣传力度，在保护客户个人隐私信息的前提下，在放款客户的周围隔壁"扫街"，成功的案例比宣传更具有说服力。

（2）供应链渠道：服务全产业链客户。产业链上下游小微客户在整个产业链中起着至关重要的作用，核心企业要有相对稳定的原料供应商以及分销商，从而帮助企业顺利地进行生产、销售等环节。一般来讲，企业的供应商可以分为一般供应商、有影响力的供应商、技术性/竞争性供应商以及战略性供应商。

银行可以通过寻找当地核心企业，对小微配套企业与供应链关系企业拉动效应明显的渠道客户，与其建立长期良性合作关系，并通过借助核心渠道客户的信誉，批量开发小微客户。

另外，可以选择产业链上核心企业或第三方（如大型企业集团）竞争力和抗风险能力强，链条上小微客户群成长性高、发展前景好，第三方愿意提供信用支持的此类客户群进行批量开发。

而对于有影响力的供应商和竞争性/技术性供应商而言，则根据供应商核心企业间的合作关系，进行有针对性的供应链金融解决方案的设计。

之所以选择这些企业作为目标客户，一方面，由于这些客户自身有着一定的竞争力与企业规模；另一方面，作为核心企业的战略性客户，企业对核心企业的依赖性较强。从这两方面来看，对企业的战略性客户采用供应链金融业务能够在很大程度上控制信贷风险。

这种方法可以先通过在银行已有的所有业务客户中选取有实力和信誉的大型企业，然后与这些大企业接洽，以这个大企业为核心开发其上下游的小微客户。对此，商业银行除为核心企业提供融资支持服务外，还应为供应链上下游企业提供快捷的资金支持，进而为整个供应链提供金融服务支持，牢牢抓住客户。

（3）一县一策：利用县域产业集群。将县域产业中分布较为集中、发展前景较好、具有较高成长性的优质小微客户群作为批量开发的目标客户，选择合适的产品及设计具有特色的方案，通过县域级的各种渠道，进行批量开发及名单制销售。

（4）寻求产业园区合作。产业园区中聚集着大量的小微客户，同时也是区域经济发展、产业调整和升级的重要空间聚集形式，担负着聚集创新资源、培育新兴产业、推动城市化建设等一系列的重要使命。园区的具体形式多种多样，主要包括高新区、开发区、科技园、工业区、产业基地、特色产业园、孵化器、加速器等以及近期各地陆续提出的产业新城、科技新城等。园区内的企业一般规模都不大，急需资金来进行市场营销、产品开发、品牌建设等，具体的资金需求分为固定资产投资的融资需求、产业技术升级的融资需求、流动资金需求三个方面。此类小微客户是商业银行开发的重点。

由于各个开发园区对企业的准入多有一定的要求，园区内的企业质量都比较高，并且企业贷款一般都有担保或者抵押，因此相对而言贷款的风险不高。但是不容忽视的是由于产业园区开发正处于起步阶段，开发企业和运营商的经验不足，加之在开发过程中面临地方政府的干预，容易出现过度追求税收、缺乏对园区系统科学的规划、吸引追求低成本和低税收的产业进驻等问题，因此商业银行在开发园区客户的过程中，要注意园区企业的选择。一般来说，重点选择企业应具备以下条件：一是要选择符合政策要求并受到国家以及地方政府大力支持的产业园区，如高新技术园区、与基础建设相关的园区等；二是对于一些刚刚起步的园区要重点考察，以免出现因园区管理不善而引起银行损失的现象；三是对同一园区内企业要区别对待，避免一些经营状况不好、信誉不够强的企业介入。

（5）联手商业/行业协会。在中国，商会无处不在，既有横向的地区性商会，又有纵向的行业性商会。这些商会基本囊括了所有的小微客户，并且拥有低成本获得软信息的优势。所以，银行和商会的结合将能够有效改善银行在对小微客户贷款时的信息掌握情况。

商业协会由于与小微客户广泛的业务往来，通常对其的经营情况比较了解，且该企业上下游一般也在该行业商会内。银行可以通过与商会的合作，以较小成本来了解小微客户的日常经营情况，全面掌握其存货的销售情况或者销售前景，同时能更好地掌握借款人的经营风险，从而更好地管控贷款风险。所以与商业协会合作是一种能够快速挖掘客户的方法。

银行选择商会有很多技巧，首先要对商会的分类非常清楚，其次是要对商会下的客户群有深入的了解，最后是银行所选择的商会要有切入点，也就是商会和银行之间的合作空间要大。我国的商会大致可以分为四类，对每一类的商会，银行所采取的营销策略也要相对有变化。

第一类是以省份命名的商会，如东莞市福建企业商会、东莞市浙江企业商会、东莞市安徽企业商会等。这类商会多数由本省工商联牵头，组织本省在东莞的企业共同发起，成立时间较长、企业数量较多、行业覆盖面较广。对于此类商会，商业银行应采取的营销策路是：重点营销，各个击破，采用高层对高层的营销方法进行金融服务产品推介。另外，此类商会一般比较大，也比较有影响力，信誉良好，一般可以选择与其合作，并可适当放松会员的贷款条件。同时这类商会有较强的领导能力，如果银行能与此类商会合作，还可以让此类商会转介绍其他商会，这样成功的概率就大大增加了。

第二类是以各地市和区县命名的商会，如东莞泉州商会、东莞永嘉商会、东莞温州企业商会等。这类商会多数由当地的工商联（总商会）批准登记，会员多数为民营企业，也有部分为当地企业成立的分公司或子公司，企业涉及行业众多，但企业数量较为有限。银行对此类商会的营销策略是：有选择性地营销，采取"重点商会，重点支持"策略，对于规模较小、商会会员所处的行业风险较大的商会，银行可以放弃。

第三类是以行业命名的商会，如汽车配件业商会、五矿化工进出口商会、食品土畜进出口商会等。这类商会具有明显的行业特征，产业链结构特征明显，会员间存在协作与竞争关系。银行对此类商会营销的策略是：先选择行业，再选择商会，对国家支持的行业商会，银行可重点营销，对产能过剩、国家重点调控的商会，银行要谨慎。

第四类是以外商投资、华侨等字样命名的商会，这类在一线城市居多，商会鱼龙混杂，会员间的关系较为复杂，具有明显的不可预见性。银行对此类商会的营销技巧是：尽量少营销此类商会，银行可以对旗下的大企业进行授信，但是由于此类商会在政治和国内经营中，有很多不可预测的风险，因此银行如果要考虑和此类商会合作时，一定要对该类商会有十分详细的了解，采取有限的合作。

（6）电商平台渠道。国内提供互联网金融服务的第三方电子商务企业包括阿里巴巴、腾讯、百度、京东、苏宁等，其主要模式是电商平台掌握商家的交易数据和行为，对客户进行分析和筛选，对符合融资服务条件的客户直接授信贷款，或将其提交给合作银行，由银行做进一步的调查、判断和放款。

目前，大多数电商企业采用与银行合作的模式，电商将平台数据转化为银行认可的信用额度，银行依次完成独立审批，发放贷款。这种模式有利于回避政策和资金风险，与银行合作，也能方便提供额度更高、期限更长的资金支持。此外，电商平台的信用数据还能被中国人民银行征信体系认可和使用。

银行和电商的互联网融资服务合作不仅能获得利润的增长，也能使银行通过电商平台参与到客户的经营过程中，与客户建立紧密的合作关系，实时跟踪客户的交易行为和资金流向，从而更好地把控风险。目前，电商企业由于资金、人才、技术、管理、经验等方面的不足，与银行合作共同发展将是未来融资服务互联网化的主流趋势。银行方面也同样认识到了自身缺陷，已然开始转变经营思想，逐渐乐于接受电商企业的合作邀请从而创新金融服务。

（五）小微贷款客户申请

1. 申请流程与原则

贷款申请是客户深入了解银行贷款产品并提出贷款申请，客户经理对客户进行初步筛选和评估的阶段。贷款申请过程可以进一步细分为咨询和提出申请两个阶段，咨询是指客户通过客服电话、支行网点大堂经理、客户经理了解小微贷款的过程。申请是指有贷款意向的客户正式提出申请，并由小微贷款专营机构受理的过程。这一过程的工作重点是要获取客户的基本信息，以便快速判断客户是否符合小微贷款的基本要求，是否有调查的必要，以及客户经理对客户的第一印象等。

（1）咨询流程。客户咨询途径一般有三种，分别为客服热线、网点咨询和客户经理咨询。

1）客服人员接到客户的电话之后，登记客户咨询信息表，由客服人员将基本信息发送给小微贷事业部，并由市场营销中心进行信息汇总。

2）支行大堂经理记录下客户的基本信息，并将每天的客户信息登记表传给市场营销中心。

3）市场营销中心就汇总的客户信息表进行初步筛选后移交给业务部。

4）业务部主管就市场营销中心移交的客户申请按照客户经理的业务熟练度及各自工作进度进行贷款申请的分配。

5）客户经理根据初步筛选的情况将咨询结果登记到咨询客户信息登记表中。

（2）申请流程。

1）贷款申请表需由客户口述，客户经理填写（根据不同的客户类型填写不同的贷款申请表），该表的填写必须是客户经理和客户本人当面填写。客户经理了解、询问、记录客户相关信息及贷款意向，将申请表逐项填写后，交客户现场查看，并根据需要向客户解读申请表相关内容，客户确认无异议后在申请表上签字，小微企业需加盖公章。

2）客户经理需要求客户在人民银行征信系统等个人信用征信信息查询授权书上签字授权。

3）客户经理将填写完整的申请表格提交市场营销中心主管审核分配。

4）由市场营销中心主管根据客户经理的工作情况和熟练程度将贷款申请表分配给恰当的客户经理。

5）客户经理确认分派工作。

（3）客户申请应遵循的原则。贷款申请是银行与潜在客户进行实质性接触的第一阶段。符合小微贷款基本条件的客户即可申请小微贷款。申请阶段和直接营销一样，提供了一个筛选潜在客户的机会。

1）诚实原则。客户应按银行要求如实提供信息，包括个人基本情况、经营信息、贷款用途等。客户若提供虚假信息，一经核实，小微贷款专营机构应直接拒绝贷款申请。

2）适度负债原则。客户应综合考虑个人生意和家庭现状，合理预期未来的收支。在此基础上制订谨慎的举债计划，避免过度负债生活带来过度压力，或因不能按时还款，损害信用记录。适度负债也可以减少客户违约的收益，从而降低客户违约的概率。

3）守信原则。客户承诺按时足额还款是获取本行贷款的条件，良好的信用记录有助于客户得到更多的融资服务。

（4）客户经理应遵循的原则。

1）礼貌。体现在客户经理的一言一行上，使用礼貌用语，给客户让座，或者递上一杯水，让客户等待时说声抱歉等，从而拉近与客户之间的距离。应避免以下情况：

①蜂拥而上。见到客户上门，几个客户经理一齐涌上接待，将客户包围在中间，给客户造成紧张感和压迫感，这样会给接下来的沟通与交流造成不良影响。

②无人理睬。客户进门时，客户经理各忙其事、相互推诿，无人理睬客户，导致客户与银行初次接触便出现隔阂。

③以"貌"取人。小微贷款客户多是中低收入群体，普遍受教育程度不高，客户经理必须公平公正对待每一位客户，不能因客户衣着、长相、性格、生意情况等不同而区别对待。

2）专业。在向客户解释小微贷款产品与流程时，客户经理要体现专业素养，保持职业形象，赢得客户信赖。应注意以下情况：

①对答如流。对于客户提出的业务相关的问题能对答如流，切忌对着笔记本等资料照本宣科或询问其他同事。

②保持距离。避免与客户称兄道弟、勾肩搭背等。

③有效沟通。针对不同客户采用有效交谈方式：对较内向的客户，采用开放式提问，诱导客户多说；对健谈的客户，采用封闭式提问，把握谈话控制权，避免客户漫无目的夸夸其谈。

2. 快速评估与初选

快速评估是客户经理对客户的第一次筛选，初步筛选出符合小微贷款基本要求的客户。初选应在平等、友好的方式下进行，给客户一种友善的感觉。初选主要是了解客户基本的生意情况、家庭状况等。客户经理应了解以下问题：

（1）借款用途。贷款是否用于生产经营性需要，包括经营性的流动资金、固定资产投资等。

（2）生意概况。

1）经营历史：个体工商户或小微企业实际经营时间是否在 12 个月以上。

2）合法经营：是否涉及国家及本地区的各种法律法规禁止的活动，特定行业是否有经营许可证。

（3）生意现状。

1）生意场所：经营所在位置、周围环境（客流、商业等）。

2）生意规模：资本积累、资产规模、员工人数等。

3）盈利能力：净利润、毛利率等。

（4）个人情况。

1）个人条件：年龄、对生意熟悉程度等。

2）家庭状况：婚姻状况，以及配偶、父母或子女是否知晓贷款申请。

（5）担保人条件。

1）工作与收入情况。

2）对客户的熟悉程度与影响力。

（6）其他可能严重影响客户还款能力的因素，如国家产业政策、经济发展周期等。

总之，客户经理要尽快确定客户是否符合小微贷款条件，若符合条件，即可填写贷款申请表；反之，应当征求市场营销中心主管的意见，对于的确不符合贷款条件的申请应以谨慎小心、有说服力的理由回绝客户。粗鲁的拒绝或使用不当理由的拒绝会破坏本行的形象。

3. 申请表填报要点

如果客户满足基本条件，由客户经理填写申请表，时间一般为 10～15 分钟。申请时应注意以下问题：

（1）客户必须本人申请。

（2）担保人不是申请时的必要条件，但在调查环节必须补充完整。

（3）不要主动告知客户本行的判断标准。例如，对于担保人标准，客户经理直接让客户提供担保人，并由客户经理判断是否符合担保条件，而不是直接跟客户说只要不互保就行。

（4）不轻易承诺，以免失信于客户，有损本行形象。例如，向客户承诺在 2 天之内放款，但实际上没有做到。

（5）填写申请表时间不宜过长，一般控制在 15 分钟以内。

（6）对于未通过筛选的客户应该保留客户的信息，并注明拒绝客户的理由。

（7）关注对客户的第一印象的描述，比如诚实、说话是否夸大等。细节问题不要忽略，比如客户与几个人来，之间是什么关系等。

（8）对于小微贷款客户，可以预先告知客户贷款调查所需资料清单。

4. 申请分配与登记

填好的申请表统一递交给市场营销中心主管审核，主管检验其完整性与准确性后，将申请分配给客户经理，并将申请结果录入系统。市场营销中心主管分配申请应当遵守公平、透明、高效的原则，应当考虑以下因素：

（1）营销客户经理（初次接触客户，提供咨询的客户经理）：第一优先考虑营销客户经理作为贷款调查人，从而正向激励客户经理的主动营销动力，而且客户经理在营销过程中对客户的经营情况也有直观的接触。调查客户经理和营销客户经理在贷款调查前必须进行充分的沟通。

（2）申请填写人：第二优先考虑申请填写人作为贷款调查人，由于填写人在与客户面对面交流之后，对客户生意和客户本人比较熟悉。

（3）经验：将比较复杂的行业或生意交由经验比较丰富的客户经理负责，避免新客户经理因为业务不熟，难以把控风险。

（4）工作量：在兼顾公平和效率的原则下，适当考虑将申请分配给工作量相对较少的客户经理，确保客户经理的工作质量，保证整个小微支行的运作效率，从而在整体上提高客户服务质量和效率。

（5）区域：同一区域内的客户申请分配给同一客户经理，使客户经理对该区域地理状况、客户构成、市场状况等情况有深入了解，从而在风险防范、工作效率、客户维护等方面具备优势。

（6）行业：将相同行业或相关行业的申请分配给同一客户经理，使其充分利用积累的行业经验，更加准确地对客户生意情况进行判断。

在申请分配后，市场营销中心主管与客户经理在申请表上签字确认。

（六）小微贷款分析审核

1. 客户访谈

与客户交谈是一项艺术，同时也是很重要的信息获取渠道。客户经理需通过与客户交流获得的信息初步判断其还款能力与还款意愿。因此，客户经理的沟通和分析技巧就显得尤为重要。客户经理在与客户交往时需注重形象，以助于与客户建立良好的关系。

（1）仪表仪容。服装、仪容、言谈举止等都力求自然、稳重，以期给客户留下良好印象。鉴于客户工作环境与生活习惯颇为日常，不建议调查人员着正装调查。

（2）控制情绪。不良情绪是成功的大敌，客户经理要学会控制自己的情绪，要做到彬彬有礼，不卑不亢。

（3）谦虚谨慎。小微贷款客户从事的行业千差万别，客户经理遇到不了解的地方时需要诚恳地向客户询问与请教。在与客户交谈过程中，客户经理需掌握交谈的内容，秉承谨慎的态度。

（4）专业自信。在与客户交谈中，客户经理应保持专业与自信的态度，增加客户对客户经理的信赖度。

2. 前期准备

（1）做好计划。客户经理需要事先对将要调查的客户数目、所需时间进行规划，以提高工作效率。客户经理在拜访客户前需与客户预约调查时间与地点，并与客户沟通调查所需时间及主要调查内容。如果需要与担保人进行访谈，则需要告知客户通知担保人访谈时间及地点。客户经理需按约定时间准时到达约定地点，到得过早会给顾客增加一定的压力，到得过晚会给客户传达"我不尊重你"

的信息，同时也会让顾客产生不信任感。

（2）资料准备。客户经理在进行现场调查前需要通过预习申请表尽量了解客户情况，包括客户软信息、经营信息、财务信息、抵押担保信息等，并做调查手稿提纲。随着业务经验的积累，客户经理的行业经验会逐渐丰富，成为小微贷款业务迅速发展的有力推动力。客户经理还应定期根据社会经济环境的变化及时更新信息，并进行经常性相互交流。客户经理还需列出客户需提交的必需材料及信息的清单，在进行调查时检查资料原件并拍照记录，以免遗漏。

（3）心理准备。客户经理面对的客户是多样的，因此，必须做好面对各种困难情况的准备，包括客户的抗拒和不配合。

3. 有效交谈

有效交谈的目的是获取有效信息，甄别客户是否值得本行与之合作。客户经理在交谈过程中要影响客户的情绪，控制谈话的进程，从而获得客观、真实、有效的信息。

（1）语言交流。包括声音语言和肢体语言。要注意以下六个方面：

1）表达清晰：尽量避免使用长句子或复杂的词汇，使客户产生距离感。

2）态度诚恳：不清楚的地方要善于向客户请教，自始至终都应抱有诚恳的态度。

3）不卑不亢：语速中速，音调不可过高，必要时可适当辅助以手势。与客户交谈时应当保持微笑，情绪不受外部环境干扰。

4）有条不紊：交谈前应组织好语言，使之有逻辑，有条理。

5）避免误解：认真倾听客户谈话，在确定已理解客户所表达的意思后，再进行反馈。

6）有效沟通：有明确的主题，避免陷入无意义的夸夸其谈。在结束时，应友好道别。

（2）问题类型。根据想要获得的信息类型，针对不同的客户应采取不同的提问方式：

1）模糊性问题：得到模糊的答案，如最近的经营情况怎么样啊？

2）确定性问题：希望知道具体的实际情况，如多长时间进一次货？

3）开放式问题：留给客户发挥的余地，如说一说你的家庭？

4）封闭式问题：希望得到准确的答复，如生意的旺季是哪几个月？

5）迂回式问题：避免直接冲突，婉转提出比较尖锐的问题，如你刚才说的好像跟你的账本并不一致啊？

6）反问式问题：改变提问方向或加强对谈话的控制，如你不是说你了解进货的情况吗？

7）选择性问题：用另一种方式询问同一件事情，如你的销售主要在国内市场还是在国外市场？

8）控制式问题：检验自己是否真正理解对方所说的话，如果我的理解正确的话，你的意思是……

9）修辞式问题：不是真正的问题，主要是活跃一下气氛。

提问时，应当根据实际情况灵活选择提问的方式：开放式问题可以用来打开话题，尽可能多地收集客户信息，从中可选择问题继续深入；封闭式问题可以用来澄清细节；控制式问题可用来确定客户经理已经正确了解细节等。

（3）需要注意的细节。

1）与客户交谈时，不能先入为主过快地下结论，必须时刻保持客观。

2）在谈话内容上，应当由简到难，由总体到细节。如果有些情况不了解，可以通过不同场合，从不同侧面了解。

3）向客户提问要注意提问技巧，用不同方式进行交叉提问，不要给客户咄咄逼人的感觉。一般而言，问太多的开放式问题会使询问混乱，延长有效交谈时间，谈话的结构和目的也会偏离初衷。

4）为了防止误解，在可能不清楚的地方可以重述客户的话，并及时整理谈话结果。客户经理不应当怵于反复询问。

5）在谈话时要注意观察客户的反应，包括表情、动作等细节。这些细节能够在一定程度上反映出客户的真实想法。

4. 经营状况现场调查

（1）现场调查的意义。现场调查是获取客户信息最重要的途径之一。小微贷款客户要有足够的利润并且每月产生足够的现金流以偿还贷款。小微贷款的性质决定了贷款用途会极大地甚至完全改变贷款申请企业的特征。小微贷款调查分析的重点是要努力估算贷款给客户带来的变化的程度。与贷款项目有关的机会和风险是各种因素作用的结果，这些因素是客户经理分析的重点。客户经理到客户的经营场所及家庭进行现场调查获得的信息，可与负责申请表填写的客户经理所了解的客户基本信息进行比较验证。

贷款调查分析的目标是了解客户生意、家庭等全面情况。因此，调查分析在对资产负债表、损益表和现金流分析反映出的财务状况进行评估之外，还应考虑非财务因素。要对客户生意的组织架构、操作流程及业务关系进行评估，考虑管理人的素质和管理绩效，察看并描述企业的市场地位和增长潜力，等等。

（2）现场调查的方法。

1）"正面"与"侧面"调查相结合。小微贷款信贷技术不同于传统的基于抵质押的信贷技术，传统信贷技术把重心放在客户的资产价值上，而小微贷款信贷技术的核心是评估客户的还款能力与还款意愿，即注重第一还款来源。因此，要求客户经理对客户社会环境、家庭环境和经济环境等各方面进行全面调查分析。

为了降低收集处理大量数据时所面临的信息不对称风险，客户经理在实地调查客户时既要使用正面沟通的直接调查方式，也要重视运用"侧面打听"的间接调查技巧。例如，通过雇员、上下游客户、邻居等第三方了解借款人的真实信息，包括生意好坏、个人诚信与否、有无不良嗜好等。客户经理通过侧面调查能够挖掘到许多难以从正面调查获取的重要信息，并得到启发。例如，企业真实股东的身份、不动产的实际所有者等关键信息。始终贯彻正面调查与侧面调查相结合的多角度调查原则，在确保贷款调查分析全面性、一致性的同时，为下一步制定贷款决策提供客观、可信的数据基础。

2）交叉检验技术。解决小微贷款业务信息不对称问题的另一个重要方法是利用交叉检验技术审核调查所获的软信息及财务信息的可靠性，其中包括权益交叉检验、销售额交叉检验、成本交叉检验等。客户经理在审贷会中陈述交叉检验的过程及结果，审贷会委员判断交叉检验的合理性与准确度。由于小微贷款客户往往无正规的账目记录或财务报表，交易凭证也遗漏不全，因此，交叉检验技术对于本行摸清客户生意的真实状况，分析模拟出最接近现实情况的现金流量，提供贷款决策依据起到了非常重要的作用。

5. 信息获取

（1）与企业所有者和经营者对话。现场调查时首先应与企业所有者交谈，以了解情况。但是企业所有者不一定是业务经营人，因此，在这种情况下应当与最了解生意的经营者进行访谈。此类谈话是信息的主要来源，但也有弊端：企业所有者想得到贷款，便会尽可能地描绘一幅有利画面。客户经理应当以批判的眼光判断信息的真实程度。

（2）考察营业场所。"眼见为实"，对经营场所的考察为客户经理提供了一个直面客户经营情况的机会。同时，客户经理也可利用此机会检查与盘点企业存货、固定资产、出入库单等能够直接看到的东西。在客户的经营场所，客户经理应仔细观察客户和雇员互动的情况，观察经营者与其上下游商家的关系、业务量大小，观察业务活动的组织方式等。与现场的其他人员进行简短沟通也可能获得有价值的信息。

（3）考察客户的家庭。客户的重要文件或财产往往不在其经营场所，而且经营场所会经常变更，因此客户经理有必要调查客户的家庭。客户的居住条件在一定程度上是与其经营状况相匹配的。这不是唯一的判断标准，但是提供了一个很好的线索。例如，客户经营状况很好但是居住条件非常恶劣，就应当形成疑问。

客户的家庭氛围也是影响其还款能力的重要因素。例如，家庭是否和睦，是否有赌博等不良嗜好，家庭其他的社会关系如何？一般而言，社会关系比较稳定的客户会更加珍视自己的声誉。

（4）考察所有可获得的文件。客户经理主要通过以下文件，获取客户信息：

1）会计簿记。如资产负债表、损益表、现金流量表、分类账、原始发票和收据、公司的内部核算系统数据（例如，网吧管理系统、超市收银机等）。通过企业自行编制的报表中获得数据的可信度不高，仅能作为参考，客户经理必须检查并核实这些数据。

2）重要文件及合同。企业成立的相关文件、报送税务部门的正式的财务报表、租赁合同、与供应商签订的合同等，此类资料应尽可能收集。客户经理应对最近时间发生的数据和交易特别关注，应核实书面的付款条件和实际的付款交易是否相符。

3）各种费用单据。包括水电费单、完税凭证、房租收据、车辆保险收据等。通过此类单据，可以对客户所述信息进行侧面印证，例如，客户告知的一些费用是否真实发生。可以通过发生的费用的实际金额进行数据交叉检验，印证获取信息的准确性。

4）实有资产清单。重点是固定资产清单和存货清单。客户经理应将实际盘点的数量及估价与清单上的记录进行比较。

5）背景信息。特别是与企业经营所在的市场有关的信息（例如，报纸报道的信息）应以文件形式记录。

6）第三方信息。从客户的邻居、生意联系人、雇员等处得到的信息。对于第三方信息的获取和使用应当慎重：首先，关于客户申请贷款的信息要保密，只有得到客户的许可后，才能把信息透露给第三方；其次，从第三方处获得的任何信息也应保密；最后，此类信息仅能作为一个参考。

在收集客户信息时应注意小微企业和个体工商户的区别：个体工商户能够提供的文件一般只有工商登记、完税凭证、租赁协议、与供应商签订的合同、存货单、销售流水账本等，小微企业能够提供的财务信息较个体工商户规范和全面。

客户经理应充分利用所有获取到的信息数据，并对其进行严格评估。通过比较比较，以了解企业及其经营情况。例如，在计算营业额时，客户经理应尽量获取有关销售的详细数据，查看现金账簿、银行对账单、采购发票、仓库账簿记录等。

借款人申请贷款时提供的信息与客户经理现场调查得到数据、企业资产负债表和损益表等报表中的数据等经常会有差异。因此，所有收集的数字都应交叉检验，关于交叉检验的方法，将在后文阐述。

6. 现场调查过程

（1）注意事项。

1）控制次数。客户经理应当尽可能只对客户进行一次实地拜访，调查时一定要充分，避免由于疏漏反复打扰客户，引起客户的厌烦情绪。

2）提前准备。客户经理应对申请表、客户征信报告、银行信贷记录进行分析，并列出需要在客户处深入检验的关键信息和问题的清单。同时，客户经理还应提前对客户所处行业进行了解。

3）提高效率。现场调查应在申请后尽快安排进行。不仅可以加快放贷过程，而且快速的拜访也避免给客户留有作假的时间，使客户经理调查到更为真实客观的情况。

4）事先告知。应事先告知客户贷款流程与要求，有助于客户配合，避免在调查现场出现不愉快事件。例如，让客户事先准备相关的文件（有关企业成立的文件、财务报表等），使客户为现场调查提前留出时间，安排客户经理与生意伙伴、家庭成员、担保人交谈会面。

（2）调查内容。对于调查的问题，原则上应当是由总到分、循序渐进地进行提问。这样可以厘清客户经理思路，有效防止遗漏关键点。客户经理通常需要调查以下内容：

1）贷款用途。清楚了解贷款用途对于风险评估或贷款决策至关重要。因此，在做信贷调查时，客户经理必须清楚地了解客户想要做什么，为什么要这样做，以及何时做、怎样做等。类似"客户想扩大业务"或"客户想装修店铺"这样对贷款用途的简单描述显然是远远不够的。提出的贷款用途必须要与企业规模、市场定位、经营能力、销售额、利润、计划相匹配。客户经理的一项关键任务就是要核查贷款用途的合理性与可行性，即贷款用途相对于企业背景和市场定位而言必须要合理，同时也要有相应的经营能力、经营计划等使之可行。例如，一个总资产只有 10 万元的客户向银行申请 20 万元的贷款是不合理的；贷款用途是补充营运资本，而贷款调查显示企业营运资本充足，客户经理应提高警惕。

在贷款申请和调查过程中，客户经理应尽早了解清楚贷款用途，有助于在早期"排除"一些不实际的贷款申请，避免浪费客户经理宝贵的时间。

2）经营历史和组织现状。

①经营历史。客户及其经营历史能够提供有价值的线索，使客户经理了解其经营理念、企业市场地位、对市场变化反应的灵活性、管理质量以及企业市场现状的背景等。

②组织现状。首先，要清楚企业的股东是哪些人，各占多少股份，贷款的用

途和计划是什么；其次，要区分企业所有者与管理者的身份与关系；最后，彻底了解所有权结构和管理结构以及所有者和管理者申请贷款的原因、用途和目标。如果企业依赖于一个特定管理者的出色管理，这个管理者的离开就会对企业未来的发展产生巨大影响。如果部分股东撤资，对企业的正常经营会造成巨大打击。

客户经理在申请或调查之初应首先确定是否存在关联企业，以及企业间的关联程度。企业的组织和业务范围决定了客户经理调查分析的范围，包括收集和分析的具体财务数据的范围和详细程度。对于关联实体，要统一分析，即同时考虑所有企业或所有业务活动的数据，并编制合并报表。

③市场地位。客户经理应调查企业的产品及在区域市场中的位置。这就意味着应了解企业的竞争者，从而分析客户在行业中的优势和劣势。小微贷款客户的市场力量相对较小，因而是否有足够的市场，产品是否有价格优势是影响客户营利性大小的重要因素。

客户经理应要求企业提供有关产品的信息，以熟悉产品应用的主要区域，从而得出有关购买者和产品潜在市场的结论。客户经理可以通过以下问题了解市场对客户的产品和服务的需求：

A. 产品及其性质、受众范围是怎样的？

B. 客户与上下游之间的关系，以及该关系的变化趋势是怎样的？供应商和购买者之间权力分布不平衡的原因可以是：地理覆盖区域，产品特性，使用产品的潜在实体的数量等。从风险分散角度讲，客户的供应商与销售市场覆盖面应相对较广，且多样化。

C. 所属行业处于生命周期的哪个位置，客户的企业处于该行业中的何种地位？

D. 市场对产品的的需求是否有较大波动，波动的原因是什么？未来的发展趋势是怎样的？

E. 企业是否有细分市场，针对不同的市场，是否提供特别的产品或服务？

F. 客户是否有做过市场调查或从事市场营销活动，是在何时、何地以何种方式进行的？是否有进一步的调查、营销计划？

这里要着重强调客户与上下游之间的关系。企业持续稳定经营的条件之一就是维持良好的上下游关系。但是，小微贷款客户规模一般较小，在面对上游供应商的时候很难有话语权。

例如，客户向当地连锁超市供应产品，在竞争比较激烈的情况下，货款的支付条件与方式会由超市主导，就会存在延期支付货款给客户的情况发生，从而造成客户流动资金不足，业务的规模与稳定性受到极大影响。

④业务的日常经营要素。日常经营情况反映了客户生意的运转过程，同时是

构成客户损益表的基础。日常经营活动包括财务、非财务数据两种，进行现场调查时客户经理必须对这些情况有比较清楚的掌握。

7. 客户财务报表编制

（1）概述。客户的财务状况对其经营的稳定性非常重要。与一般的客户相比，小微贷款客户财务情况一方面比较简单、易于分析；另一方面，客户往往没有正规、完整的财务报表，这给客户经理的调查带来很多不便。由于没有正式可供参考的财务报告，客户经理要根据现场调查的情况为客户编制财务报表，审贷会则依据报表进行分析，提出贷款决策。这是小微贷款信贷调查与其他类型的银行信贷评审业务的显著区别之一。编制财务报表应遵循的原则：

1）保守性：所有估算的数值应在合理范围内保守取值。

2）一致性：获得数据的时间、口径一致。

3）谨慎性：对于不确定的信息，不可轻易相信，应当有意识地进行交叉检验予以验证。

4）口头信息的价值：小微贷款客户信息很难通过书面资料获得，客户经理应当重视客户口头信息。

5）不确定性：对于无法核实的口头信息需列入表外。

（2）资产负债表。资产负债表是反映企业某一时点财务状况的会计报表。它是根据资产、负债和所有者权益之间的相互关系，按照一定的分类标准和顺序，将企业一定时期的资产、负债和所有者权益各项目予以适当排列，并对日常工作中形成的大量数据进行加工整理后编制而成的。它表明企业某一时点所拥有或控制的经济资源、所承担的义务以及所有者对净资产的要求权。

资产负债表包括资产、负债和所有者权益。负债及所有者权益是资金的来源，资产则是资金的运用。因此，资产和负债及所有者权益总是平衡的。不一致就意味着出现了错误。

资产负债表可以反映某一日期的资产、负债总额及其结构，表明企业拥有和控制的经济资源，以及未来清偿债务需要的资产或劳务。资产负债表提供的财务资料能进行基本的财务分析。同一般企业的资产负债表相比，小微贷款客户的财务信息数据结构相对简单。

1）资产。

①流动资产：在短期内（一年以内）可以变现的资产。

A. 现金。现金和银行账户中的存款包括能够见到或能够证明存在的资金。客户经理进行实地调查时，应清点现金、查看银行账户中的存款余额，并确认现金在必要时可以使用。

如果客户的生意主要通过现金来进行，客户经理应确定资金真正存在：清点现金、检查银行存款余额。对于客户不想或不能提供的现金，比如为私人目的的存款，只有通过交叉检验证明存在的情况下，才应计入资产负债表中。客户拥有的非经营性资产如非经营用的住宅或汽车，一般不列入表中，可在表外资产中适当标注。对于主要通过银行账户进行交易的客户，其银行对账单可以作为信息的重要来源。

B. 应收账款。应收账款是指企业因销售商品、产品或提供劳务而形成的债权。对于应收账款，应当考虑其账期和回收的可能性。应当尽可能收集应收账款的信息，包括欠款人、账款金额、起始日与到期日、收款条件、合作记录等。

应收账款是客户由于赊销的货物或提供的尚未收账的服务而产生的，延迟收款往往会提高坏账的风险。虽然赊销有助于提高销售额，但是过多的赊销会造成：第一，企业资金短缺，不利于企业健康稳定发展；第二，赊销越多，账款回收的风险也相应增大。客户经理在评估应收账款时，应考虑账款的总量以及按时、足额收回账款的可能性。例如，应收账款可疑或已过期，就应对其进行保守评估，只考虑确定能够收回的款项。

在客户业务稳定或发生波动的情况下，应收账款是否稳定在同一水平或随之波动？全部或部分应收账款的产生是偶然性的还是经常性的？欠款人是否会经常变动，是否能够遵循行规按时还款？回答了上述问题，客户经理对客户应收账款就会有一个比较清晰的判断和评估。

C. 预付款。个体工商户、小微企业一般会为货物或服务支付预付款，客户经理应尽量通过转账单据、收据、合同等来证实该信息，并通过交叉检验验证信息的逻辑一致性。供应商是唯一能够使客户的预付款产生风险的。因此，客户经理应对供应商进行了解：客户与供应商合作期限及稳定性、付款与发货的条件、货物质量等。

D. 存货。存货是指存放于经营场所、仓库中的成品、半成品及原材料。计入资产负债表中的存货应当是能实际看到的，并进价估值。存货的数据可以从存货清单、发货清单或收据、出入库单等记录中得到。在现场调查时，客户经理应亲自清点存货数量，检查存货质量，并依据进价对其进行估值。

对于小微贷款客户，采购数量一般较小，通过采购收据等可进行核实；对于较大的客户，采购数量一般较大，会有仓库清单和库存管理，通过对照清单抽样检查的方式进行核实。在检查库存的时候，应注意：第一，客户经理要核查存放在其他地方的存货，避免遗漏数据对结果产生影响。第二，若同种原材料的进价差别较大，应对其按最低价格进行评估。第三，成品应按成本价列入资产负债表。

客户存货风险的大小可依据以下因素判断：是不是订单生产，按订单生产则库存风险较低；与下游关系是否稳定，越稳定风险越低；与下游客户间结算方式，赊销较之现金交易风险大；存货质量状况，质量越好风险越小；产品更新速度，更新越快存货风险越大；替代品价格，价格下降存货风险越大。

因此，客户经理现场调查时必须检查存货的销售现状及趋势，并依据判断合理估价（清点存货是客户经理调查必须做的工作）。存货占资产负债表总额的比例反映出资金用于存货的程度。如果存货的水平太低，企业可能会存在交货问题。如果存货太多，表示企业可能存在滞销问题。

②固定资产。个体工商户、小微企业的固定资产一般指厂房、仓库、自有店铺、机动车辆、机器设备等，均可证实为客户用作经营用途的财产。

对于个体工商户为主的小微贷款客户而言，经营中使用的机器设备从法律角度讲一般是其私人财产，这些资产经常不会列在正式的资产负债表上。然而，出于对客户经营状况的了解及对风险的把控，在调查分析时应该把此类资产列于表内，因为它们与生产直接相关。例如，公司的股东（拥有公司部分股权）私人购买了一栋房屋，再将此房屋作为经营场所，以这种方式投入到公司的资产应列在资产负债表内。

客户经理应通过实地检查核实、交叉检验等方式对固定资产的所有权及状况进行确认。

③其他资产。包括专利、证件执照等。例如，网吧、出租车营运证等无形资产。

2）负债。负债是企业已发生且尚未清偿的债务。

①短期负债：短期负债是在短期（12个月内）到期的债务。

A. 应付账款。包括工人工资、待支付的水电费、向供应商赊购发生的未付款项等，是客户已经消费但尚未支付的费用。调查时，不仅要清楚应付账款的金额与期限，而且应了解该款项的发生原因、结算方式等，以了解应付账款的还款会对客户经营产生的影响程度。应付账款的产生一般与下列情况相联系：行业惯例如此；客户具有很强的议价能力；客户可能存在流动性短缺问题；客户资信状况不佳。

若是由于后两种原因导致应收账款的发生，客户经理应给予客户极大关注。

B. 预收账款。客户从下游企业收到的尚未发货或尚未提供服务的款项。存在预收账款就意味着客户要么将提供产品或服务，要么就要向客户退款。因此，要充分了解客户的产能、信用状况、所提供的产品或服务的质量、与下游客户关系的稳定性等方面。

C. 银行短期借款。银行短期借款是指期限在一年以内的贷款。部分小微企业会在金融机构进行生产经营用途的短期借款，且形式多样——有一次性贷款、一年期循环贷款等。通过人民银行征信系统，可以了解到客户的信贷及资信状况。

D. 社会集资。社会集资是指应偿还给其他个人或企业的债务，不是直接由生产经营活动产生的，与提供产品或服务无关。债权人可以是企业、自然人等。但是，小微企业从非正规融资市场融资的现象比较普遍，此类债务很难查证。相对有效的方法是通过总资产交叉检验或权益交叉检验验证客户业务发展与目前总资产之间的逻辑联系的合理性，从而进行推断。发掘客户的社会集资情况，有助于客户经理了解客户自有资金实力以及未来偿还债务的能力。

②长期负债：长期负债指期限在一年以上的债务。即使小微企业也会存在长期负债。

长期贷款：小微企业通常会使用长期贷款购买房产、车辆或设备等固定资产，以作为生产经营之用。此类对业务资产投资的长期贷款应列入资产负债表内。客户经理调查时应检查借款合同条款（包括金额、期限、还款方式等），并核实还款的及时性。

对于小微企业，通常是规模较小的个体工商户，企业资产和家庭财产之间没有明确的划分。因此，用来购买私用的房产或车辆的长期贷款，也应列入资产负债表中。

3）所有者权益。资产扣除负债后由所有者享有的剩余利益，即一个会计主体在一定时期所拥有或可控制的具有未来经济利益资源的净额。

所有者权益在经营期内可供企业长期、持续地使用，企业所有人凭其对企业投入的资本，享受分配税后利润的权利。然而，为了发展企业并在未来产生更大的利润，企业至少要能够利用部分利润扩大经营。这部分利润在股东现金分红后应作为"留存收益"记入资产负债表。但是，由于小微贷款的特殊性，所有者权益通常不区分为所有者投入资本和留存赢利，只笼统地计为权益。

客户经理应检查企业所有者权益的变化趋势，是在增加还是在减少？如果权益发生变化，应区分是由于产生利润/亏损，还是由于新投入/撤出资本所导致。如果是新投入/撤出资本所致，应查明是资金来源/去向是什么？一层层分析找出真相的过程也就是发现风险、防范风险的过程。

以上总结了一些常见的经营活动在资产负债表中的处理，对于具体实践中需要的更加详细的会计科目，可以参照我国会计准则的相关要求。

（3）损益表。资产负债表就像照片一样描述了客户在特定时间的资产、负债和所有者权益等构成情况。然而，照片是不能够反映客户经营等在一段时期内的发展变化情况以及未来的发展趋势。而这些恰恰能够有助于客户经理更全面地了解客户。一般而言，经营是否成功是以利润来衡量的。损益表是反映企业一定期间生产经营成果的会计报表，因此，需要编制损益表，应将一定时间段内的收入和开支相互对比，从而确定利润水平。资产负债表是特定日期的存量变量的汇集，而损益表则相反，是流动变量的汇集。

损益表把一定期间的营业收入与营业费用进行配比，计算出企业该时期的净利润（或净亏损）。损益表还能提供的不同时期的比较数字，可以分析企业收入的发展趋势、季节性等经营状况。

损益表的基本基础是：

$$销售收入 - 可变成本 = 毛利润$$

$$毛利润 - 营业费用 = 净利润$$

$$净利润 - 其他开支 = 可支配收入$$

1）销售总额/收入。企业在某段时间内销售的总额（遵循责权发生制原则，避免与同期收到的现金相混淆），销售收入通常用售价来计算。

在计算销售收入时要考虑客户的经营策略，如果企业经营业务不止一项或者覆盖多个销售区域，应当分别收集每项业务和区域的信息。可通过以下渠道了解：

①口头信息：客户、管理者、财务人员、雇员等。

②书面信息：发货单及收据、存货记录、银行对账单、现金记录簿、销售流水账等。

客户经理应通过核实发货的情况以及货物的类型和数量判断取得销售收入的真实性。同时，通过不同业务销售额的对比或在不同区域的销售额的对比，把握客户生产经营活动中业务重点、顾客群体等的变化趋势，从而对客户业务活动进行动态变化分析。

2）可变成本。企业在一段时期内为所销售产品发生的采购、生产和制造以便于产品销售所发生的成本。

贸易型企业通常使用产品进价计算可变成本；生产型企业通常计算产品的生产成本；服务型企业的可变成本通常包括提供服务过程中的耗费和工资。如果企业生产或销售的产品不止一种，则需要分别计算成本。

3）毛利润（毛利）。毛利润（毛利）是指销售收入减去可变成本后的部分，反映经营项目的盈利水平。

毛利润的主要决定性因素是销售价格与生产或采购成本之间的差价。毛利润可以取不同产品的销售利润进行加权平均，即通过每种产品间的采购和销售的差价获得每种产品的毛利润，然后根据每种产品的销售额占总销售额的比重进行加权，得出一个平均毛利润。

毛利润的改变能反映出企业市场地位的变化：毛利润降低可能说明该行业竞

争加剧或企业市场营销欠缺；毛利润稳定上升可能表明企业在销售增加的同时能够控制成本。客户经理将客户的毛利润/率与同行业其他企业的毛利润/率相比，可以发现客户企业经营效率，即在同行业内谁的采购和生产成本更低，谁的销售渠道更广等。

4）固定成本。又称固定费用，是指成本总额在一定时期和一定业务量范围内，不受业务量增减变动影响而能保持不变的成本。

它与销售数量没有直接联系，不管销售水平如何，维持企业经营的固定成本都要从毛利润中扣除。小微企业中典型的固定费用有：工资、租金、运费、水电、通信、广告、工商及税费等，此类费用一般都有据可循。在调查过程中，客户经理不仅要确定固定费用的金额，也应确定支付日期、频率等相关信息。

5）净利润。净利润是企业某一会计期间缴纳所得税后的净经营成果。它是一项非常重要的经济指标：对于企业的投资者来说，净利润是获得投资回报大小的基本因素；对于企业管理者而言，净利润是进行经营管理决策的基础。同时，净利润也是反映和分析企业多方面情况的综合指标。净利润也是评价企业科盈利能力、管理绩效以至偿债能力的一个基本工具。在其他条件相同的情况下，如果一个企业净利润率高于行业平均水平，反映了企业的经营管理质量较高，偿债能力也较强。

6）其他开支。一般指家庭开支等非业务开支。排除这一开支后，可得到企业的可支配收入。

7）可支配收入。可支配收入是指企业或经营者个人在去除了各项费用后可以用于还款的收入，反映了客户每月可以承受的最大还款额度。但是，客户可能存在各种不确定或难以预见的开支，计算出的可支配收入与实际可支配收入之间会有一定偏差。因此，不能全部用于偿还贷款，但是可以作为估算的依据，对客户可以承担的负债进行合理预计，从而形成贷款建议。一般每月还款额不超过可支配收入的80%。

总之，在小微贷款业务具体操作中，应根据贷款金额的大小、数据的可获性等因素，为客户编制3～12个月的损益表。同时，由于季节性对大部分小微企业的销售影响十分明显，损益表对销售进行了淡旺季的区分，对客户在一年当中不同时期的业务情况进行对比，有助于判断客户的实际还款能力。

（4）现金流量表。现金流量表是财务报表的三个基本报表之一，以现金为基础编制的财务状况变动表，反映在一定期间内现金（包含现金等价物）流入和现金流出的动态状况，揭示经营实体的偿债能力和变现能力。根据客户经营情况，决定是否在小微贷款调查过程中编制现金流量表，以分析一家企业在短期内有没有足够现金去应付开销，同时反映客户在还款方面是否存在压力。

1）现金流量表的基本组成。

期末现金＝期初现金＋经营现金流入总额－经营现金流出总额－固定成本＋投资活动总现金流＋融资活动总现金流＋私人现金流总额。

期初现金：调查到客户的初始现金。

经营现金流入：包括现金销售额、应收账款回收和客户预付款。

经营现金流出总额：包括现金购买原材料、服务、货物，应付账款的支付和购货的预付款项（原材料、服务费）等。

总固定成本：工资及劳保费用、税收、交通费用、租金、维护费用、水电费用、广告费用、交际费用、其他费用等。

投资活动总现金流：购买新固定资产的支出、建设和装修等的支出、其他支出、固定资产出售流入和其他流入等。

融资活动总现金流：银行贷款、其他借款、偿还银行贷款本金以及利息和偿还其他借款等。

私人现金流总额：其他现金来源、家庭开支和私人使用资金等。

2）现金流量表与损益表比较分析。利润和现金净流量是两个从不同角度反映企业业绩的指标，前者可称为应计制利润，后者可称为现金制利润。具体分析时，可将现金流量表的有关指标与损益表的相关指标进行对比，以评价企业利润的质量。

①经营活动现金净流量与净利润比较，能在一定程度上反映企业利润的质量。也就是说，企业每实现 1 元的账面利润中，实际有多少现金支撑，比率越高，利润质量越高。

②销售商品、提供劳务收到的现金与主营业务收入比较，可以大致说明企业销售回收现金的情况及企业销售的质量。收现数所占比重大，说明销售收入实现后所增加的资产转换现金速度快、质量高。

3）现金流量表中现金的含义。阅读现金流量表，首先应了解现金的概念。现金流量表中的现金是指库存现金和可以随时用于支付的存款等，一般就是资产负债表上"货币资金"项目的内容。

4）编报现金流量表的意义。

①便于从现金流量的角度对借款人进行考核。

②了解借款人筹措现金、生成现金的能力。

③对借款人的还款能力考察以规避风险。

5）现金流量表的缺陷。现金流量表的编制基础是现金制，即只记录当期现金收支情况，而不理会这些现金流动是否归属于当期损益。因此，企业的当期业绩与"经营现金流量净额"没有必然联系。

（5）基于现金流的损益表。在小微贷款业务中，小微企业和个体工商户通常使用现金交易；交易一般是实时结算，少有长期的赊销，应收应付账款少；因为存货量小，存货周转频率很高。如果客户满足以上特点，其损益表和现金流量表将表现为一致。

鉴于对于小微企业和个体工商户现金流量表和损益表经常是一致的，我们编制的通常是基于现金流的损益表。基于现金流量表的损益表能够告诉你一个客户有多少利润和他/她有多少现金可用。它帮助你推断这个客户每月能支付多少现金用于还款。

但是如果客户有以下情况，或者申请 50 万元以上的小额贷款，则必须编制现金流量表。

①销售/采购未用现金支付（例如，以物易物）。

②交易延迟/赊欠完成，且延迟/赊欠的时间超过一个月。

③当月进的货高于当月卖的货。

④周转频率非常不规律。

⑤一个月发生的费用在另一个月支付。

8. 交叉检验分析

交叉检验是小微贷款调查分析技术的核心内容，它是对从不同渠道获得的信息进行比较，通过信息间差异分析，对其真实性进行判断的一种方法。小微贷款目标客户主要是自然人、家庭或小微企业，道德风险偏大，银行与此类群体在信贷交易中存在着严重的信息不对称情况。

为了获得贷款，个体私营业主或小微企业主会故意隐瞒与清偿能力相关的、重要的真实信息，包括谎报借款用途、伪造交易凭证、夸大盈利能力、虚增资产规模、隐瞒事实负债等，小微贷款业务客户中甚至有恶意骗贷者。为了有效防范由于客我信息不对称所引起的风险，本书引入交叉检验分析的方法，对客户现场提供的材料、客户在银行的信息记录、客户经理从侧面调查的信息等进行交叉验证和相关分析，以获知客户信息真实性。

客户经理在交叉检验时应当灵活进行，随时对客户提供的信息进行检验。交叉检验一般分为软信息的交叉检验和财务信息的交叉检验：

（1）软信息反映的是客户的还款意愿，是指难以通过财务数字反映的信息，包括客户个人信息、经营状况、市场情况、贷款原因与目的等。

（2）财务信息反映的是客户的还款能力，是可以通过数据进行量化的，主要是经营信息的交叉检验。

交叉检验方法介绍如表 6-9 所示。

表6-9　交叉检验技术要点

检验方法	检验项	检验内容
软信息考察法：通过客户和其他相关人员提供的各种信息，对客户进行交叉检验，初步判断其信息的真实性和规避贷款风险	年龄	年龄过大可能有死亡的风险；年龄较小可能不够成熟，经验不足，有经营失败的风险
	个人情况	1. 婚姻状况：单身、结婚、离婚、再婚
		2. 有多少人经济上附属于客户
		3. 子女情况
	教育水平	一般教育水平越高，经营业务越成熟
	他人评价	他人对客户的评价如何，从诚信、经营能力、为人处世等方面进行考察
	其他收入和支出	其在当地的社会关系，有价值的财产，必要的家庭费用及近期可能的支出，收集其生意产生利润用于何处的证据
	客户经营素质	1. 了解客户是否是个"企业家"，了解其对于现在经营业务的专门知识和从事该业务的动机
		2. 客户经营的复杂程度，客户有无经营记录，有的话能提供哪些记录
		3. 理解我们应发放贷款的金额及用途，以及业主申请贷款的态度，以及他/她对其经营业务的认真程度和现实程度
	贷款原因与目的	1. 资金短缺原因等
		2. 贷款用于哪些用途、如何分配等
	营业背景	1. 鉴别案例的典型情况，确定潜在风险：客户经营时间长短、与同市场相比其经营状况如何、是否该企业的所有者和经营者等
		2. 衡量客户的专业技能水平，对某些核心雇员的可能的依赖程度；间接判断企业氛围及客户的管理控制能力
		3. 了解客户的生意的组织、现金流情况，对某些客户及供应商的依赖程度；和供应商及客户的关系；间接判断我们客户管理和经营的质量
财务数据考察法：运用交叉检验方法结合客户对相关财务数据的口述，对三张报表上的数据进行检验，以判断报表的准确性，正确反映客户生意的经营情况	损益表信息交叉检验	1. 确定营业额和季节性，交叉检验库存/采购
		2. 确定采购方式，采购额、产品成本、收集一些现金流数据
		3. 确定生产水平、最大生产能力水平，和客户的商业计划进行比较，探寻可能的贷款用途
		4. 核查部分运行成本，间接判断客户对其经营业务的认真程度
		5. 成本/费用和收入的比较，探寻可能的贷款用途
		6. 确定利润，交叉检验利润
		7. 运营成本和费用占营业额的多少，能够达到可期望的典型水平
		8. 通过客户税收缴纳状况，评价风险；理解客户对经营管理的总体态度以及对其所经营业务的理念

检验方法	检验项	检验内容
财务数据考察法：运用交叉检验方法结合客户对相关财务数据的口述，对三张报表上的数据进行检验，以判断报表的准确性，正确反映客户生意的经营情况	损益表信息交叉检验	9. 确定实际可获得的"自由"的利润/现金 10. 核查客户对利润的使用方法，可能"隐藏的"贷款和未来计划，间接判断客户对业务的态度
	资产负债表信息交叉检验	1. 现金和应收账款 ·贷款调查时的现金金额、存款及金额，用途（确定现金流，交叉检验客户经营计划/销售额和利润） ·我们客户的主要客户、结款方式等信息，是否只有现金方式 ·我们客户的客户货款支付情况，是否定期付款，有否应收账款。详细了解应收账款信息：谁欠多少，从何时？什么时候到期？我们客户和其主要客户的关系如何？有多长历史？（确定现金流，现金流规律以及应收账款全额到期支付的可能性；间接反映我们客户的经营管理质量及生意的状况） ·通过对以上途径得到的信息进行交叉验证，确定其真实性
		2. 存货、固定资产、个人资产和其他资产 ·客户有库存吗？进价总额？库存由哪些组成 ·客户有车、房子、公寓、家具或设备吗？价值多少？谁拥有所有权 ·有固定资产或用于厂房和设备的投资吗？有多少？（确定营运资本以及用于生意或私人用途的固定资产，交叉检验利润，间接交叉检验经营规划以及客户作为管理者的经营水平） ·客户有预付的费用吗，如房租、车子的费用？如果有，预付了多长时间？金额是多少 ·通过对以上途径得到的信息进行交叉验证，确定其真实性
		3. 负债 ·有各种逾期未偿付的债务吗？如果有，原因是什么 ·我们客户有哪些主要供货商？采用哪些结款方式 ·我们的客户是否定期支付货款？有没有应付账款？如果有，欠谁多少？从什么时候起？什么时候到期 ·客户有借款和贷款吗？如果有，向谁借的，金额多少？为什么借款/贷款？什么时候开始借款/贷款的？什么时候到期？还款计划是什么样的（了解客户的偿还义务，现金流，业务是如何组织的，间接判断业主的管理和组织技能） ·通过对以上途径得到的信息进行交叉验证，确定其真实性

续表

检验方法	检验项	检验内容
财务数据考察法：运用交叉检验方法结合客户对相关财务数据的口述，对三张报表上的数据进行检验，以判断报表的准确性，正确反映客户生意的经营情况	营业额（销售额）的交叉检验	1. 对周、月、年销售额进行交叉检验
		2. 生意当天收入的现金×每个月营业的天数与月销售额进行比较
		3. 某主导产品的销售/其所占的销售比例与总销售额比较
		4. 比较现有的文件（如账本、销货单）与客户的讲述
		5. 通过员工的提成工资检验销售额
	毛利率的交叉检验、成本交叉检验	1. 用加权平均算出的利润率与口头信息做对比
		2. 客户的利润率与同行业的利润率做对比
		3. 由库存单计算出的利润率与口头信息做对比
		4. 比较月采购额和从损益表得到的销售成本（只适用于采购和销售比较规律的生意）
		5. 期初库存＋期间进货量－期间销货成本＝现有库存
		6. 参考财务单据
	权益的交叉检验	权益交叉检验是交叉检验的核心，它是将基于之前某一时点的权益，加上期间收入，减去期间开支计算出目前的应有权益与资产负债表中的实有权益进行比较，找出产生差异的原因
		1. 实际权益：设定为 A＝总资产－总负债 2. 应有权益：设定为 B＝期初的权益＋分析期间的累计收入（＝平均月可支配收入×期间的月数）＋损益表里未列出的其他收入（如父母给的不用还的钱）－损益表里未列出的大项支出（如铺地刮墙等无法体现在资产负债表中的店内装修）－非业务开支（如购买家电、上学、看病）－设备折旧（资产负债表中的设备）＋增值 差异率：设定为 I＝（A－B）/期间收益×100% 其中，I 值一般情况下在 5% 以内比较合理
		1. A＜B：有以下可能 ·损益表中利润被高估 ·部分利润可能用于生意外的开支 ·客户隐瞒了部分现金或存款 ·客户经理低估了存货或固定资产的数量
		2. A＞B：有以下可能 ·客户隐瞒了负债 ·损益表的计算过于保守（盈利被低估了、成本被高估等） ·客户经理忽略了客户的其他收入来源 ·部分存货或固定资产不属于客户

交叉检验方法多种多样，贯穿于贷款全过程，客户经理需要不断积累经验，挖掘高效、实用的交叉检验方法

其中主要使用的交叉检验方法有：权益交叉检验、营业额交叉检验、毛利率交叉检验、成本交叉检验、应收账款交叉检验、存货交叉检验。

交叉检验是一种能够验证客户提供材料的真实性的有效方法，客户经理可以通过多角度、多层面的交叉检验对客户提供的信息进行验证，从而获得客户真实的盈利能力，降低由于信息不对称而带来的贷款风险。应注意的是：实践中的交叉检验是技术检验手段，检验的项目过多会影响贷款分析、决策的效率，也会给客户经理增加不必要的工作量；应防止客户经理为了各种原因，故意编造报表。

以上是对小微贷款分析技术的介绍。小微贷款产品同样存在细分市场，对于不同规模和贷款金额的客户应当有所区别。对于 50 万元以下金额的贷款，偏重对客户个人财务的基础分析；对于 50 万元以上金额较大的贷款的分析，由于其经营情况较为复杂，应当更加偏重对客户财务数据含义的分析，加强对业务现金流的分析。

（七）小微贷款授权制度

为坚持小微贷款业务的审批独立性和公正性，小微贷款专营机构坚持合理授权和高效决策的基本原则，将在总行授权范围内设置统一、规范的业务审批授权体系，专营机构不得超权或变相超越权限审批，不得逆程序或变相逆程序审批。

一般地，银行单位根据银监会《银行开展小企业授信工作指导意见》（银监发〔2007〕53 号）中对小微贷款的界定，规定小微专营机构独立审批额度不超过 500 万元，且在运营初期大大压缩在小额范围以内，如山西省某农商银行小微金融事业部可受理的业务权限在 100 万元以内，部分银行会根据本行小微贷款业务发展的成熟度和当地市场经济环境及需求情况逐步放开审核审批权限，甚至远超 500 万元。

小微贷款专营机构在本行总行授权范围内可以直接对小微信贷业务进行审议、决策，不受银行其他业务影响；对于超出权限范围的，将由专营机构提出决策建议并上报总行审贷会进行审批。

小微贷款专营中心贷款审查委员会（以下简称"审贷会"）是唯一有权对小微信贷业务进行决策的组织，设有独立审查审批体系，且其决策实施"一票否决"制。

小微贷款专营中心根据信贷人员（所有与信贷业务相关的人员）的岗位职责、工作能力、从业经验等，动态授予其一定的授信审查审批权限，并采用矩阵组合决策模式，构建专业决策队伍。如表 6 - 10 所示。

表 6 – 10　江苏某农商银行小微专营中心按照如下矩阵组合进行授权决策

贷款金额	审贷委员授权代码	审贷会决策组合	
		贷款发放	贷后变更
至 10 万元（含）	F	E + F 或 F + F + F	E + F
至 30 万元（含）	E	D + E 或 E + E + E	D + E
至 50 万元（含）	D	C + D 或 D + D + D	C + D
至 100 万元（含）	C	B + C 或 C + C + C	B + C
至 300 万元（含）	B	A + B + B 或 B + B + B	A + B
至 500 万元（含）	A	A + A + A	A + A 或 A + B + B

注：较高权限水平可以替换较低权限水平（如 A 级权限可代替 B 级权限）。

专营中心负责人有权拟定审贷会成员，即审贷委员，并有权对其进行权限分配和调整，最终以形成《小微贷款业务授权列表》为执行依据，示例如表 6 – 11 所示。

表 6 – 11　小微贷款业务授权列表

小微专营中心审批权限说明						
被授权审贷委员	决策权限					
	A（≤500 万元）	B（≤300 万元）	C（≤100 万元）	D（≤50 万元）	E（≤30 万元）	F（≤10 万元）
张三			▲			
生效日期：			负责人签字（盖章）：			

（八）小微贷款审批发放

1. 小微贷款审查

调查报告撰写完毕后，主办客户经理提请贷款审查。审查未通过的，客户经理根据审查意见进行调查补充和调查报告的完善，直至审查通过。

（1）小微贷款审查内容。

1）贷款资料完整性审查：必需的资料是否齐全；调查的内容是否全面；关键性数据及结论是否正确。

2）借款人及担保人的主体资格审查：借款人及担保人主体资格，法定代表人有关证明是否合规；借款人及担保人设立的法定程序及相应的授权手续的合法性；借款人及担保人的组织机构是否合理，产权关系是否明晰；借款人及担保人是否有关联企业联系。

3）信贷政策审查：贷款用途是否合法合规，是否符合国家政策：期限、利率等的界定；国家产业政策；国家鼓励的贷款投向。

4）信贷风险审查：授信额度使用情况（如有）；社会声誉和道德水平；履约及还款情况（包括民间借贷）；经济及各类案件涉案情况；家庭成员及直接亲属的相关情况，家庭财产状况；行业政策和技术市场风险、财务风险；信用评级与贷款额度的适用性；对限制性条款的审查把关，并提出意见。

5）整体审查资料并提出审查意见：审查人对原始资料进行整理分析；根据原始记录完成各客户审查工作底稿；综合分析申请人及担保人的情况后提出审查意见。

6）撰写审查报告填写审查表：审查报告内容是否客观公正，有理有据，有分析说明；审查意见明确；填写审查表。

（2）常见问题及检查方法。

1）完整性检查。完整性检查是贷款审查中最基本的一项检查，是对调查表及陈述内容是否完整的检查，确保所有重要信息都被充分说明。在上审贷会之前，必须仔细检查贷款资料，避免重要遗漏。常见遗漏如下（包括但不限于）：

①遗漏资产负债表中项目：如其他贷款或私人借款、应收/付账款。

②遗漏损益表中项目：如淡旺季销售数据、经营成本子项。

③遗漏现金流量表（如需要）中项目或其他财务信息。

④保证人信息不全：如漏填身份证号、与借款人关系等。

⑤客户的信贷历史不全。

⑥遗漏影响客户稳定经营的重大风险。

⑦遗漏其他投资或生意。

2）准确性检查。准确性检查是指对客户经理所获数据和软信息的准确性进行检查。常见问题如下（包括但不限于）：

①计算错误：资产负债表/损益表中的运算错误；资产价值入账不准确，未遵循成本与市场价值孰低法；加权利润率计算错误。

②曲解错误：可变成本与经营成本混淆；混淆应付账款和应收账款；将无法收回或收回可能性较低的坏账计入应收账款；混淆经营资产与非经营资产。

③评估错误：错误估算资产市场价值，如高估存货（尤其半成品）、固定资产；错误估算经营费用，如低估水电费、交通费等；错误估算家庭开支。

3）交叉检查。交叉检查，或称交叉检验，是指对借款人的软信息和财务信息进行核对，交叉验证信息的真实性和合理性。检验方式主要有（包括但不限于）：

①纵向交叉检验：根据单笔贷款的历史经营数据，按权益积累等式，即"初始权益＋累计利润＋期间注资－期间提款＋资产增值－资产折旧或减值＝应有权益"，通过比较应有权益和资产负债表中的实有权益，检验权益规模与利润累积的相关性。

②横向交叉检验：比较同行业中不同贷款关键指标的相关性。

③口头和书面信息检验：比较书面信息与口头信息的吻合性。

此外，不同项目之间也可以进行相关检验，比如：采购（包括存货）和销货成本长期来看两者基本相等；销售与利润相匹配；成品加工数量与废料成比例；等等。

2. 小微贷款审批

（1）审批内容。贷款审查通过的，由审查员预约审贷会进行贷款审批。审贷会将从多角度对贷款进行评估，以判断借款人的还款意愿和还款能力，衡量贷款风险，做出贷款决策。评估内容主要有（包括但不限于）：

1）贷款用途是否合理？

2）启动资本的来源是否可靠？

3）所有权是否属实？有无证明文件？

4）经营的优势和劣势？稳定性如何？经营计划是否合理？

5）保证的意愿和能力是否充足？与客户的关系是否稳定？

（2）审批形式。常见的贷款审批可采用会议审批、会签审批、双人审批和独立审批四种方式。

1）会议审批：贷审会通过会议审批的方式审批信贷业务，审议通过后的信贷业务，报有权审批人审批。

2）会签审批：贷审会委员分别独立审阅信贷资料后，做出决策意见，汇总通过后的信贷业务，报有权审批人审批。

3）双人审批：两名有权审批人分别独立审阅申报资料，进行审批。

4）独立审批：有权审批人在授权范围内通过审阅信贷资料形成审批结论。

（3）审贷会审议机制。

1）小微贷款业务审批实行审批贷款委员会（以下简称"审贷会"）决策机制。审贷会是小微贷款的唯一决策机构，评估贷款风险，判断贷款风险的可接受程度，审查、审批小微贷款。

2）小微贷款业务具有完整、独立的权限设置体系，不受银行其他业务影响。根据小微贷款业务人员的职位、资质、能力、从业经验及以往表现，动态授予不同的审批权限。职位越高、信贷经验越丰富、风险控制能力越强的审批人，审批权限越大，替换权限也越大，同一职位不同能力审批人可能被授予不同的审批权限。实际操作中，具体权限下达以书面授权书为准。所有贷款审批应在授权范围内进行，不得越权审批。审批人须对本人亲属等关联贷款应予以回避。

3）小微贷业务审贷会审批人员由小微贷款专营机构分管行领导对专营机构签发授权，每次审贷会由随机具备相应授权的三人组成，审贷会成员有一票否决权。客户经理可列席旁听审贷会，进行自我学习和提高。

4）审贷会对所有贷款的审议均不能议而不决。所有小微贷款业务必须经审贷会委员一致同意后方可批准贷款，并形成决议，在相应决议单上签字；如有任何反对意见，则不能通过。

5）审贷会审议事项。贷款申请通过与否；除罚息以外的贷款授信要素（贷款方式、贷款额度、利率、还款方式、抵/质押担保方式、抵/质押物可抵押价值等）；贷款支付方式；合同或合作协议内增设或补充特定条款；用信前或用信后需落实的条件或事项；特定的贷后监控方式；贷款变更（提前还款、展期、变更担保人或抵/质押物、减免罚息等）；逾期催收办法。

（4）审贷会审议流程。

1）运营岗组织召开审贷会并向审贷会委员提交审查表及所有需审议材料（包括客户贷款申请表、客户征信报告、贷款调查报告、客户需提交资料、现场照片、记录手稿等相关文档）。

2）主办客户经理向审贷会陈述申请人情况及贷款建议，协办客户经理作补充陈述。客户经理需对审贷会委员提出的问题给予明确、扼要的解释或答复。审贷会应对以下内容进行审查：借款人主体资格和条件是否具备；借款用途是否符合贷款人规定；借款人提供的资料是否完整、合法、有效；调查意见、对借款人资信状况的评价及贷款建议是否准确、合理；对报批贷款的主要风险点是否充分揭示及风险防范措施是否合规有效；其他需要审议的事项。

3）客户经理陈述客户情况，并提出建议意见。

4）审贷会委员就审议事项疑问点向客户经理提问。审贷会委员有义务确认客户经理做出的分析是正确的；对任何有疑惑的地方提出问题，并确定客户经理是否认真完成工作。

5）审贷会委员讨论决议，并发表决议意见，形成结论。审贷会决议结果有：同意、拒绝、有条件同意、重新调查补充上会四种。审贷会委员全票为同意时，审查结果为通过，否则应做出其他三种决定，审贷会对所有申请事项的审议均不能议而不决。

6）审贷会结果在审查表中列明，并由有权人在决议表上签字确认，有权审批人拥有一票否决权。

7）运营岗全程记录审贷会过程，并按照审贷会审查监督客户经理执行后续工作。

8）所有在审批阶段被否决的贷款存入"被否决借款人档案"，在三个月内本行将不受理被拒绝申请人提出的贷款申请，但不接受因信用、道德等因素被拒绝借款人的再次申请。

3. 小微贷款发放

（1）合同签约。对经审批同意的贷款，应及时通知借款申请人以及其他相关人（包括抵押人和出质人等），确认签约的时间，签署借款和相关担保合同。借款合同应符合法律规定，明确约定各方当事人的诚信承诺和贷款资金的用途、支付对象、支付金额、支付条件、支付方式等。其流程如下：

1）填写合同。贷款发放人应根据审批意见确定应使用的合同文本并填写合同，在签订有关合同文本前，应履行充分告知义务，告知借款人、保证人等合同签约方关于合同内容、权利义务、还款方式以及还款过程中应当注意的问题等。对采取抵押担保方式的，应要求借款人及相关人当面签署借款合同。

2）审核合同。合同填写完毕后，填写人员应及时将有关合同文本移交合同复核人员进行复核。同笔贷款的合同填写人与合同复核人不得为同一人。

合同复核人员负责根据审批意见复核合同文本及附件填写的完整性、准确性和合规性，主要包括文本书写是否规范，内容是否与审批意见一致；合同条款填写是否齐全、准确；文字表达是否清晰；主从合同及附件是否齐全等。

合同复核人员应就复核中发现的问题及时与合同填写人员沟通，并建立复核记录，交由合同填写人员签字确认。

3）签订合同。合同填写并复核无误后，贷款发放人应负责与借款人（包括共同借款人）、担保人（抵押人、出质人、保证人）签订合同。

（2）发放贷款。

1）落实贷款发放条件。贷款发放前，应落实有关贷款发放条件。其主要包括以下条件：

①确保借款人首付款已全额支付或到位。需要办理保险、公证等手续的，有关手续已经办理完毕。

②对采取抵（质）押和抵押加阶段性保证担保方式的贷款，要落实贷款抵（质）押手续。

③对自然人作为保证人的，应明确并落实履行保证责任的具体操作程序。

2）贷款发放。贷款发放条件落实后，贷款发放人应按照合同约定将贷款发放、划付到约定账户，按照合同要求借款人需要到场的，应通知借款人持本人身份证件到场协助办理相关手续。

（3）贷款发放流程。

1）准备放款材料。运营岗根据已签合同，准备出账通知书、贷款借据、审贷会决议单，并确认无误。

2）核心系统录入。运营岗登录核心系统，录入贷款信息，申请放款。

3）相关材料转交柜台。运营岗将放款材料交给出账柜员。

4）执行放款。出账柜员对借款借据、出账材料和审贷会决议单进行审核，确认无误后执行放款操作。

5）取回放款材料。放款操作程序完成后，运营岗取回审贷会决议单及借款借据原件，将审贷会决议单（复印件）及贷款出账通知书原件交由出账柜员作为会计凭证的附件归档。取回放款材料后，运营岗及时通知客户经理，客户经理通知其客户已成功放款。

6）资料存档。运营岗对贷款合同、贷款资料、出账文件、客户经理调查手稿进行整理，制作客户贷款档案并存档。

（九）小微贷款监控催收

贷后管理是指从贷款发放或其他信贷业务发生后直到本息收回或信用结束的全过程的信贷管理。包括信贷审批条件的落实、贷款跟踪检查、信贷风险监管与预警、贷款本息回收、不良信贷资产管理、信贷档案管理等工作内容。

贷后管理是信贷管理的最终环节，对于确保银行贷款安全和案件防控具有至关重要的作用。客户的经营财务状况是不断变化的。可能在审批授信时客户经营财务状况良好，但由于行业政策的影响、客户投资失误的影响、上下游的影响（如负面影响表现在原材料涨价和产品降价或需求减少）等会引起客户的经营财务状况发生较大不利变化。贷后管理就是要跟踪客户所属行业、客户的上下游和客户本身经营财务状况包括其商业信用的变化，及时发现可能不利于贷款按时归还的问题，并提出解决问题的措施。

1. 贷后监控

（1）贷后监控方式。监控方式主要分为标准监控和非标准监控。一般情况下，日常贷后监控主要是标准监控。当借款人或贷款出现风险预警信号或出现明显的风险事实时，则对贷款进行非标准监控。

（2）贷后监控要点。客户经理应该在贷款发放后三天内对客户进行实地回访，并在客户的第一笔贷款到期日前至少提前一周拜访客户，以确认其对贷款的合理使用，了解企业的经营状况和任何可能会影响还贷的重大变动。

客户经理应该在前三期贷款到期日的当天给客户打电话，以便提醒客户还贷的日期和金额，并确保客户将会及时还贷，并给客户养成良好的还款习惯。

客户经理应该拜访在最近还贷的两个月中有欠款记录的客户，并对其经营状况重新做全面了解。

客户的经营状况或市场条件如有重大变化（如营业场所变更，价格大幅涨跌，事故，管理变更，家庭变故，或有影响到原料、产品价格的新政策），客户经理应及时拜访该客户。

（3）贷后监控内容。日常贷后监控主要由客户经理负责，监控内容主要包括以下四方面：

1）客户经营情况。

银行贷款用途是否落实？

客户的业务组织、运作方式是否有了变化？

所有权/管理是否有了变化？

客户的业务重点是否有了变化？

供应商/客户群是否有了变化？

总资产及股本是否发生变化？

资产负债表的结构是否发生变化？

资产负债表里是否有无法解释的增长？

损益表是否发生变化？如果发生变化，变化是怎样的？

营业额、利润率、常规经营成本是否发生变化？

利润用在何处？是否用于再次投资？是否在资产负债表里得到体现？

2）客户家庭情况。

客户的物质生活是否有了变化？

客户是否有之前调查时未发现的不良嗜好？

客户家庭关系是否发生变化？

3）担保人情况。

担保人的收入状况是否有变化？

担保人与客户之间关系是否发生变化？

4）抵质押物情况。

抵质押物价值是否有变化？

抵押物权属是否发生变化？

（4）贷后监控表。标准监控表是每个贷款档案文件的必要组成部分，要求在放款时放入档案中。有规律的记录拜访和（或）电话监督是必需的，根据审贷会的决议对客户进行监督也是必需的。不管在什么情况下，客户经理必须保证对每个客户每月的监督至少存档一次。如果在拜访、电话或其他途径中得到了特殊的信息，要求客户经理在监控表格中标明。如有显示负面变动的信息，需要进行"非标准监控"。在进行非标准监控时应使用"非标准监控表"，并将其放入文件中保存，同时应立刻将结果报告给中心主管。在其他情况下，如客户已经有欠款或审贷委员会预期需要进行非标准监控时，也应使用"非标准监控表"。

2. 贷后变更

贷后变更包括但不限于提前还款、共同借款人、担保人变更、抵押物变更等。

（1）提前还款。提前还款是指客户提出提前还款申请，到结清贷款的过程。通常情况下，提前还款必须支付相应的违约金。

提前还款具体操作流程如下：

1）客户向客户经理提出提前还款申请。客户经理帮助客户填写贷后变更申请表。

2）客户核查申请表无误签字确认。

3）客户经理向运营岗预约审贷会。

4）运营岗安排审贷会时间并通知客户经理。

5）客户经理备齐提前还款审批所需资料。

6）审贷会对客户的提前还款申请进行审议，决定是否允许提前还款及是否收取违约金。

7）客户经理将审贷会决议通知客户。

8）审贷会拒绝或客户不接受审贷会决议则按照原还款计划还款。审贷会通过申请且客户接受审贷会决议则按照审贷会决议进行还款。

9）客户经理将审贷会材料移交运营岗，运营岗对拒绝的申请审批进行归档。

10）运营岗对通过的变更申请修改还款计划。

11）客户将应支付的本息和违约金存到银行。如果客户没有如期存入则视为逾期，客户经理启动非标准监控程序。

12）出账柜员进行扣款。

13）运营岗出具贷款结清证明。

14）客户经理查看借款合同，如果客户有抵押品，客户经理办理抵押注销。

15）客户经理将贷款结清证明交给客户。

16）运营岗将结清贷款材料存档。

（2）共同借款人、担保人变更。小微贷款业务允许客户变更其共同借款人和担保人，但变更后的共同借款人和担保人必须满足共同借款人或担保人条件。共同借款人及担保人变更流程如下：

1）客户向客户经理提出变更共同借款人或担保人变更申请。客户经理帮助客户填写贷后变更申请表。

2）客户核查申请表无误签字确认。

3）客户经理通过人民银行征信系统查询客户申请变更的共同借款人或担保人信用状况。

4）客户经理调查客户申请变更的共同借款人或担保人经济情况及相关资料信息。

5）客户经理整理所得信息形成调查表。

6）客户经理备齐审贷会所需资料。

7）运营岗安排审贷会时间。

8）审贷会对变更申请进行审批。

9）客户经理通知客户审贷会决议结果。如果审贷会拒绝变更申请，则客户应保留原有共同借款人或者担保人。

10）审贷会通过变更申请，客户经理将审贷会结果提交运营岗。客户经理与运营岗、客户及变更共同借款人或担保人约定合同变更时间。

11）运营岗准备变更所需签署的合同文件。

12）运营岗检查、核准变更共同借款人或担保人的相关资料。

13）变更后的共同借款人或担保人阅读并签署变更合同。

14）有权限人员审核客户签署的变更协议并签字。

15）客户经理将变更合同移交客户。

16）运营将变更合同进行整理归档。

（3）抵押物变更。客户可根据自身情况变更抵押物，抵押物变更需要先将新抵押物进行抵押才能取消原有抵押物。抵押物变更流程如下：

1）客户向客户经理提出变更抵押物申请。客户经理帮助客户填写贷后变更申请表。

2）客户核查申请表无误签字确认。

3）客户经理对客户进行现场调查，收集其经营状况相关信息，以了解其改变抵押物的原因及更换后的抵押物是否符合抵押条件。

4）客户经理整理调查得到的信息并形成调查表。

5）客户经理备齐审贷会所需材料。

6）运营岗安排审贷会时间。

7）审贷会对贷款变更进行审批。

8）客户经理第一时间通知客户审贷会决议结果。如果审贷会拒绝变更申请则客户需保留其原有抵押物。

9）客户经理与客户、运营岗约定变更合同签署时间。

10）客户经理将审核结果提交运营岗。运营岗对拒绝的申请审批进行归档，通过的申请编写合同。

11）运营岗检查、核准新抵押物相关材料。

12）客户阅读并签署变更合同。

13）有权限人员审核签署变更合同。

14）客户经理办理变更后进行抵押合同公证（仅指不动产）。是否需要公证根据当地房管局要求而定。

15）客户经理办理新抵押物登记。

16）客户经理办理旧抵押物抵押注销手续。

17）客户经理向客户移交合同。

18）运营岗对变更合同整理归档。

3. 贷款回收

（1）正常的贷款回收。正常的贷款回收指借款人按借款合同约定的还款计划和还款方式及时、足额地偿还贷款本息。

（2）异常的贷款回收。异常贷款回收流程是指客户经理在日常监控的过程中发现异常现象或是运营岗发现逾期，各单位做出反应采取相应手段处理异常贷款，直至贷款回收的过程。

1）早期异常信号。早期异常信号主要分为财务信号和非财务信号。

①财务信号。

资产负债率走高：如资产的减损、安全库存的锐减、新增大笔负债等。

赢利能力下降：如成本结构或毛利率的重大变动（例如，原材料或其他成本的增加）；销售结算方式发生较大改变（例如，产品销售不以现金结算而是以物易物）；上下游关系出现问题，借款人失去一个或多个重要的客户或者供应商；发生某些意外事故导致企业的经营活动被中断（例如，火灾）等。

流动性下降：如应收账款异常增加或应收账款周转期延长，存货周转天数上升等。

②非财务信号。

还款出现异常：如借款人主动要求延期偿还贷款本息、临近还款日营业结束时借款人尚未支付应还本息、贷款已发生逾期等。

经营出现异常：如店铺转让或公司破产、重组；营业时间非正常减少或间歇性停业；经营场所变更或经营面积缩小；业务骨干离职或长期雇员大量辞退；机器设备非正常减少；经营规模过度扩张等。

个人和家庭状况出现异常：如借款人陷入经济、刑事纠纷，被处以警告或罚款；对银行的态度突然异常，如手机关机、刻意回避客户经理联络；借款人发生重大人身事故或身体健康出现不良状况，（部分）丧失行为能力；夫妻关系不和、离异或新增大笔家庭开支（如子女学费）等。

担保出现异常：如保证人提出撤销担保或不愿担保；保证人不再具有保证能力；抵质押物受损或贬值等。

客户经理发现客户任何异常时，都应及时向上级领导汇报，并启动非标准监控程序，对客户重新进行全面了解，以判断对客户如何处理。

2）异常贷款回收流程。异常贷款回收流程是指客户经理在日常监控的过程中发现异常现象或是运营岗发现逾期，各单位做出反应，并采取相应手段处理异常贷款，直至贷款回收的过程。具体操作如下：

①客户经理通过日常标准监控发现异常信号，在确认可能影响贷款回收后，确定其为风险预警，将情况汇报给上级领导；或是运营岗发现逾期数据，并将其反馈给小微机构负责人。负责人根据具体情形做出决策，如果决定收回当期还款，则进入第2步；如情节比较严重，发生贷款挪用，决定全额收回，则进入第3步。

②客户经理在第一时间与客户取得联系，询问逾期原因，并向客户确认还款日期、重申还款责任。同时，对客户进行实地拜访，收集客户当前生意和家庭的有关信息。如有必要，检查抵押品的情况，或联系担保人，说明逾期事实、告知其应承担的义务。客户经理将与客户沟通的情况及时上报机构负责人，由负责人做出下一步行动的决策：第一，客户如积极配合还款，并且缴纳逾期罚息，则再次进入正常标准监控流程；第二，客户经理若在逾期发生三天之内不能解决问题，须向机构负责人正式提交贷款逾期报告，并继续催收。在报告中解释逾期的原因、客户经理已做的努力和成果，以及下一步工作的建议。

③若客户经理的努力在规定的期限内无效（五天），客户经理提请召开逾期风险审贷会。

④运营岗安排逾期风险审贷会，审贷会对贷款进行分析讨论，提出下一步催收工作的建议，一般分为法律手段催收和非法律手段催收两种。

⑤如果决定采取法律手段催收，由机构负责人、运营岗和客户经理共同协调执行：机构负责人联系客户和担保人，告知法律手段对其将来的影响和相关的费用，并亲自将最终的通知信递交客户和担保人，并签收确认。运营岗负责向法院起诉，客户经理则保持与客户和担保人的联系，配合运营岗的工作，寻求庭外和解的机会。如果决定采用非法律手段催收，则由机构负责人和客户经理共同协调执行，客户经理将贷款逾期通知书递交给客户和担保人并签写催收回执。如果客户拒绝配合，客户经理将警告信递交给客户和担保人，并签字确认。客户应与本行配合，积极寻求解决办法；如客户不予配合，必要时，本行可转移抵押品。

⑥在贷款成功回收之后，运营岗对该笔贷款进行结清，该笔贷款流程结束。

⑦在逾期处理过程中，运营岗每月需对贷款提出五级分类的评级调整，由机构负责人签批后进行分类调整。

（3）不良贷款清收。不良贷款清收是指不良贷款本息以货币资金净收回。不良贷款清收管理包括不良贷款的清收和处置。不良贷款清收管理的对象是实行五级分类后的可疑类、损失类贷款及其表内外应收未收利息。

1）实行责任清收。严格落实贷款责任追究制度，确保不出现人为因素形成的不良贷款。

2）实行依法清收。对于有偿还能力但拒不还款的赖债户、非信义企业和个人，要依法维权，运用法律手段清收不良贷款。

3）实行专组清收。加强领导，高度负责，成立专门清收小组。

4）实行施压清收。先内后外，内外兼收，搞好门前清。灵活通过对担保人施加压力，力促以物抵债或变卖有效资产偿还贷款。

5）实行处置清收。通过法院、检察院等权力部门，依法扣划、查封等措施清收不良贷款。

4. 档案管理

信贷业务档案是指商业银行在办理信贷业务过程中形成的具有法律意义、史料价值及查考利用价值的资料，主要包括合同、文件、账表、函电、记录、图表、声像等，包括通过计算机等电子设备形成、传输和存储的电子信贷业务档案。

信贷业务档案按内容分为权证类档案、要件类档案、管理类档案、保全类档案和综合类档案。

（1）权证类档案。权证类档案是指采用抵（质）押担保方式办理的信贷业务，能够证明对抵（质）押物享有所有权和处置权的要件。主要包括：

1）抵（质）押物评估报告或作价依据。

2）抵（质）押物所有权、使用权证或证明文件。

3）已办理抵（质）押登记的他项权证或有关证明文件。

4）抵（质）押物清单。

5）权利质押的各种有价单证。

6）其他资料。

（2）要件类档案。要件类档案是指办理信贷业务过程中产生的能够证明信贷业务合法性、合规性的基本要件。主要包括：

1）授信审批通知书。

2）信用等级评定报告及授信报告。

3）信贷业务申请书。

4）信贷业务调查、审查报告。

5）利率测算表。

6）信贷业务审批表。

7）贷款承诺函。

8）信贷业务借款合同（协议书）、借据、担保合同（担保协议）或担保函。

9）贷款本息催收相关资料。

10）贷后跟踪检查记录和贷款检查报告。

11）贷款五级分类相关资料，包括认定表（季度）、风险分类报告等。

12）其他资料。

（3）管理类档案。管理类档案是指借款人、担保人的基本资料。主要包括：

1）借款人、保证人及配偶的有效身份证件复印件、居住证明或户口簿复印件、财产及收入状况证明、同意提供担保的书面文件、财产共有人承诺函。

2）其他资料。

（4）保全类档案。保全类档案是指信贷资产风险管理、处置等相关资料。主要包括：

1）贷款诉讼的相关资料。

2）呆账、坏账核销的相关资料。

3）其他资料。

（5）综合类档案。综合类档案是指商业银行内部管理资料。主要包括：

1）与信贷业务有关的各类报表、账册。

2）授权及转授权文件。

3）行业分析资料。

4）信贷分析报告。

5）调查检查报告。

6）审计稽核报告。

7）其他资料。

（6）信贷业务档案管理岗职责。

1）严格执行国家政策和法律法规，认真学习档案管理业务，提高业务素质。

2）负责收集、整理、立卷归档和保管信贷业务档案资料。

3）负责办理档案调阅登记手续。

4）负责按程序对超过保存期限和无保存价值的档案进行销毁。

5）负责信贷业务档案管理的其他相关工作。

（7）信贷档案归档流程。

1）信贷业务终了，贷款发放岗应在 3 个工作日内将信贷业务档案流转至信贷业务档案管理岗。

2）信贷业务档案应根据信贷业务是否执行终了分别归放于立卷区和归档区。

3）立卷区主要存放执行中业务的要件类、管理类、权证类、保全类档案，按照一户一档、一笔（项）一卷管理。

4）归档区主要存放执行终了业务的要件类、管理类、权证类、保全类档案。归档区信贷业务档案按季整理装订成册。权证类档案中的权属类证件、有价单证按会计制度相关要求妥善保管。在业务发生时，应移交会计部门，填写相关凭证，办理交接手续，同时将复印件在信贷业务档案中留存。

5）综合类档案存放区域为综合区。

6）信贷业务档案归档。已执行终了的信贷业务，信贷业务档案管理岗应在贷款结清收回后5个工作日内完成归档工作。

（8）信贷档案的保管调阅。

1）信贷业务档案必须有专用库房和柜架保管，库房、柜架要坚固，并有防火、防盗、防潮、防鼠、防虫等功能。库房内不能存放与信贷业务档案无关的物品，要定期对档案资料进行检查，发现问题及时解决，确保资料安全。

2）信贷业务档案调阅，应按照档案保密和调阅管理规定，严格执行调阅范围和履行调阅手续，登记调阅登记簿；信贷档案只可现场调阅，不得外借、横传、涂改、圈划或拆散原卷册，用后必须及时归还，确保档案的完整和安全。

3）公安、纪检、司法等有权部门需查阅档案时，应持有相关手续方可调阅。调阅时，档案管理岗应在场陪同，严禁将原件抽出借走。调阅档案的相关手续应归档保管，并将调阅日期和有关情况在案卷封底作详细记录，同时登记调阅登记簿。

4）信贷业务档案管理岗调离时，对经管的信贷业务档案资料（包括年内临时保管的文件资料），应编制档案管理交接清单，在监交人监督下，办理交接手续，以明确责任，确保信贷业务档案资料的完整。

5）信贷业务档案管理岗应严格遵守保密制度，不得借出信贷业务档案或透露档案内容。上级行/社应定期检查各类档案的保管情况，检查间隔至少为每季一次，并书面记录检查结果。

（9）信贷业务档案保管期限分为永久和定期两类。

1）执行中的信贷业务档案保管期限为永久保管。

2）执行终了的信贷业务档案保管期限为10年。

3）信贷业务档案的保管及销毁清册为永久保管。

4）信贷业务档案的保管期限，从信贷业务执行终了后的次年1月1日起计算。

（10）信贷档案的销毁。信贷业务档案保管期满后应进行销毁，具体步骤包括整理、鉴定、审批和销毁。

1）贷业务档案销毁前的整理。根据档案管理规定，符合销毁条件的，由信贷业务档案管理岗提出销毁意见，填制档案销毁清册。

2）信贷业务档案销毁的鉴定。档案管理岗进行严格的整理和审阅后，提交上级信贷管理部门和稽核部门共同组成鉴定工作组进行鉴定，在档案销毁清册提出存毁意见。

3）信贷业务档案销毁的审批。鉴定工作组提出意见后，报有权审批人审批，并以文件形式提出审批意见。

4）信贷业务档案的销毁。信贷业务档案销毁工作由县级行/社统一办理。档案管理岗根据档案销毁清册，将已核准销毁的信贷业务档案送达指定销毁地点，上级信贷管理部门和稽核部门共同派员监销，监销人应按照销毁清册上所列内容清点核对。销毁后，档案管理岗和监销人应在销毁清册上签字，并将档案销毁清册入档保管。

销毁档案应在指定地点进行，销毁时应注意安全和保密，严防散失。所有确定销毁的信贷业务档案，不得作废纸出售。

对保管期满但仍具有一定查考利用价值的信贷档案，应视情况继续保管3年以上，确无保存价值时方可进行销毁。

（十）小微贷款绩效考核

小微贷款专营机构能否实现可持续发展，关键在于从业人员有没有积极性、主动性和创造性。而要充分调动从业人员的工作热情，关键在于有没有建立起一套与小微贷款业务相适应的、有效的绩效考核机制。小微贷款专营机构应针对小微贷款业务的特点，研究制定风险防范与正向激励并重的业绩考核评价办法，使小微贷款信贷人员的收入水平、职务晋升等个人价值与其工作业绩紧密联系，从而充分调动信贷人员的工作积极性、激发创造性和提高工作效率。

1. 考核原则

（1）团队合作的原则。小微贷款专营机构要充分发挥每个成员的作用，并使之形成合力以完成专营机构的经营目标和工作任务。

（2）责、权、利相匹配原则。根据员工承担责任的大小分别对小微贷款专营机构各岗位员工进行绩效考评，以保证员工的责、权、利的一致性。

（3）多劳多得原则。在尽职、廉洁的前提下以效益为先，坚持"多劳多得，多贡献多分配"的原则，真正让创造效益的信贷人员分享一定比例的企业价值。

（4）量化考核的原则。以小微贷款专营机构职责、岗位职责为基础，对员工履行岗位职责、完成工作任务、取得工作业绩等实施量化考核。

（5）存量与增量兼顾原则。以存量吸引增量，以增量激活存量，积极推动员工对外拓展，促进小微贷款专营机构做大做强。

2. 客户经理绩效考核

这里所述的客户经理是指按照小微贷款业务流程前、中、后台分离的设置，参与前台市场营销，并执行小微贷款尽职调查工作的信贷人员。一般来说，小微贷款专营机构的客户经理绩效考核分为利润贡献绩效和业务发展绩效。

案例：某小微贷款管理咨询公司向合作银行提交的客户经理绩效核算方法为：

贷款业务绩效＝业务量绩效＋利润提成－逾期扣款

说明：

业务量绩效包括新增贷款管户笔数奖金、存量管户维护奖金以及当月任务量达成奖金。为防止客户经理急功近利，追求大额贷款，忽视小客户，与小微贷款专营机构发展战略相违背，在设置单笔奖金标准时按照额度区间划分大额贷款与小额贷款。

利润提成＝当月日均贷款余额×（产品年化利率－资金成本率）/12×提成系数。提成系数视新增与存量业务区别设置，一般地，存量业务提成系数低于新增业务。

逾期扣款：客户经理当月维护的贷款如出现逾期或不良，除扣除该笔贷款管户维护奖金外，其他扣款标准如下：对于当月贷款出现逾期的，对逾期贷款按笔数和逾期天数扣罚；同时设置不同的逾期比率容忍度所对应的处罚标准；对于逾期超过90天的，遵照不良贷款相关管理办法执行。

3. 风险保证金——绩效奖金的延期支付

贷款的各种风险往往具有滞后性，很多违约风险往往是在信贷业务发生一段时间之后才能表现出来。在这样的情况下，有些客户经理在业务拓展中，往往忽略风险因素，甚至明知风险存在，也利用各种手段隐瞒真实情况，以获得绩效奖金，在这样的情况下，对客户经理实施延期支付就显得尤为重要。因此，在支付客户经理每月的绩效奖金时应延期支付一定比例的绩效作为风险保证金，若贷款到期时发生损失或责任事故需追究个人经济责任的，扣罚与上述损失或责任相对应的风险保证金。

案例：某小微贷款管理咨询公司向合作银行提交的风险保证金计提方法为超额累进制方式，且规定延期支付的周期为三年，即从第四年开始按一定的方式返还，具体计提标准如表6-12所示。

表 6 - 12　小微贷款绩效风险保证金计提标准

贷款业务绩效	风险保证金计提比例（%）
2000 元及以下	10
2000～5000 元（含）部分	20
5000～8000 元（含）部分	30
8000～15000 元（含）部分	40
15000 元以上部分	50

　　另外规定，对于风险保证金扣罚后不良贷款收回的，可以根据收回时间和收回金额比例对扣罚的保证金给予一定退回。

　　4. 尽职免责

　　由于小微贷款风险的发生存在多方面的因素，为鼓励小微贷款业务的持续发展，除客户经理调查不尽职、对贷款风险判断失误、涉及道德操守问题等个人主观因素外，对于纯粹客观市场因素导致的风险，经过银行风险管理部门或风险管理委员会审议，可以考虑调高风险容忍度来减轻对信贷风险的处罚，或者引入"尽职免责"的责任认定。

　　5. 机构其他人员的绩效考核

　　这里所指的其他人员是指小微贷款专营中心负责人、审贷会成员、运营岗、风险管理岗、产品经理岗等中、后台管理人员。这类人员的绩效考核应在适当控制管理人员配比和成本的前提下，以工作分工为基础，对员工履行岗位职责、完成工作任务、取得工作业绩等实施量化考核。小微贷款专营中心一般来说是以事业部形式运行的，其经营效益、风险控制、资产质量等最终经营效果与一线营销的客户经理密切相关。因此，专营中心要鼓励更多的优秀员工主动参与一线或前台工作，充分体现多劳多得和责、权、利充分一致。而中后台人员的平均收入水平可以客户经理的平均值作为参考，实行总体的绩效控制。

四、业务培训实施阶段

（一）培训含义及特征

　　小微贷培训是指在一定的条件约束下，为了提高小微贷客户经理的业务技能和综合素质组织的培训活动。小微贷培训具有以下特征：

1. 培训对象是特定的

小微贷培训都有具体的指向对象，一般是银行信贷条线员工或与之相关联的岗位员工。培训对象确定了培训的工作范围、培训内容、培训方式等。整个培训的实施和管理都是围绕着培训对象而进行的。

2. 目标明确

小微贷培训目标主要取决于银行需求和员工个人发展两个方面。小微贷培训一方面是为了提高小微贷客户经理的业务技能和综合素质，另一方面是为银行打造一支专业的小微贷团队，为银行创造效益。

3. 集中式脱产培训

为了保证培训效果，小微贷培训一般都是搞集中式的脱产培训，即要求小微贷客户经理在工作时间在某个培训点进行全程培训。当然，这种脱离直接工作场所的培训可能会给现时工作的安排带来不利的影响，需要作妥善安排、协调处理。

4. 系统性和周期性

小微贷培训是一个完整的系统，它也有一定的周期，周期中的不同阶段组成一个体系。小微贷培训包括理论培训和实际业务操作培训。理论培训是为了让小微贷客户经理掌握理论知识，而实际业务操作培训是将所学知识运用到实践中去，两者相辅相成，只有具备了一定的理论基础才有正确实践的可能，而实践也可以进一步加深对理论知识的理解，从而更好地指导实践活动。

5. 培训方式多样

培训方式有讲授法、演示法、研讨法、视听法、角色扮演法和案例研究法、模拟与游戏法。大多数情况下，小微贷培训采用讲授法、角色扮演、案例分析、实操模拟等多样化的教学方式使培训更加生动、切合实际。

6. 需加入团建活动

小微贷培训是一项系统的培训，有一定的周期，持续的培训会使学员产生一定的心理压力。在这样的环境下，需要加入适当的团建活动帮助学员缓解学习的压力，从而达到想要的培训效果。

（二）培训内容和要点

1. 培训需求预测

通过分析银行小微贷业务发展现状，找出业务发展过程中存在的问题，并以此确定小微贷培训的目标和培训方法。它是做好小微贷培训的前提和基础，是培训计划实施的出发点。其核心内容主要体现在对培训对象、需求的分析和培训内容的预测上。一般是以"缺什么，补什么；干什么，学什么"为原则。中医学上通过"望、闻、问、切"的手段分析和诊断病症。同样道理，小微贷培训也必须找准真正的需求，针对需求实施培训活动，解决起问题来才能事半功倍。所以，有需求，才有培训。

2. 培训系统设计

小微贷培训系统的设计重在体现培训的合理性、可行性和实用性，包括培训目标的确定、课程设置、教材选定、教师确定、培训方式、培训周期、质量要求评估及各教学环节的整体安排。有好的设计筹划，才能有周密、严格的执行措施，才会达到希望得到的效果和结果。这也是未雨绸缪，事先充分准备的极大好处，有助于顺利达成培训目标。

3. 培训实施

培训实施是小微贷培训的具体运作过程，是将培训设计成果"落地"的执行力的体现，培训管理者要严格管理、加强监督，以实现培训目标。组织实施过程中，管理者要坚持灵活性和创新性。不能实施或实施不好的培训，就会失去培训的意义。小微贷培训过程必须进行控制，尽量考虑到每一处细节，归纳起来主要有两个细节，即人员和物品的状态。学员、教师及管理人员、服务人员的精神状态是否调整到最佳，在培训当中能否全身心地投入或享受这个培训的过程；一些培训用设备、资料、场地及环境在培训中是否处于工况良好状态。如果这两者能够实现有序运转，那么培训实施起来就会轻松百倍。

4. 培训效果评估

小微贷培训不仅要进行培训实施前的项目评估，也要进行实施效果评估。评估是一项重要的活动，需要设置多个指标体系，全方位评价培训的效果和效益，既是对整个培训管理工作的总结、回顾，也是为下一个培训项目积累经验、持续改进的过程。一般认为，效果评估可按学员、培训部门、项目经理、管理人员四个层级进行，其中培训部门和项目经理的评估反馈结果最有价值，最能够真实反映出学员培训前后的业务技能和综合素质的改变程度，这也是培训评估的真正意义所在。

（三）培训管理与实施

小微贷培训管理主要有五个环节，包括培训需求分析、制订培训计划、组织实施培训、培训的控制和培训效果评估。

1. 培训需求分析

培训需求分析，是指对银行及小微贷客户经理的目标、知识、技能等方面进行系统的鉴别与分析，以确定培训内容和培训目标的过程。所以，它既是确定培训目标、设计培训计划的前提，也是进行培训评估的基础，因而成为培训活动的首要环节。

（1）培训需求的本质是补齐"短板"。木桶理论指出，"短板"是制约木桶盛水量的瓶颈，只有增加短板长度，木桶的盛水量才会增加。小微贷培训需求可谓是各种各样的"短板"汇集而成。用数学公式来表达培训需求，即要求具备的全部－现在已有的＝还需要的。"还需要的"可能就是培训需求。只要是有关小微贷客户经理的差距和问题，包括态度、意识、知识和技能，就会产生小微贷培训需求。培训需求应包括"现在的"和"未来的"补差需求两大部分。

（2）培训需求的成因是适应发展。银行产生小微贷培训需求主要有两方面的原因：一是内外环境和人员发生变化，二是现状与愿望或同行之间存在差距。对银行来说，小微贷业务是面临变化被动承受还是主动适应，是变后再动还是超前行动，是解决存在的问题还是预判避免问题，唯一可以依靠的力量是员工。那么，最有效的手段是培训，只是"需求"不同而已。银行的不足和差距是"比"出来的，培训虽然不能解决所有问题，却可以从一定程度上消除因比较而产生的危机感。

（3）培训需求的核心是为培训奠基。

1）培训源于需求。人饿了就要吃饭，人病了才会就医。小微贷客户经理存在的知识、技能"差距"和"问题"，就相当于员工"饿"了或"病"了，这些差距和问题就是最直接的培训需求。没有培训需求，便没有培训活动。

2）培训基于需求。小微贷培训需求是策划和设计培训、制订培训计划和评估培训效果的依据，培训需求分析的结果是培训活动的前提和基础。脱离了真实的需求、背离了培训目标的培训活动将是徒劳无效的。

3）培训高于需求。原始的培训需求，可能只是"差距"的描述或"问题"的罗列，还不足以支持和应用于培训活动。培训需求必须经过一定的科学分析和适度加工，才能形成可以利于培训活动的资源和要件。

（4）培训需求的分析步骤。小微贷培训需求分析是一个收集信息、发现问题、分析差距、识别需求的一系列活动过程的总称。在这个过程中应把握四点：

1）梳理需求。运用联系的观点、系统的观点，把通过一定方法得来的各种信息进行整理、整合，形成主要的、关键的、有代表性和趋同性的有效信息，为准确把握培训需求打下良好基础。

2）确定需求。培训不是万金油，抹到什么地方都能起作用。小微贷培训只能解决员工知识及技能等培训可以解决的问题。因此，在整合需求的基础，甄选、识别和确认那些确系个人能力不足造成的，那些小微贷工作切实需要的、银行发展优先选择的问题，作为培训的基本需求。

3）解决需求。培训的针对性是小微贷培训的生命所在。发现问题只是面对问题的第一步，拿出解决问题的办法才是最为关键的。要通过培训内容的科学设定、培训方式的精心设置、培训方法的优选创新，提高针对性地解决问题的实效性。

4）测量效果。评价小微贷培训的有效性的重要标准，就是看它能否满足培训需求。满足需求的主要标志，就是看问题解决了吗？差距弥补了吗？或者是找到解决问题的或弥补差距的方法了吗？也就是要回答好"培训到哪里去"的问题。

（5）培训需求的主要方向。通常集中在银行层次、个人层次和战略层次三个方面，它们也是催生小微贷培训需求的三条直接供应链，必须从中挖掘和发现焦点需求，才是提高小微贷培训成功率的核心。

1）银行层次的分析。主要是指依据银行发展战略，通过对银行的目标、资源、环境等因素的分析，准确找出银行发展小微贷业务过程中存在的问题，即现有状况与应有状况之间的差距，并确定培训是不是解决这类问题的最有效的方法。银行层次的分析主要包括银行目标、人员素质、目标达到程度、影响目标实现的银行和个人方面的因素等内容。

2）个人层次的分析。主要是将小微贷客户经理目前的态度、意识、知识和技能与银行要求的标准进行比较对照，发现两者是否存在差距或差距有多大，在此基础上确定培训的内容。

3）战略层次的分析。传统上，人们习惯于把小微贷培训分析集中在个人和银行方面。一般来说，由于银行发展小微贷业务，往往对过去与现在的需求比较敏感。战略层次的分析不是集中在当前开展小微贷工作所需要的知识与技能方面，而是集中在它们未来有效工作所需要的知识及技能方面。

2. 制订培训计划

精心制订培训计划是小微贷培训的重要工作，它是团队成员在预算的范围内为完成预定目标而进行科学预测并确定未来行动方案的过程。小微贷培训计划的制订是实施的前提条件，培训计划制订的好坏直接影响培训效果，所以制订培训计划是培训管理中极其重要的环节。培训计划是开展一切培训活动的总开关。没有计划，如同水无源蛇无头，在培训实施过程中就会出现打乱仗的情况，丧失掉培训本身功能，也会湮灭培训所有效果。

（1）培训计划的概念。小微贷培训计划主要解决以下问题：

什么：小微贷培训团队必须完成哪些工作。

谁：确定培训中的每项工作由谁来完成。

何时：确定完成各项培训工作的开始时间。

耗时：确定完成各项培训工作需要多长时间。

花费：确定完成每项培训工作需要多少成本。

（2）培训计划的作用。小微贷培训计划的正确编制尤为重要。它仿佛就是一张导游图，引导着游客如何抵达目的地。缺少培训计划或没有一个有效和可行的计划，项目经理可能会无从下手，也可能无法实现培训的目标。具体来讲，培训计划的主要作用如下：

1）培训计划可以明确地确定完成培训目标的努力范围。

2）培训计划可以使培训团队成员明白自己的目标以及实现其目标的方法，从而可以使培训更加有效地完成，提高效率。

3）培训计划可以使培训各项活动协调一致，同时还能确定出关键的活动。

4）培训计划可以为培训实施和控制提供基准计划，该基准计划可以使整个培训始终处于可控状态，从而减少项目的不确定性、提高培训成功的可能性。

（3）培训计划的主要环节。小微贷培训计划分依赖性过程和保证性过程两部分，分别从范围定义、活动定义、时间与资源估算等培训所必需的依赖性模块，到绩效、组织、沟通、风险等对培训起保证作用的过程。这些子过程往往要反复多次进行才能完成培训计划的制订。另外，培训计划不能像数学那样精确，同一培训不同的人做会有不同的计划。

培训计划的某些子过程，彼此之间相互依赖，前一过程没有完成，后一过程就无法开始。例如，在安排培训活动的时间、估算其资源配置之前必须首先明确其内容、性质和范围。这类子过程即依赖性过程，主要有范围计划、范围定义、活动定义、确立活动顺序、活动持续时间估计、编制进度计划、资源计划、费用计划和培训计划。培训计划过程还有些子过程之间的关系要视培训的具体性质而定，可称为保证性过程，主要有绩效计划、组织计划、沟通计划、风险计划和应对措施等。

（4）培训计划的编制。

1）培训计划的编制依据。在计划编制过程中，需要输入的相关性文件很多，主要有：小微贷培训相关的计划，如工作分解结构；历史资料，如过去培训的纪录；组织政策，即与培训相关的正式的和非正式的组织政策；制约因素，即影响培训效果的那些限制因素假设条件，即因培训存在未知因素而建立的假设。

2）培训计划的类型。在计划编制过程中，所提供的输出文件也很多，它们都是小微贷培训实施的依据，其中，常用的计划文件有：

①范围计划。它确定了小微贷培训所有必要的工作和活动的范围，在明确了培训的制约因素和假设条件的基础上，进一步明确了培训目标和主要可交付成果。培训的范围计划是将来培训实施的重要文件基础。

②工作计划。它说明了应如何组织实施小微贷培训，研究怎样用尽可能少的资源获得最佳的效益。具体包括工作细则、工作检查及相应的措施。工作计划中最主要的工作就是培训工作分解和排序，制定出培训工作分解结构图，同时分析各工作单元之间的相互依赖关系。

③人员管理计划。它说明了小微贷培训团队成员应该承担的各项工作任务以及各项工作之间的关系，同时制定出团队成员工作绩效的考核指标和方法及人员激励机制。人员管理计划通常是由上自下地进行编制，然后再自下而上地进行修

改，由项目经理与项目团队成员商讨并确定。

④资源供应计划。它明确了小微贷培训实施所需要的各种培训设备、资料、采购安排、场地及环境等。此计划要确定所需物资的名称、质量标准和数量；确定物资的采购和投入时间；确定需要从外部采购的设备和物资的信息，包括所需设备及物资的名称和数量的清单、获得时间、采购来源等。

⑤进度报告计划。它主要包括进度计划和状态报告计划。进度计划是表明小微贷培训中各项工作的开展顺序、开始及完成时间及相互关系的计划，此计划需要在明确培训工作分解结构图中各项工作和活动的依赖关系后，对每项工作和活动的延时做出合理估计，并安排培训实施日程，确定培训进度的衡量标准和调整措施。状态报告计划规定了描述小微贷培训当前进展情况的状态报告的内容、形式以及报告时间等。

⑥成本计划。它确定了完成小微贷培训所需要的成本和费用，并结合进度安排，获得描述成本—时间关系的培训费用基准，并以费用基准作为度量和监控培训实施过程费用支出的主要依据和标准，从而以最低的成本达到培训目标。

⑦质量计划。它是为了完成银行的期望而确定的培训质量目标、质量标准和质量方针，以及实现该目标的实施和管理过程。

⑧变更控制计划。它规定了当小微贷培训发生偏差时，处理培训变更的步骤、程序，确定了实施变更的具体准则。但是，培训发生的偏差性质未必完全相同，在一定的程度和范围内，是可以接受的，这时只需要采取一定的纠偏措施；当超出了一定的范围之后，就可能是计划不当造成的，这时便需要按照变更控制计划规定的标准、步骤、准则对计划进行变更。

⑨文件控制计划。它指对小微贷培训文件进行管理和维护的计划，它保证了项目成员能够及时、准确地获得所需文件。

⑩支持计划。它指对小微贷培训管理的一些支持手段，包括软件支持计划、培训支持计划和行政支持计划。软件支持计划是指使用自动化工具处理培训资料的计划；培训支持计划是对项目团队成员进行培训的计划；行政支持计划是为项目经理配备支持单位的计划。

上面虽然列举了十种不同计划文件，但在小微贷培训计划的编制过程中可以根据实际需要选择进行。

3）培训计划的编制步骤。小微贷培训计划的编制程序如下：

①定义小微贷培训的目标并进行目标分解。

②进行小微贷培训任务分解和排序。

③完成各项培训任务所需时间的估算。

④描绘培训活动之间的次序和相互依赖关系。

⑤进行各项培训活动的成本估算。

⑥编制培训的进度计划和成本基准计划。

⑦确定完成各项培训任务所需的人员、资金、设备、技术等资源计划。

⑧汇总以上成果并编制成计划文档。

4）编制培训计划的注意事项。尽管不同的小微贷培训会面临不同的环境，会有不同的要求，但是所有培训都是在一定的时间、一定的资源限制下执行的，制订计划就要建立一个有效的监督和控制系统，尤其要注意如下问题的处理：

①培训计划要从整体上考虑问题。小微贷培训计划具有系统性，各子过程的承接、时间和资源的有机协调在计划中都应有所体现，以便使培训每一阶段都能在计划中找到依据。

②培训计划要具有动态性。小微贷培训在计划过程中，还要留出适合情况变化和培训管理单位的各种具体要求的调整空间。每一个具体的单位在实施培训时，也会做出自己的计划。

③让具体实施培训工作的人员参与培训计划的制订。具体实施工作的人员最了解各项具体活动，而且通过项目计划的制订，他们会更加严格地按计划执行项目和更有效地完成工作。

④培训计划要具有可操作性。如果任务在执行之前就有了较好的理解，那么许多工作就能提前进行准备；如果任务是不可理解的，那么在实际执行中就比较难以操作。

3. 组织实施培训

（1）培训内容。

1）理论培训。

①基础业务篇。该篇内容包含信贷基础知识、贷款业务法规、电子银行业务介绍、个人业务介绍和文明规范服务礼仪等课程。

②小微贷技术篇。课程主要有小微贷款业务介绍、目标客户解读、小微信贷流程介绍、财报报表（资产负债表及损益表）、交叉检验、行业案例分析、银行流水及征信报告解读等。

③小微贷制度篇。包括小微贷款业务各项配套规章制度，包括小微贷款业务管理办法、授信操作流程、绩效考核办法、问责管理办法等。

④个人能力篇。包括沟通技巧、市场营销策略等课程，提高小微贷客户经理综合能力素养。

2）实际业务操作培训。实际业务操作培训是小微贷理论知识的运用与实践阶段，客户经理需要一定的时间去积累和沉淀。在此期间，每日安排小微贷客户经理进行"扫街"式营销、客户调查、调查报告制作、贷款审查审议、签约放款等工作，咨询公司项目组每日进行全流程带教辅导，引导客户经理将所学知识化为工作能力，夯实理论基础。

（2）培训组织。小微贷培训组织就是为完成小微贷培训而建立的组织，一般又叫小微贷培训项目组、小微贷培训管理班子等。对小微贷培训的目标以及培训的环境进行分析，设计一种最适合的组织系统，有利于保障培训目标的实现。

1）培训组织的类型。对于小微贷培训而言，常见的组织形式主要有职能式、项目式和矩阵式三种结构形式。

职能式组织结构是目前组织正常运作最普遍的组织形式。这种组织形式最大的缺点在于：一个培训项目通常需要多个部门的共同合作，但职能式的组织形式往往更注重自己的领域，而忽略了整个培训的目标，并且跨部门之间的交流沟通也比较困难。

项目式的组织形式与职能式的截然相反，培训项目从单位组织中分离出来，作为独立的单元，有其自己的技术人员和管理人员。这种组织形式主要的问题在于：当单位有多个培训项目时，每个项目都有自己一套独立的班子，这会造成人员、设施及设备的重复购置以及培训标准的不统一。

矩阵组织模式是培训项目中应用最广泛的新型组织形式，它是职能式组织形式和项目式组织形式相结合的特例，极大地发挥了职能组织制和项目组织制的优势，又同时克服了各自的不足。矩阵组织的出现，既解决了培训项目进度的问题，又可以利用专业组的业务优势。

2）培训组织的原则。

①整体性原则。就是在培训组织管理的过程中具有系统性思想，将组织作为一个整体来看待，而不是一些零散的、独立的部分。在建立培训组织时恰当地分层和设置部门，考虑层间关系、分层与跨度关系、部门划分、人员配备及信息沟通等，使培训组织形成一个有机整体。

②分工协作原则。培训组织从最上层负责人到最下层项目管理人员按照角色、任务、职责和权限划分为若干层次，每一成员都有自己的岗位、任务、职责和权限在分工时更要考虑协作关系。

③权力、职责对称性原则。一定的岗位需要一定的合适人员；一定的职责需要授予相应的权限。培训组织有了分工就可明确角色分担的责任，同时，角色应当有相应的权力，并获得相应的利益，实现职、责、权、利一致。

④稳定性与适应性相结合原则。培训往往会有时间和地点的变化以及资源配置种类和数量变化，要求培训组织能随时调整，以适应培训内容的变化。

⑤均衡性原则。培训组织各岗位人员职务的指派应达到平衡，避免忙闲不均，工作量分摊不均。另外，为了确保有效地监控培训，检查职务与业务职务应

尽量分开设置。

3）培训组织形式。根据培训组织结构扁平化、柔性化的发展趋势，建议采用矩阵组织形式。项目负责人对培训工作全权负责（掌握进度、资金分配、人员调动等），一切以培训为中心，有利于明确责任、提高培训的管理效率。

（3）分解工作任务。任务包括一个描述、一个时间段，并被分配给一个角色。工作分解结构（Work Breakdown Structure，WBS）是小微贷培训中较为常用的工具，是制定培训进度、计算培训成本等多个计划的基础。培训的工作任务可以利用WBS 的方法，根据培训目标逐步分解、细化，并分配给不同的人员去实现。

1）WBS 的含义和作用。工作分解结构是它将需要完成的培训任务按照其内在工作性质或内在结构划分为相对独立、内容单一和易于管理的工作单元，从而有助于找出完成培训工作范围所有的任务。工作分解结构可以把整个培训联系起来，把培训目标细化为许多可行的、更易操作的，并且是相对短期的任务。

WBS 将培训分解成更小、更容易管理的部分，分解完的每部分应该要满足：

①每个 WBS 单元有一个明确的结果。

②这个结果和实现整个培训目标有直接联系。

③每个 WBS 单元有单一的责任点。

④每个 WBS 单元可以作为一个跟踪和监控的单位。

⑤每个 WBS 单元和其他单元有定义良好的接口。

对培训工作进行分解的主要作用为：

①把培训分解成具体的活动，定义具体工作范围，让相关人员清楚了解整个培训的概况，对培训所要达到的目标形成共识，以确保不漏掉任何重要的事情。

②通过活动的界定，按照培训活动之间的逻辑顺序来进行培训的实施，有助于制订完整的培训计划。

③通过培训工作分解，为制定完成培训所需的技术、人力、时间和成本等质量和数量方面的目标提供基准。

④通过活动的界定，就能很明显地使培训团队成员知道自己的责任和权利，从而对其应当承担和不应当承担的责任有明确的划分。

2）WBS 的分解原则和分解步骤。

WBS 的分解原则主要包括：

①对培训的各项活动按实施过程或活动性质等分类。

②在分解任务的过程中不必考虑工作进行的顺序。

③不同的培训工作分解的层次不同，不必强求结构对称。

④把工作分解到能以可靠的工作量估计为止。

⑤在确定最低一级的具体工作时，应能分配给某个或某几个人具体负责。工

作分解结构是按照各任务范围的大小从上到下逐步分解的。

工作分解的步骤包括：一是总培训；二是子过程或主体活动；三是主要的活动；四是次要的活动；五是工作包。

（4）培训实施方案。小微贷培训实施方案是小微贷培训实施的指导性方案，应用非常广泛。具体来说，一份完整的培训实施方案应包括以下内容：

1）培训目的。主要回答为什么进行培训的问题。小微贷培训计划要围绕培训目的进行设计。具体明确的培训目的，可以将培训计划以及培训管理导向成功。就小微贷培训而言，培训目的大致是为提高小微贷客户经理的业务技能和综合素质，以及为银行打造一支专业的小微贷团队，为银行创造效益。

2）培训目标。主要解决培训要达到何种标准的问题，它是在培训目的基础上确定的。目标的确定还可以有效地指导培训管理团队找到解决复杂问题的答案，以及培训的方式方法。

3）培训方式，主要指培训所采取的组织形式，如工作时段还是工余时段，集中培训或分散培训、在职培训还是脱产培训等方式；培训方法是指培训教学工作采取的具体技巧与手段，如运用讲授法培训或案例法培训，是理论培训或现场教学等。采用何种培训方式方法，主要由培训目的、目标、对象、内容、经费及其他条件决定。小微贷培训一般采用集中培训和脱产培训，培训方法多种多样，包括角色扮演、案例分析、实操模拟等。

4）培训教师。能否选择到合适的教师，直接关系到培训效果的好坏。因此，小微贷培训实施计划的制订，一定要考虑教师问题。一般要聘请有银行从业经历、项目经验丰富的专家老师。

5）培训考评。每个培训实施后，均要对受训人员进行考评，这也是对培训效果的一个检验。小微贷培训考评方式一般包括笔试、培训期间表现打分和实操评估等方式。

6）培训对象及类型。即确定谁接受培训和进行何种类型的培训。小微贷培训要充分考虑小微贷客户经理的岗位、年龄、经历等因素。这项内容一般在培训需求分析中，通过对工作任务的研究和综合分析便可确定。小微贷培训类型有：理论培训、能力培训、实操培训等。

7）培训内容。根据培训对象的需求、年龄、岗位等来确定，与培训对象相辅相成。小微贷培训内容过深或太浅都可能导致培训不成功。

8）培训时间。培训的时间安排受培训的内容、费用等其他与培训有关的因素影响。小微贷培训一般要集中进行，其时间因培训内容确定。培训时间的安排，还要考虑小微贷客户经理的某些特殊因素等。

9）培训地点。一般指学员接受培训的所在地和场所。培训地点的环境很重要：一是要选择地点。要充分考虑用餐、住宿、交通等因素，特别是培训教室的空间大小要适宜，光线要充足，室内要干净整齐，服务保障要到位。二是要布置地点。包括张贴培训项目横幅、座位贴上学员名字、多媒体辅助教学设备完好。小微贷培训一般可以安排在银行会议室、大型培训场所等地。培训地点的选择应考虑周边环境是否安全、安静等因素。

10）培训经费。一个完整的培训实施方案，应当包括培训经费预算，以便有效地反映培训成本，为培训效益效果评估提供经费投入方面的依据。小微贷培训因受培训时间、培训场地、培训内容等因素影响，其预算一般是不同的。

4. 培训的控制

在管理过程中实施有效的项目控制，是小微贷培训实现过程目标和最终目标的前提和关键。有效地控制培训的关键，是及时定期监测实际进度，并与计划进程相比较，如有必要，立即采取纠正措施。

（1）培训控制的原则。要进行有效的小微贷培训控制，应遵循如下原则：

1）委派专人负责培训变更的沟通。

2）确认和批准的程序应尽可能简洁。

3）所有团队成员都清楚变更程序的步骤和要求。

4）变更程序应包含在特殊情况下，未能实施变更评审程序而变更的原则与步骤。

5）变更记录及相关文件应集中由专人保管。

6）培训的偏差分析应作为培训团队例会讨论的一部分。

（2）培训控制的过程。小微贷培训控制是一个动态的过程，控制的基本原理是将实际值与计划值进行比较，如发现偏差，应及时地采取控制措施等。在实际的培训控制中主要通过以下方法来发现偏差，并控制培训在设定的正确的轨道上实施。

1）跟踪监督。小微贷培训跟踪监督的目标就是通过定期而又有效的监督和控制，调整培训目标以适应外界环境的变化，从而保证计划目标的实现。对小微贷培训进行跟踪控制管理通常都要求培训项目提供定期的总结报告，并在此基础上对培训进行定期的检查和评议，提出书面报告，定期检查的时间因具体的项目而异。

2）过程性评估。过程性评估，是指在培训实施过程中把评估时获得的结果与预期此时获得的结果进行比较的过程，培训实施中若出现事先没有预料到的情况，应采取一定的补救措施以获得最佳效果。小微贷培训过程性评估中常用的方法有：指导教师与培训负责人及成员的交谈；不定期地审查进度报告；定期举行研讨例会；等等。

3）分析偏差。检查的目的是识别培训实施是否存在偏差，并进一步分析偏差产生的原因。将小微贷培训的实际情况与计划进行比较，以确定培训实施是否存在偏差。一旦确定偏差存在，小微贷培训管理人员就应进一步地分析偏差产生的原因，这也是为了制定有效的控制措施做准备工作。

4）确定对策。无论选用哪一种控制措施，培训管理人员都要认识到，这种纠偏措施可能给培训的目标控制带来新的影响。小微贷培训中常用的控制措施有：

①组织措施：通过进一步明确责任和分工，落实控制人员或撤换不称职的人员，或者制度上进一步保证控制的效果，优化工作流程和信息流程，或者有目的地设计组织之外的联系模式，以加强控制的力度。

②技术措施：通过多个技术方案的论证和比较，遵循效益原则，对目标进行控制。培训控制措施的选择，专业要求较高，要能集思广益，通常可采用"头脑风暴法"，并很好地吸取专家的意见。

③合同措施：通过合同的发包方式和合同条款，在合同中落实目标控制的责任，在合同实施期间，加强对合同违约的控制和管理等。

5）实施控制。一旦控制措施得到批准，培训负责人就要落实控制措施的实施。同时，必要的话，培训负责人还必须对计划进行调整。并且，修改后的培训计划与培训计划期内所作的原始培训计划一样，都需要得到培训管理组织的批准。

5. 培训效果评估

培训效果评估是培训效果的检验员。培训评估通过建立培训效果评估指标及评估体系，对培训的效果进行检查和评价，然后把评价结果反馈给培训管理人员，作为下一步制订培训计划与进行培训需求分析的依据。小微贷培训效果评估的意义和步骤如下：

（1）培训效果评估的意义。

1）确认培训目标已经实现。小微贷培训能够圆满实现培训目标，意味着培训是成功的，达到了培训设计目的，这也是培训管理工作的最初目标和最终目的。

2）检验小微贷客户经理能否胜任岗位新要求。如果培训后仍然达不到岗位工作要求，则对其进行淘汰或转岗。

3）检验培训师授课效果如何。小微贷培训结束后，如果反映培训师授课效果好，下次培训仍旧考虑聘用，以便持续合作；如果反映一般或较差，则终止该培训师的聘用。

4）验证培训组织工作是否通畅到位。以点检表形式，逐项逐条记录小微贷培训的实际过程，发现阻滞环节尤其是低层次的缺陷，查找分析问题产生的原因，在下一个小微贷培训中引起警惕，以便消除培训管理隐患。

5）归纳培训工作仍然存在的不足，以便持续改进。主要为了发现小微贷培训组织实施过程中的薄弱环节，总结经验教训，以便改进不足，发挥长处，达到持续提高培训工作质量的目的。

（2）培训效果评估的一般步骤。培训效果具体的反馈形式可以有多种：与学员面谈、问卷调查、对学员连续的跟踪调查等，总结经验与不足，为以后培训工作提供有益借鉴。小微贷培训评估可以从以下四个层次进行。

1）反应。即了解学员对培训的直观印象如何，主要测评一些感性认识表现程度，如态度、活力、热情、兴趣和支持等。利用观察法、面谈或意见调查等方式，从而了解学员对培训内容、主题、教材、环境、后勤服务的满意程度。

2）学习。即学员对培训内容的掌握程度。可以利用笔试、操作测试及撰写心得体会，了解其知识与技能的增加程度。

3）行为。即学员接受培训后在工作行为上的改变力度以及在业务实践中应用、创新培训效果的情况。可以通过对学员行为观察及访谈其所在单位的主管或同事进行评定。

4）效果。即培训后带来的银行相关产出的综合变化。这方面的评价属于综合评价，包括成本是否降低了、服务质量是否提高了、顾客满意度是否提升了、利润是否增长了等。

五、业务运营发展阶段

业务运营阶段的核心任务是对业务体系的强化、优化和再造，包括指导业务团队对业务流程的熟练操作和风险掌控，加强业务团队的能力建设；评估分析业务运行状况，对业务管理架构和流程进行优化和调整；评估分析产品推广情况，对小微贷款产品进行优化和创新。

（一）强化操作细节与风险防范意识

1. 市场营销

（1）所需材料。制订营销方案，做好宣传记录和营销台账。

（2）主要步骤。①扫街；②网点广告；③机构推荐；④客户口碑推荐；⑤其他方式。

（3）风险点。①客户经理扫街不积极，每周营销时间达不到要求；②机构推荐时有中介公司或小额贷款公司推荐他行退出客户；③风险防范措施；④后台每周检查宣传记录，向微贷总经理汇报；⑤严禁客户经理与中介公司或小贷公司过多接触。

2. 贷款申请

（1）所需材料。①贷款申请表；②征信查询授权书；③申请人身份证复印件；④分析前资料准备清单。

（2）主要步骤。①客户经理询问申请人基本情况进行初步判断；②客户经理登录法院执行网查询申请人是否有被执行记录或为失信人并截图；③客户经理填写申请表；④申请人在征信查询授权书上签字；⑤身份证复印；⑥分析前资料准备清单留给申请人，让申请人按照清单上内容提前准备材料；⑦客户经理携申请表、身份证复印件、征信查询授权书至综合内勤处进行申请台账登记。

（3）风险点。①客户经理准入判断不准确，降低工作效率；②申请人无身份证填写申请表；③申请人未落实担保人前填写申请；④申请人被拒后更换客户经理重复申请。

（4）风险防范措施。①申请台账登记，对于申请拒绝率较高的客户经理定期组织培训；②明确提供身份证时可填写申请表，身份证由客户经理亲自复印；③同申请人明确担保人落实后可进行贷款申请；④申请台账登记时先查询是否有过贷款申请。

3. 贷前准备

（1）所需材料。①贷前准备表；②征信报告。

（2）主要步骤。①综合内勤登录行内信贷系统查询申请人书是否为本行"黑名单"客户或是否有并行贷款；②综合内勤查询征信并登记；③分析征信报告；④对照申请人行业，参照行业报告为贷款调查做准备（行业报告暂未建立的，此步骤可更改为询问项目经理相关行业信息）；⑤完成贷前准备表；⑥贷前准备表至项目经理或主管处审阅并签字；⑦与客户约定时间，并有熟悉生意的人在场，确定客户已准备好材料清单上内容。

（3）风险点。①贷前准备表流于形式，不能针对贷款调查做准备；②贷前准备表未交至项目经理或主管处审阅签字。

（4）风险防控措施。①对于贷前准备表流于形式的客户经理进行扣分处罚，与每月绩效考核挂钩；②未见贷前准备表签字的贷款不予上贷审会。

4. 贷款调查

（1）所需材料。调查指引表等。

（2）主要步骤。①开场白；②客户基本信息核实；③所有权属的落实；④贷款目的的落实与原因；⑤解决贷前准备的主要问题；⑥经营历史与履历；⑦最近3年生产经营发展趋势；⑧客户生意模式或上下游供求关系；⑨不对称偏差分析检查；⑩加权毛利率；⑪损益表项目；⑫逻辑检验；⑬资产负债表项目；⑭权益检验；⑮共同借款人调查；⑯担保人调查。

（3）风险点。①所有权属落实不到或落实不明；②贷款目的不明或申请人不愿提供真实贷款目的；③共同借款人不同意借款；④担保人不同意担保；⑤客户经理道德风险。

（4）风险防控措施。①所有权属落实不明当场终止调查；②贷款目的不明当场终止调查；③共同借款人不同意借款当场终止调查；④担保人不同意，担保落实不同意原因，若客户存在隐瞒或欺骗行为终止调查；⑤双人调查对调查结果负责。

5. 分析表格制作

（1）所需材料。①调查表格；②照片格式。

（2）主要步骤。①调查表格制作；②法院执行网、行内信息汇总；③调查照片拷贝。

（3）风险点。①表格制作中的各种错误；②忘记关注法院执行网或行内信息；③客户经理道德风险，美化客户数据。

（4）风险防控措施。①贷审会时贷审会成员针对客户经理的贷款表格进行审查，对错误的地方进行扣分，与每月绩效考核挂钩；②贷审会时审贷审查；③"零容忍"，一经发现与客户经理解除劳动合同。

6. 贷审会

（1）所需材料。①决议表；②审批审查表。

（2）主要步骤。①先至综合内勤处预约；②综合内勤根据预约顺序及数量安排贷审会时间；③通知贷审会成员按时到场，组织召开贷审会；④客户经理进行贷审会陈述；⑤综合内勤统计贷审会结果并记录。

（3）风险点。①客户经理同贷审会成员串通；②贷审会程序流于形式；③贷审会成员风险识别能力不够；④超权限审批。

（4）风险防控措施。①贷审会成员每日由综合内勤随机安排，事先不通知客户经理；②总经理不定期检查贷审会程序，严格按照相关办法扣分；③客户经理审批权限严格按照相关办法实行，前期可由项目经理担任；④综合内勤组织贷审会时负责检查当日贷款审批金额与贷审会成员审批权限。

7. 签订合同

（1）所需材料。①借款合同；②担保合同；③支用申请书；④支付委托书；⑤提前到期通知书；⑥婚姻证明；⑦档案材料清单。

（2）主要步骤。①客户经理通知申请人贷款审批结果及安排时间签订合同；②客户开通贷款发放的银行卡，卡号提供给综合内勤；③综合内勤根据贷款审批结果登录系统录入合同；④综合内勤同客户签订合同并进行双录。

（3）风险点。①合同录入错误，未按审批结果录入；②双录时未提示贷款相关信息，未对担保人阐述相关担保责任或义务。

（4）风险防控措施。①贷款发放前，再进行一次核对检查；②双录时按照标准双录提示语句进行，部门总经理不定期对双录情况进行检查。

8. 发放贷款

（1）所需材料。①申请人身份证；②银行卡。

（2）主要步骤。①综合内勤负责贷款发放的全部工作；②综合内勤登录系统操作贷款发放；③发放后所有贷款材料同意入库管理。

（3）风险点。①材料不齐却发放贷款；②档案管理混乱。

（4）风险防控措施。①综合内勤为贷款发放的第一责任人，为贷款发放负责；②贷款档案每日整理成册，入库后非必要情况不得随意领取。

9. 贷后管理

（1）所需材料。贷后监控表。

（2）主要步骤。①贷后管理按相关管理制度进行；②贷后按每名客户填写贷后监控表；③部门总经理定期或不定期组织综合内勤对客户经理的贷后情况进行检查；④贷后过程中发现问题及时向组长、主管或部门总经理汇报。

（3）风险点。①客户经理未按规定时间开展贷后监控；②贷后流于形式或未贷后直接填写贷后结果；③贷后发现问题后，瞒报、缓报风险情况。

（4）风险防控措施。①综合内勤根据贷款发放时间抽查客户经理首次贷后及常规贷后情况；②每次贷后需留存照片，打印后附于贷后监控表后；③对于瞒报、缓报客户经营情况的客户经理不再适用尽职免责管理办法。

10. 逾期追讨

（1）所需材料。①借款人逾期通知函；②担保人逾期通知函。

（2）主要步骤。①综合内勤每日登录系统查看是否有逾期客户，登记台账发送至每名客户经理；②客户经理查询自己客户信息，有发生逾期的上门追讨；③上门追讨时携带借款人逾期通知函及担保人逾期通知函，客户签字后带回回执，客户不愿签字时可拍照证明已上门；④逾期追讨全部留存照片。

（3）风险点。①客户经理单人上门追讨，不注重自身安全；②逾期追讨不积极，消极怠工。

（4）风险防控措施。①所有逾期追讨前汇报主管或部门总经理，说明具体地点、时间，两人以上人员上门追讨；②发生逾期后按每天扣分，与绩效考核挂钩。

（二）完善业务管理体系和发展规划

小微贷款专营部门的发展需要长期制度性建设。完成首批人员的培养，成功搭建小微贷款业务体系是开篇工程，后续需要通过制定科学发展规划，解决不同阶段面临的各方面问题，促进小微贷款业务发展成为银行的核心业务。

1. 筹备期

周期三个月。筹备期主要完成小微贷款专营中心（以下简称"微贷中心"）人员选拔、培养；微贷体系搭建；微贷中心独立场地、办公设备等筹备工作；确定微贷中心第一阶段产品设计；第一年产品目标为加强营销，抢占市场，可不做客户细分。

2. 试运行期

周期三个月。基本筹建工作完成，开始正式对外开展业务，对团队、流程、产品、运营机制、风险、市场等进行磨合测试；通过知识学习与随岗实训，快速提升团队成员的基本技能，并在实际工作中持续历练。试运行期以营销为重，重点找准目标客户突破口，锻炼队伍。可分为侧重营销团队与侧重调查团队，调查由侧重调查的团队独立执行；每周利用晨会、例会开展讨论，每月可组织集中的学习分享；试运行期可通过竞聘选拔出第一批客户经理组长团队，淘汰不适合的成员，补充招聘。此阶段形成所有的日常运营汇报统计报表。

3. 运营期

正式运营期以五年为周期制定发展规划。业绩增长由当地的市场容量及市场特征决定，根据专家对多个地区实践经验为例，以五年为周期，户均 12 万元计算，发展规模如表 6 - 13 所示。

表 6 - 13　业务发展规模周期计划

时间（团队人数）	客户总量（户）	贷款余额（万元）
第一年（20 人）	600	7200
第二年（30 人）	1800	21600
第三年（50 人）	4300	51600
第四年（80 人）	8300	99600
第五年（100 人）	11300	135600

4. 管理部门年度计划

（1）第一年以准事业部模式由总行集中管理运营。审计由总行执行，微贷中心体系内人员晋升、淘汰、考核、薪酬等由微贷中心执行，相关制度与考核办法报备总行，财务按照总行流程执行。整体准事业部运营按照财务测算费用总量控制；由微贷中心集中管理营销事务，与支行形成竞争合作关系，不划分业务边界区域；各支行网点设置微贷中心产品宣传，对外广告、媒体宣传设立独立申贷热线，由微贷中心处理；风控方面，审批模式采用贷审会模式；微贷中心建立日、周、月、季度、半年度、年度汇报机制。分层级设置汇报对象、形式和内容。

（2）第二年以准事业部模式在主要支行建立分中心。与支行保持相对独立，支行客户经理主要从事公司业务，吸收存款等业务。如需要开展个人类小微贷款类业务，需要经过微贷中心考核，纳入微贷中心管理。已经建立微贷中心的支行，客户经理不再开展与微贷中心重复的贷款业务。所有子微贷中心由总行统一管理。审批机制开始逐步进行总行集中风控审批，逐步实现信贷工厂。可逐步推出更丰富的产品，例如：

1）标准化小微贷款产品（商贸流通类）。

2）标准化小微贷款产品（生产加工类）。

3）标准化车贷类产品。

4）标准化固定资产抵押类贷款（优化传统抵押类产品）。

5）标准化金领人士授信贷款。

6）标准化供应链融资类贷款。

7）其他适应当地市场的衍生贷款产品。

8）根据市场特征定制化产品等。

同时，建立微贷中心独立品牌、产品品牌、团队文化、微贷中心 VI 等。风控方面，第二年可根据队伍成长情况，扩充贷审会成员，根据产品与流程适时引入专职审批人制度。

（3）第三年以准事业部模式，在所有支行实行微贷转型。总部前、中、后台模式运行。建立信贷工厂管理模式。

（4）第四年以事业部模式，微贷中心建立以产品条线划分的子准事业部，如车贷小微金融事业部、经营贷小微金融事业部、消费贷小微金融事业部等；建立行业风控模型，根据客户划分等级，如 A 类客户全自动审批、B 类客户"半自动 + 人工审批"、C 类客户人工审批等。

（5）第五年实现总行以小微金融总部管理转型，从品牌、团队、技术、产品、理念、流程六个方面打造当地独具特色的小微金融银行。

（三）加强客户经理的团队能力建设

1. 晨会夕会

晨会制订当天工作计划，夕会检查工作完成情况，咨询项目组监督客户经理对自己的工时进行合理规划。

通过召开晨会夕会，及时解决工作中的各类问题，有效提高工作效率。

2. 自我培训

建立内部培训机制，项目前期由咨询专家集中授课，项目中后期逐渐过渡由客户经理进行自我培训。

要求全体客户经理轮流担任培训师，开展持续业务培训。由参加培训人员进行评分，评分结果进行排名，选取分数较高者进行培训竞赛，选取优秀培训师及优秀培训小组。通过此活动，既能提高全体客户经理的沟通能力，也能重点培养专业培训师，使小微贷机构具备自我培训能力及业务自我复制能力。

3. 营销管理

咨询项目组对沿街商铺及专业市场进行划分片区，按片区落实责任人。要求客户经理主动营销，拉网式对责任片区进行营销；每天规定客户经理的营销户数，回行及时录入小微贷系统，不断完善营销数据库及不良客户数据库。同时通过分析营销数据库，指导客户经理及时进行潜在客户回访及营销，提高营销效率。

4. 案例汇编

客户经理每月提交客户调查案例。客户经理按照标准模板编写调查案例，总结调查要点及注意事项，以及行业特征。汇集不同行业的调查报告，向客户经理印发案例汇编，督促快速了解不同行业的特点及调查注意事项，提高客户经理的调查效率。

5. 业务周报

要求客户经理起草每周工作日记，周记内容主要关于日常工作、生活等方面。每周将客户经理周记编辑汇总成电子版报送行领导，每月挑选周记进行精编并打印成册提交总行。行领导及咨询项目组通过周记能够及时了解客户经理的思想动态，及时发现问题并予以解决。

6. 看板管理

小微贷部门每个小组都有白板，及时记录当地的工作计划、工作进度以及业绩情况，使客户经理能清晰了解自己的工作状况。

在办公室墙面张贴各个小组口号、小微贷部门文化，以及业绩排名、竞赛活动的结果及相片，塑造小微贷部门的竞争氛围，加强团队归属感。

7. 绩效考核

每月对全体客户经理进行关键绩效考核（KPI）评估①，评估内容包括业绩、日常行为等，根据评分确定 KPI 值，每个季度综合三个月的 KPI，然后根据 K 值进行相应的晋级、降级、淘汰等处理，保持适当的人员流动性，强化业务团队管理，提高小微客户经理的业务能力。KPI 考核模板如表 6 - 14 所示。

---

① KPI 考核（Key Performance Indicator），是指关键绩效指标考核法。按管理主题来划分，绩效管理可分为两大类，一类是激励型绩效管理，侧重于激发员工的工作积极性，比较适用于成长期的企业。另一类是管控型绩效管理，侧重于规范员工的工作行为，比较适用于成熟期的企业。但无论采用哪一种考核方式，其核心都应有利于提升企业的整体绩效，而不应在指标的得分上斤斤计较。

表 6－14　小微贷款客户经理 KPI 考核评估

姓名			岗位		
上期评估结果			评估月份		
指标评估（总分 60 分）					
营销户数	计划		分值	15	签约户数	计划		分值	15
	完成		得分			完成		得分	
贷款余额	计划		分值	15	客户监控	计划		分值	15
	完成		得分			完成		得分	

定性评估（总分 40 分）								
业务独立性	分值	得分	营销能力	分值	得分	贷款调查及分析	分值	得分
	5			5			5	0
贷审小组陈述	分值	得分	技术知识	分值	得分	客户服务	分值	得分
	5			4			4	
考勤纪律	分值	得分	责任心	分值	得分	沟通协调	分值	得分
	3			3			3	
团队协作	分值	得分						
	3							

评估结果				
综合得分		评估结果	不合格（　），合格（　），良好（　），优秀（　）	
综合表现			其他评注	
下期工作指标			个人期望	
被评估人		日期	评估人	日期
部门领导			日期	
备注	评估结果分值：优秀：90（含）~100 分，良好：80（含）~90 分，合格：60（含）~80 分，不合格：60 分以下			

第七章 中国特色小微贷款的创新实践案例

一、山西××农村商业银行小微贷款管理咨询项目案例

（一）项目背景与主要目标

　　为应对激烈的市场竞争态势，保持竞争优势，稳定发展趋势，山西××农村商业银行（以下简称"××农商行"）积极探索受经济周期波动影响相对较小、具有良好的稳定性和营利性的小微信贷服务领域，并联合上海智榜商务信息咨询服务有限公司（以下简称"上海智榜"），在全面依托当地小微金融的独特发展环境和深入挖掘日趋成熟的小微信贷技术的基础上，制定和实施开发新市场、挖掘新的利润点等转型升级战略。

　　××农商行位于山西省晋中市辖内，拥有常住人口 66 万左右（其中城区约 40 万人），该地经济主要以轻工业为主导，以粮食生产作为重点开发项目，2018 年实现地区生产总值近 300 亿元，整体人口规模及经济水平相对于全国其他同级地市处于中等偏下水平。

　　上海智榜是一家专注于小微金融专业管理咨询以及运营实施的服务机构，其提供的微贷服务技术主要侧重于行业化、专业化的调查技术，标准化的流程管理和科学化的分级授权审批模式，确立微贷业务流程和关键的风控要素，从而提升工作能效和人力管理水平，实现快速、安全规模扩张。

　　上海智榜根据项目不同的阶段目标和特点充分调配各项资源，合理安排项目进度并完成以下三个方面的目标工作：

（1）建立小微贷款业务部门组织架构，梳理小微贷款业务工作流程，确保人员岗位、权限、责任的统一。

（2）提供小微贷款业务开展所需要的制度文件，实现小微信贷技术的知识转移，为银行建立小微贷款业务综合管理体系和专业高效的作业团队。

（3）实现微贷业务规模和质量的双重发展，提升该农商行服务小微客群的市场认知度和占有率，并保证其独立运营的可持续发展。

（二）咨询期构建业务体系

上海智榜项目团队于 2016 年 8 月进场开展微贷咨询服务，于同年三季度末完成了××农商行小微金融事业部（小微贷款专营部门）的团队体系建设、制度体系和产品体系的初步搭建。具体工作如下：

1. 团队体系建设

2016 年 8 月 1 日，智榜项目组组织实施了客户经理选拔工作，选拔流程包括笔试（行政能力测试）、小组面试及结构化面试。笔试主要考察应聘人员的常识推理与判断能力，言语理解与表达能力，以及数量关系分析能力；小组面试部分主要通过自我介绍、专题讨论和小组讨论考察应聘人员的人际互动和协作能力，检测应聘者的语言表述能力、沟通交流能力、团队协作意识、主动性；结构化面试是指逐个针对应聘人员的特点和专业、从业经历、背景等方面，深入考察其在决策分析、应变能力、数理逻辑、职业操守、道德素养、专业技能、心理抗压能力、解决问题等方面的情况。通过专业、严格的选拔，最终从 123 名应聘人员中录用了 28 人。

2016 年 8 月 15 日至 29 日，智榜项目组成功组织了为期半个月的客户经理培训工作。为保证培训质量，提升培训效果，此次培训采用全封闭模式，并邀请了具有丰富的理论知识及实践经验的专家顾问进行授课。培训课程除安排了与小微贷款业务相关的财务报表、交叉检验、行业案例分析、零售银行营销实务、风险评估及贷后监控等专业课程之外，还设置了励志电影赏析、时间管理、职业规划以及拓展训练等团队建设活动。整个培训阶段课程内容丰富，逻辑严谨，不仅成功导入了小微贷款业务知识，而且培养了一支团队文化和精神风貌积极正向的客户经理团队，培训效果显著。

2. 制度体系建设

智榜项目组设计撰写了包括小微贷款业务《管理办法（总章）》《尽职调查实施细则》《授信操作流程》《审批授权管理办法》《绩效薪酬考核办法》《贷后管理办法》《问责管理办法》等总计 13 项相关制度办法，保障了该行微贷业务发展合规合法、有效落实客户经理尽职免责，全流程把控小微贷款业务风险。

3. 产品体系建设

2016年9月，智榜项目组组织客户经理着手对该地某辖区进行了为期一周的市场调研活动，调研对象主要为批发零售业、生活服务业、生产制造业三大类小微客户群体，走访商户近5000户，共收回1235份有效问卷；此外，客户经理对该地的同业机构（包括银行、小贷公司、担保公司等）进行了产品调研，深入了解竞争对手的产品特点及作业方式，为小微贷产品设计及展业营销规划建立了真实有效的基础数据库。

结合市调信息，智榜项目组为设计了"贷出晋彩"微贷产品品牌，包括子产品："抵易贷""保易贷""诚易贷""POS流水贷"，并确立了"指日可待有我在，无限晋彩任您来"的品牌宣传标语，为小微贷款业务工作的顺利开展奠定了产品基础。随着业务发展，项目组结合该行政策方向及市场客户需求特点，相继又设计了"金贷通""安居保""车易贷""商圈贷""创业学易贷""固资宝""理财通""e分期""亲情贷""芙蓉金"等专项产品，以便更大范围地服务好小微客户群体。

（三）运营期注重能力建设

截至2019年6月，××农商行小微金融事业部实现授信1248笔，授信总额超过3.6亿元，贷款余额接近2亿元，累计实现利息收入近2400万元，不良贷款率不足0.1%。按照××农商行与上海智榜签订的协议，要求合作三年（截至2019年10月）完成授信总目标2.4亿元，不良率不超过2%。上海智榜项目组提前一年完成合同标的。在2019年"开门红"营销活动中，负债业务（存款、理财等）营销也取得了近2亿元的业绩贡献，综合服务能力显著提升。

上海智榜在项目运营管理过程中，坚持实施常态化内训机制，培训内容涉及营销技能、调查方法、风险识别、法律实务等方面。通过内部培训，在不断加强员工内部交流与学习，巩固和提升作业团队自身技能和素养的同时，还有效保障了××农商行小微金融事业部的自我复制能力和功能扩展能力。

（四）实践经验总结

在上海智榜咨询团队的运营管理下，××农商行小微金融事业部内部组织架构完备，岗位职责完善，条线工作成熟，管理机制健全，银行综合业务服务全面，最终形成了全新的信贷文化，改进了原有的信贷氛围，发挥出了"鲶鱼效应"，在真正意义上实现了微贷技术转移，促进××农商行小微金融服务的健康和可持续发展。

小微贷款项目管理咨询的成功实践表明，最佳实践的取得主要依靠银行和咨询公司的密切配合，双方需要在小微金融服务的价值理念上达成统一，然后由咨询方提供专业的技术支持和管理手段，银行方提供必要的条件支撑和政策辅助。双方共商共建，在共同塑造微贷业务团队独立良好的作业环境过程中，促进业务不断完善、成熟和创新，让员工在增加价值感的同时甘于奉献、勇于担当、乐于创新。

二、小微贷款行业案例

（一）贸易行业案例分析

1. 行业定义

贸易指专门从事批发和零售贸易活动，具体是指不直接从事商品的生产，而是从农业、工业或其他的单位购买（或调拨）成品或半成品，未做任何加工，或只做简单的加工，通过转卖以获取利益总称，如配件、五金、服装、粮油、副食、水果蔬菜、自行车、电动车、摩托车、电脑、洗涤化妆品等。

2. 行业特点

（1）行业准入门槛较低，进出相对容易。

（2）从事行业简单，基本就是买进和卖出，只不过所经营的方式不同，比如有些人既有零售，也有批发，还有批零兼营，周转速度一般较快。

（3）固定资产较少，最多的就是流动资产，体现在现金、存货、应收账款等多方面。

（4）一般有固定的进货渠道和销售渠道。

（5）季节性明显，如服装、冷饮、啤酒受季节影响显著。

3. 风险评估

（1）非财务信息评估。

1）查看经营特殊商品是否有经营流通许可证件。

2）了解是否有足够的市场份额（批发行业较为明显）。

3）观察经营场地的装修情况和相关设施，是否有能够吸引客户的购物环境（零售行业较为明显）。

4）查看经营商品和方式的多样化、销售网络、销售额、经营手法和模式，影响利润空间。

5）通过查看销售合同、发货单据、销售记录，评估是否有完善、健全的销售渠道和网络。

6）是否是有效的促销手段和专业的销售人员。

7）将经营发展历程对比，分析经营者的应变能力。

（2）财务信息评估。通过口头询问，查看经营单据、账本、银行对账单、实地盘查等方式，获取和分析客户的资产（流动资产是核实的重点）、负债、收入、费用、经营现金流等情况。

4. 案例分析

（1）案例介绍。客户做铝材生意，他想向银行借款 30 万元用于资金周转。

客户经理于 2018 年 7 月 31 日来到客户的店铺进行调查。客户没有贷过款，以前在乡镇做十几年的铝材生意，后由于小孩要在城区上学，于 2014 年开始在城区做铝材。2014 年投入约 95 万元（货物 80 万元，固定资产及现金 15 万元）。上游有 2 家：××铝型材有限公司和××铝业有限公司，以前的结款方式为先付订金后发货，随着信任度加深，现结款方式为装车付款。下游顾客为散户，货款有的为现结，有的为赊欠，有大量的应收账款，账期有的差不多一个月，有的为 3～5 个月。往年的应收账款已结清，现有的基本都为本年新进应收账款。主要为零售，批发较少。

上半年生意较好，为旺季。客户口述旺季（2、3、4、5 月）销售额为 50 万元/月，淡季（6、7 月）销售额为 20 万元/月，一般季节销售额为 30 万元/月。经统计其 3 月账本，销售额共为 541822 元。客户口述全年进货约 200 吨，每吨平均 20000 元。客户进货基本都从农行银行卡付款，经统计 1～7 月的银行流水，进货支出总额为 2358496 元；经现场统计其 3～7 月的进货物流，共进货 91246 千克。一年前货物库存价值约 90 万元，现有货物库存价值 14.75 万元。

客户口述毛利率约为 15%～20%。客户的生意模式有零售和批发，零售占 80%，批发占 20%，经现场统计账目，一笔零售价为 23000～24000 元的成本价为 18340 元，一笔批发价为 20670 元的成本价为 19970 元。

客户口述每月付工人工资 6000 元，房租每月 4500 元，每月水电费为 80 元，通信费为 180 元，税收每月为 600 元。家庭开支为每月 2000 元。住房租金每年 4000 元。

客户现有现金为 500 元，银行存款为 181262 元，应收账款为 504810 元，预付租金为 39333 元，向私人借钱 40 万元。

客户口述 2014 年净利润为 10 万元，2015 年净利润为 15 万元，2016 年净利润为 20 万元，2017 年 1 月至 7 月净利润为 15 万元（近年赚钱较多是由于以前在车站里面开店，后来改在沿街商铺开店）。近几年大的开支主要有：大女儿上学 36000 元、小女儿上学 8000 元、还私人借款的利息 20000 元。

客户有 6 万 ~7 万元借给亲戚，无单据。另外，应收账款有 8 万元无法核实。点货清单表和固定资产列表分别如表 7 - 1 和表 7 - 2 所示。

表 7 - 1 贸易行业案例点货清单

货物名称	数量（吨）	买进单价（元）
店里	15	20000
仓库（北面）	35	20000
仓库（东南角最底层）	7	25000
仓库（东南角上层）	10	20000
仓库（西南角）	5	20000

表 7 - 2 贸易行业案例固定资产

序号	物品名	购置年份	原始单价（元）	计提折旧比率（%）	数量
1	切割机	2014	350	40	7
2	冲床	2014	25000	40	4
3	货架	2014	6500	40	1

（2）编制财务报表及交叉检验。

（3）调查结论信息评估。

经调查，该笔贷款可以发放，放款金额 30 万元，期限 1 年，考虑如下：

1）该客户经营铝材生意十几年，经验丰富。

2）下游结款正常，现金流比较稳定。

3）有两个女儿在当地上学，家庭稳定。

4）流动资产充裕，资产负债率低。

5）刨除家庭开支后一年收入 60 多万元，能够覆盖贷款额度。

6）结合客户目前自有资金、下游结款方式及进货情况，分析得出该笔贷款用途合理。

贸易行业案例相关列表如表 7 - 3 至表 7 - 5 所示。

表 7 - 3　贸易行业案例资产负债表

报表日期：2018 年 7 月 31 日　　　　　　　　　　　　　　　　单位：元

资产		负债	
流动资产	2161572	短期负债	400000
现金及银行存款	181762	应付账款	0
现金	500		
银行存款（农信＋农行）	181262		
应收账款	504810	预收账款	0
应收账款	504810		
预付账款	0	短期贷款	400000
		信用卡透支	
		个人借款	400000
		其他机构贷款	
存货和原材料	1475000	长期负债	0
存货	1475000		
固定资产	43580	其他负债	0
固定资产	43580		
其他资产	39333	负债总计	400000
预付租金	39333	所有者权益	1844485
资产总计	2244485	负债和所有者权益总计	2244485
流动比率	540%	负债率	18%

表外资产负债情况及评价

借给亲戚 6 万 ~7 万元；应收账款 8 万元

注：负债率＝负债总计/资产总计

表7-4　贸易行业案例损益表

报表日期:2017年8月至2018年7月

单位:元

项目	2017年8月	2017年9月	2017年10月	2017年11月	2017年12月	2018年1月	2018年2月	2018年3月	2018年4月	2018年5月	2018年6月	2018年7月	总计	月平均
收入														
1　销售额	300000	300000	300000	300000	300000	300000	500000	541822	500000	500000	200000	200000	4241822	353485
总计(1)	300000	300000	300000	300000	300000	300000	500000	541822	500000	500000	200000	200000	4241822	353485
可变成本														
1　可变成本(81.8%)	245400	245400	245400	245400	245400	245400	409000	443210	409000	409000	163600	163600	369810	289151
总计(2)	245400	245400	245400	245400	245400	245400	409000	443210	409000	409000	163600	163600	369810	289151
毛利润=(1)-(2)	54600	54600	54600	54600	54600	54600	91000	98612	91000	91000	36400	36400	772012	64334
营业费用														
1　工资	6000	6000	6000	6000	6000	6000	6000	6000	6000	6000	6000	6000	72000	6000
2　经营性房屋租赁费	4500	4500	4500	4500	4500	4500	4500	4500	4500	4500	4500	4500	54000	4500
3　电费	80	80	80	80	80	80	80	80	80	80	80	80	960	80
4　通信费	180	180	180	180	180	180	180	180	180	180	180	180	2160	180
5　税收(门市)	600	600	600	600	600	600	600	600	600	600	600	600	7200	600
总计(3)	11360	11360	11360	11360	11360	11360	11360	11360	11360	11360	11360	11360	136320	11360
分期还款(经营)(4)													0	
净利润=(1)-(2)-(3)-(4)	43240	43240	43240	43240	43240	43240	79640	87252	79640	79640	25040	25040	635692	52974
1　家庭开支	2000	2000	2000	2000	2000	2000	2000	2000	2000	2000	2000	2000	24000	2000
2　其他开支(租房)	333	333	333	333	333	333	333	333	333	333	333	333	3996	333
每月可支配资金	40907	40907	40907	40907	40907	40907	77307	84919	77307	77307	22707	22707	607696	50641

表 7 – 5 贸易行业案例交叉检验表

销售额交叉检验

客户口述旺季（2、3、4、5月）销售额为 50 万元/月，淡季（6、7 月）销售额为 20 万元/月，一般季节销售额为 30 万元/月，计算得到年销售额为 420 万元

1. 经统计其旺季的 3 月账本，销售额共为 541822 元，与客户口述的旺季销售额 50 万元/月基本相符

2. 根据银行流水检验（进货检验），全年进货约 400 万元，一年前货物约 90 万元，现有货物 1475000 元，则全年卖出货物成本价 900000 + 4000000 – 1475000 = 3425000（元），经检验成本率为：1 – 18.2% = 81.8%，则年销售额为 3425000/81.8% = 4187041（元），与客户口述得到的年销售额基本相符

毛利润/成本交叉检验

占比	进价	售价	毛利率	加权
零售 80%	18340	23000 ~ 24000	22%	17.6%
批发 20%	19970	20670	3%	0.6%

加权平均毛利率：17.6% + 0.6% = 18.2%

检验：与客户口述 15% ~ 20% 基本相符

其他交叉检验

进货检验 1（银行流水检验）：

A：客户口述全年进货约 200 吨，每吨平均 20000 元，则全年进货共约 20000 × 200 = 4000000（元）

B：客户进货基本都从农行银行卡走，经统计 1 ~ 7 月的银行流水，进货支出总额为 2358496 元，则全年进货 2358496/7 × 12 = 4043136（元）

检验：与客户口述的 400 万元基本相符

进货检验 2：

A：客户口述全年进货约 200 吨，每吨平均 20000 元，则全年进货共约 20000 × 200 = 4000000（元）

B：经现场统计其 3 ~ 7 月的进货物流，共进货 91246 公斤，即约 91 吨，则全年约进货 91/5 × 12 = 218（吨），与客户口述全年进货约 200 吨基本相符

权益交叉检验

期初权益合计（时点）（2014 年）	950000	+
期初权益 1（时点）	800000	货物

续表

期初权益2（时点）	108950	固定资产
期初权益3（时点）	41050	现金
分析期间收入合计	1207696	＋
分析期间经营收入1（时段）	100000	2014年净利润
分析期间经营收入2（时段）	150000	2015年净利润
分析期间经营收入3（时段）	200000	2016年净利润
分析期间经营收入4（时段）	150000	2017年1月至7月净利润
分析期间经营收入5（时段）	607696	2017年8月至今
大项支出合计	64000	－
大项支出1（时点/时段）	36000	大女儿上学
大项支出2（时点/时段）	8000	小女儿上学
大项支出3（时点/时段）	20000	还私人借款的利息
其他收入		＋
升值		＋
折旧（资产负债表内折旧）	65370	－
表外资产	145000	
应有权益	1883326	
实际权益（资产负债表所有者权益）	1844485	
权益差额（应有权益－实际权益）	38840	
分析期间累计收入	1207696	
权益交叉检验比率	3.22%	

（二）服务行业案例分析

1. 行业定义

服务行业是指利用设备、工具、场所、信息或技能为社会提供服务的业务企业的总称。涉及贷款的服务业有：餐饮、住宿、旅游、仓储、寄存、租赁、广告、各种代理劳务、理发、照相、洗浴、交通运输以及各类技术服务、咨询服务等业务。

2. 行业特点

（1）一般多数项目需要特别许可经营。

（2）一次性初始投入大，存货少，流动性大。

（3）以现金交易为主，资金回流较快。

（4）利润高，服务行业的平均净利润率一般在 50% 左右。

（5）对地理位置、环境要求、服务水平等要求高。

3. 风险评估

（1）非财务信息评估。

1）查看地理位置和周边环境，看是否有足够的人流量。

2）查看相关证照，看是否有政府部门的经营许可。

3）查看经营场所内安全设施是否齐全，特别注意消防安全。

4）查看经营现场，看是否有足够的服务水平和能力（项目生存的关键）。

5）查看经营现场，看是否有相关服务设备和配套设施及这些设备设施的安全性。

6）访问员工和客户，了解其经营是否超出政府许可的经营范围，是否从事非法经营。

7）对企业员工，周围人群进行访问，了解生意的好坏，了解别人的评价。

8）查看贷款目的是否与服务行业特点相匹配。服务行业贷款目的的核实是重中之重，常见的贷款目的有装修、付房租、开新店、购买服务设备等。

（2）财务信息评估。通过口头询问，查看经营单据、账本、银行对账单、实地盘查等方式，获取和分析客户的资产（固定资产是核实的重点）、负债、收入、费用、经营现金流等情况。

4. 案例分析

（1）案例介绍。客户于 2018 年 6 月 10 日来我行申请贷款 2 万元，期限 12 个月，贷款目的用于装修店面。

客户 42 岁，初中文化，与爱人都是本地人，两人育有一个儿子。客户 2013 年来当地，儿子大学毕业后在当地一家贸易公司工作。客户在市区无房产。

客户原在老家开饭店，由于儿子上学的原因，2014 年初夫妻俩到市区考察市场，2015 年 5 月共投 4 万元（当时借款 3 万元），8000 元用于装修，在钢材市场开了自己的小饭店，店对面有 2 个住宅区，都是工薪阶层居民。

客户主要经营面食、羊杂碎和炖羊肉。早点客户只卖面，卖面占客户全天营业额的 40%，其他分别是羊杂碎占 20%，羊肉占 30%，酒水占 10%。客户说饭店的利润在 50% 左右。

客户每天从附近的一家农贸市场进货，只有老客户才可以赊账，并且是一次顶一次的结款，客户原来在郊区开店时赊账要不回，故现在客户不赊账。早点生意稳定，每天早晨有三拨人来店吃早点：7 点左右学生，7～8 点上班人 + 晨练人，9 点左右是下夜班的人。

客户经营的小饭店有淡旺季，影响淡旺季的主要因素是钢材市场的生意，客户在每年过年月份都休息（2 月），淡季是 11、12 月至次年 1、3、4 月，每天销售 1000 元左右。旺季是 5、6、7、8、9、10 月，每天销售 1100 元左右。销售价目表：面：2.5 元/碗；羊肉：30 元/盘；羊杂碎：4 元/碗；酒：10 元/瓶。

客户淡季进货约 500 元/天，其中面两天进一次，一次进 2 袋；酒 2～3 天进一次，一次进两件（12 瓶/件）；羊肉 110 元/天；羊杂碎 70 元/天；调料辅料 170 元/天。旺季进货约 550 元/天，其中面两天进一次，一次进 2 袋；酒一天一件；羊肉 120 元/天；羊杂碎 80 元/天；调料辅料 180 元/天。进价单：面 70 元/袋（50 斤/袋）；羊肉 11 元/斤；羊杂碎 4 元/斤；酒 7 元/瓶。

饭店食料构成：面：1 斤面 +1.5 元辅料出 3 碗面；羊肉：1 斤生的 +2 元辅料出 0.7 斤熟的，1 盘装 0.7 斤熟的；羊杂碎：1 斤 +3 元辅料出 3 碗。

客户目前雇员共 7 个人，其中 1 人每月 800 元，6 人 500 元/月，雇员都管饭，加上客户一家每天饭费 100 元/天；租金 24000 元/年（每年 12 月交第二年的租金）；税费由于客户有下岗优惠证只需交 100 元/月；水电费 450 元/月；卫生许可 1200 元/年；一次性餐具 1000 元/月，损失基本没有；电话费两个人 100 元/月，每月家庭开支 1500 元。客户说费用大概在 400 元/天。

客户经理于 2018 年 6 月 15 日上午十点去做调查，当时店内还有人吃面，经过清点，店内有现金 932 元（其中有 396 元为当天早晨营业额），工行存款 10100 元；客户无应收账款；店内调料有 100 元，早晨刚进了肉 200 元，面已经没有了，客户正准备购进，店内还有酒两件；店内空调价值 1000 元，消毒柜价值 300 元，冰柜价值 2000 元，桌椅价值 500 元（8 张坐 4 人、3 张坐 7 人），厨具价值 500 元；应付账款有面钱 140 元；固定资产折旧后总计 4300 元，累计折旧 4000；开店时借款已还清。

根据客户的回忆，2015 年 5 月到 2016 年 4 月，小店生意不断好转，这一年大概挣了 15000 元；从 2016 年 5 月到 2017 年 5 月，这一年大概挣了 25000 元。客户说去年挣钱 4 万元左右。客户经营期间的大项开支有：客户开店时办证件一次性花销 2000 元，2016 年给儿子买电脑 6000 元，儿子学费共计 16000 元，客户母亲在 2017 年 10 月生病花 5000 元。

（2）编制财务报表及交叉检验。

（3）调查结论信息评估。经调查分析，客户优势如下：

1）客户与其爱人都是本地人，有一子，儿子在当地已有工作，客户家庭生活稳定。

2）客户从事餐饮行业，行业波动小，收入相对比较稳定。

3）资产负债率低，客户经营生意较为稳健。

4）生意现金流稳定，对于按时偿还贷款有保障。

5）贷款用途（装修店面）符合行业特征，较合理。

6）但由于权益检验差异比率较大，需进一步核实相关经营数据。

服务行业案例相关列表见表7-6至表7-8。

表7-6　服务行业案例资产负债表

报表日期：2018 年 6 月 15 日　　　　　　　　　　　　　　　　　单位：元

资产		负债	
流动资产	11500	短期负债	140
现金及银行存款	11032	应付账款	140
现金/支票	932	预收账款	0
银行存款	10100	短期贷款	0
应收账款	0		
预付账款	0	长期负债	0
存货和原材料（调料100、肉200、酒168）	468		
固定资产	4300	其他负债	0
其他资产	11000		
预付租金	11000	负债总计	140
		所有者权益	26660
资产总计	26800	负债和所有者权益总计	26800
流动比率	8214.29%	负债率	1%
表外项目及评价			

（三）加工制造业案例分析

1. 行业定义

加工制造业主要是对原材料进行加工，或对加工工业的产品进行再加工和修理，或对零部件进行装配的工业部门的总称。一般指冶金、机械、电子、化学、石油化工、木材加工、建筑材料、造纸、纺织、食品、皮革工业等。

2. 行业特点

（1）加工制造企业必须要有固定的生产场地、相对稳定的技术员工队伍、完善的生产工艺流程。

（2）行业准入门槛较高，初期投资较大并且需要持续投入。

（3）从事行业比较复杂，有些甚至涉及核心专利技术，资金周转速度一般。

表7-7 服务行业案例损益表

报表日期：2017年6月1日至2018年6月15日

单位：元

项目		2017.6	2017.7	2017.8	2017.9	2017.10	2017.11	2017.12	2018.1	2018.2	2018.3	2018.4	2018.5	2018.6.15	总计	月平均
销售收入	饭店销售（1）	33000	33000	33000	33000	33000	30000	30000	30000	0	30000	30000	33000	16500	364500	29160
	总计（1）	33000	33000	33000	33000	33000	30000	30000	30000	0	30000	30000	33000	16500	364500	29160
可变成本	50.00%	16500	16500	16500	16500	16500	15000	15000	15000	0	15000	15000	16500	8250	182250	14580
	总计（2）	16500	16500	16500	16500	16500	15000	15000	15000	0	15000	15000	16500	8250	182250	14580
毛利润＝（1）－（2）		16500	16500	16500	16500	16500	15000	15000	15000	0	15000	15000	16500	8250	182250	14580
营业费用	1.工资	3800	3800	3800	3800	3800	3800	3800	3800	0	3800	3800	3800	1900	43700	3496
	2.经营性房租	2000	2000	2000	2000	2000	2000	2000	2000	2000	2000	2000	2000	1000	25000	2000
	3.水电费	450	450	450	450	450	450	450	450	0	450	450	450	225	5175	414
	4.饮食费	3000	3000	3000	3000	3000	3000	3000	3000	0	3000	3000	3000	1500	34500	2760
	5.税费	100	100	100	100	100	100	100	100	100	100	100	100	50	1250	100
	6.卫生费	100	100	100	100	100	100	100	100	100	100	100	100	50	1250	100
	7.一次性餐具	1000	1000	1000	1000	1000	1000	1000	1000	0	1000	1000	1000	500	11500	920
	总计（3）	10450	9350	9350	9350	9350	9350	9350	9350	2200	9350	9350	9350	4675	110725	8858
净利润＝（1）－（2）－（3）		6050	7150	7150	7150	7150	5650	5650	5650	（2200）	5650	5650	7150	3575	71525	5722
其他支出	1.家庭开支	1500	1500	1500	1500	1500	1500	1500	1500	1500	1500	1500	1500	750	18750	1500
	2.通信费	100	100	100	100	100	100	100	100	100	100	100	100	50	1250	100
每月可支配资金		4450	5550	5550	5550	5550	5550	5550	5550	（3800）	4050	4050	5550	2775	51525	4122

表 7 - 8　服务行业案交叉检验表

一、销售额检验

此题客户没有口述全年销售额情况，直接罗列检验过程

1. 客户在每年过年月份都休息（2 月），淡季是 11、12 月至次年 1、3、4 月，每天销售 1000 元左右，旺季是 5、6、7、8、9、10 月。每天销售 1100 元左右。则年销售额为 1000 × 30 × 5 + 1100 × 30 × 6 = 348000（元）

2. 在客户没有库存积压的情况下，进货量可以视为客户出货量。淡季进货约 500 元/天，旺季进货约 550 元/天，结合客户 50% 的毛利，推出淡季和旺季日销售额分别为 1000 元和 1100 元，进而推出全年销售额为 348000 元

3. 客户经理在 6 月 15 日上午 10 点去做分析，店内有现金 932 元，其中有 396 元为当天早晨营业额。由于客户早上只买面，故 396 元即为当天卖面营业额，再结合卖面占客户全天营业额的 40%，推出当日营业额为 396/40% = 990 元，另外当时店内还有人吃面，故当天还有部分营业额未算，因此与 6 月每天销售 1100 元有差异也合理

综上所述，销售额检验通过，损益表数据取淡旺季销售数据

二、毛利检验

客户口述饭店利润为 50% 左右

1. 客户淡季每天销售 1000 元左右，进货约 500 元/天，旺季每天销售 1100 元左右，进货约 550 元/天，因此毛利为（1000 – 500）/1000 或（1100 – 550）/1100 = 50%

2. 通过面食、羊杂碎、炖羊肉、酒的加权毛利检验得出。加权成本率 = 2.9/7.5 × 40% + 13/30 × 30% + 7/12 × 20% + 7/10 × 10% = 47.13%，因此加权毛利为 52.87%

综合所述，按照保守原则，毛利率定为 50%

三、权益交叉检验

项目	金额（元）	备注
期初权益	10000	2015 年 5 月，共投 4 万元，其中借款 3 万元，则权益为 1 万元
分析期间经营收入	79875	2015 年 5 月至 2016 年 4 月，赚 15000 元；2016 年 5 月至 2017 年 5 月，赚 25000 元；损益表可支配收入 39875 元
其他收入		
大项支出	37000	8000 元，开店装修；2000 元，开店办证件花销；22000 元，买电脑、学费；5000 元，生病花销
表外资产		
折旧	4000	
应有权益	48875	
实际权益	26660	

续表

权益差额	22215	
分析期间累计收入	79875	
权益交叉检验差异比率	28%	差异比率较大，需进一步核实相关经营数据

（4）存货和固定资产比较多，并且根据企业规模等情况持续增长。

（5）应收账款账期有逐渐增长的势头。

3. 风险评估

（1）非财务信息评估。

1）查看相关证照，看是否有政府部门的经营许可。

2）查询相关资料和政府部门，看企业是不是国家限制的高耗能、高污染行业。

3）实地查看企业所在地的周围环境是否适合生产。

4）查看生产现场是否有成熟的技术和掌握熟练技术的工人，以及否有相关设备和配套设施。

5）对企业的人事部门、员工进行访问，分析员工队伍是否稳定，特别是核心的管理人员和技术人员。

6）查看相关的安全生产制度，观察生产现场，分析企业是否安全生产。

7）通过查看购货合同或购货发票，分析原料来源和原料质量是否有保障，进货价格是否合理。

8）通过查看销售合同、发货单据、销售记录，评估是否具有完善、健全的销售渠道和销售网络。

9）将经营发展历程进行对比，分析企业是否有技术创新能力和应变能力。

10）查看贷款目的是否与加工制造业相匹配，因为大多数加工制造企业的贷款目的都是购进原料、生产设备和补充流动资金。

（2）财务信息评估。通过口头询问，查看经营单据、银行对账单，实地盘查，产能检验等方式，获取和分析客户的资产、负债、收入、费用、经营现金流等情况。

对于加工制造业来说，除确定销售额之外，最重要的是确定生产流程和生产成本构成。对企业生产流程做进一步了解，也可以确定企业的产值、存货和固定资产情况。

4. 案例分析

（1）案例介绍。客户做不锈钢生产生意，在当地有一个租的工厂，由于应收账款较多，需要申请50万元用于周转。

客户于 2014 年开始经营不锈钢生产生意，当时客户总共投入 50 万元购买设备、支付厂房租金等，50 万元都为自有资金，之后客户就与自己的儿子共同经营至今。

客户目前的主要产品是 316 和 2520 两个型号，上游主要是一些材料供货商还有一些加工厂，下游为本地的客户，上下游都比较稳定。客户与上游基本都是现金结算，几家稳定的供货商允许欠一部分款项，下游一般都是年结，当欠款达到一定金额的时候会结一部分款项，然后年底统一结算。

客户口述全年销售额 5000 多万元。每个月销售额 400 万元到 500 万元之间，没有明显的淡旺季。客户口述大概 70% 的货款会走银行流水，经客户经理统计，客户两张的银行卡半年的流水进项分别为 15594805 元和 2646320 元。经查客户账本，显示今年 2 月到 8 月销售额为 29855442 元。

客户口述近一年毛利约为 400 万至 500 万元，毛利率约为 10%。工厂平均每天生产 6 吨成品，生产的产品主要型号为 316 型号和 2520 型号，各型号产品又分为不同的子产品，各项产品占整体的销售比例差不多。

316 型号产品分为 316 盘元和 316 氢丝，每生产 1 吨 136 型号产品需用到原材料 12500 元。316 盘元售价为 17000 元/吨，其中每提炼 1 吨此货物炼费加人工需要 1200 元，夹费需要 800 元，损耗 1000 元。316 氢丝一般售价为 22500 元/吨，其中每提炼 1 吨此货物炼费加人工需要 1500 元，夹费需要 1000 元，损耗 1200 元，然后加工成丝还需 4500 元左右的加工费。

2520 型号产品也分为 2520 盘元和 2520 氢丝，每生产 1 吨 2520 型号产品需用到原材料 22000 元。2520 盘元一般售价为 27500 元/吨，其中每提炼 1 吨此货物炼费加人工需要 1200 元，夹费需要 800 元，损耗 1500 元。2520 氢丝一般售价为 31000 元/吨，其中每提炼 1 吨此货物需炼费加人工需要 1200 元，夹费需要 800 元，损耗 1500 元，然后加工成丝还需要 2500 元左右的加工费。

客户口述近一年营业费用约为 70 万~80 万元。工人工资每月 8000 元，每月厂房租金 10000 元，伙食费每月 3000 元，机器维修费每月 3000 元，运输油费每月 6000 元，税收每月 5000 元，平均每月电费 28000 元，客户口述生产 1 吨产品大概要 155 元电费，另外客户经理查看了客户的电表，4 个月的电费表显示分别为 27600 元、28400 元、31500 元、26300 元。客户每月家庭开支为 30000 元，每月保险花费 20000 元。

客户经理于 2018 年 8 月 22 日来到客户的店铺进行调查，当时客户现金为 50000 元，银行存款为 20294 元，应收账款为 6856310 元，两辆货车原价 770000 元，折后价 439000 元，应付加工费 352817 元，应付货款 1000000 元，民间借贷 1000000 元。

客户口述 2014～2016 年净利润为 600 万元，2017 年 1～8 月净利润为 130 万元，大项开支有：2018 年盖房子花了 120 万元，付民间借贷利息 300000 元，过年花费 200000 元。

表 7-9 加工制造业案例点货清单

货物名称	数量	买进单价（元）	买进总价值（元）
镍皮	1	60000	60000
316 钢管	1	150000	150000
316 刨花	1	250000	250000
2520 钢链	92	14000	1288000
烘房刨花	1	300000	300000
316L 刨花	2	200000	400000
废料	1	200000	200000
在外面加工的材料	1	1000000	1000000
总计			3648000

（2）编制财务报表及交叉检验见表 7-10 至表 7-12。

表 7-10 加工制造业案例资产负债表

报表日期：2018 年 8 月 22 日　　　　　　　　　　　　　　　　　单位：元

资产		负债	
流动资产	10574604	短期负债	2352817
现金及银行存款	70294	应付账款	1352817
现金/支票	50000	应付加工费	352817
银行存款	20294	应付货款	1000000
应收账款	6856310	短期借款	1000000
预付账款	0	民间借贷	1000000
存货	3648000		
固定资产（货车）	439000	长期负债	0
其他资产	0	其他负债	0
预付租金	0	负债总计	2352817
		所有者权益	8660787
资产总计	11013604	负债和所有者权益总计	11013604
流动比率	449.44%	负债率	21%
表外项目及评价			

表7－11　加工制造业案例损益表

报表日期：2017年9月1日至2018年8月22日

单位：元

项目		2017.9	2017.10	2017.11	2017.12	2018.1	2018.2	2018.3	2018.4	2018.5	2018.6	2018.7	2018.8.1至8.22	总计	月平均
销售收入	产品销售	4330000	4330000	4330000	4330000	4330000	4330000	4330000	4330000	4330000	4330000	4330000	3175333	50805333	4330000
总计（1）		4330000	4330000	4330000	4330000	4330000	4330000	4330000	4330000	4330000	4330000	4330000	3175333	50805333	4330000
可变成本	91.55%	3964115	3964115	3964115	3964115	3964115	3964115	3964115	3964115	3964115	3964115	3964115	2907018	46512283	3964115
总计（2）		3964115	3964115	3964115	3964115	3964115	3964115	3964115	3964115	3964115	3964115	3964115	2907018	46512283	3964115
毛利润=（1）-（2）		365885	365885	365885	365885	365885	365885	365885	365885	365885	365885	365885	268316	4293051	365885
营业费用	1.工资	8000	8000	8000	8000	8000	8000	8000	8000	8000	8000	8000	5867	93867	8000
	2.经营性房租	10000	10000	10000	10000	10000	10000	10000	10000	10000	10000	10000	7333	117333	10000
	3.伙食费	3000	3000	3000	3000	3000	3000	3000	3000	3000	3000	3000	2200	35200	3000
	4.机器维修费	3000	3000	3000	3000	3000	3000	3000	3000	3000	3000	3000	2200	35200	3000
	5.运输油费	6000	6000	6000	6000	6000	6000	6000	6000	6000	6000	6000	4400	70400	6000
	6.税收	5000	5000	5000	5000	5000	5000	5000	5000	5000	5000	5000	3667	58667	5000
	7.电费	28000	28000	28000	28000	28000	28000	28000	28000	28000	28000	28000	20533	328533	28000
总计（3）		63000	63000	63000	63000	63000	63000	63000	63000	63000	63000	63000	46200	739200	63000
净利润=（1）-（2）-（3）		302885	302885	302885	302885	302885	302885	302885	302885	302885	302885	302885	222116	3553851	302885
其他支出	1.家庭开支	30000	30000	30000	30000	30000	30000	30000	30000	30000	30000	30000	22000	325000	30000
	2.保险费	20000	20000	20000	20000	20000	20000	20000	20000	20000	20000	20000	14667	234667	20000
每月可支配资金		252885	252885	252885	252885	252885	252885	252885	252885	252885	252885	252885	185449	2967184	252885

表 7-12 加工制造业案例交叉检验表

交叉检验方法包括但不限于销售额检验、毛利润检验、权益交叉检验等

一、销售额交叉检验

客户口述全年销售额为 5000 多万元，每月销售额在 400 万~500 万元，没有明显的淡旺季

1. 客户口述大概 70% 的货款会走银行流水，经客户经理统计，客户两张的银行卡半年的流水进项分别为 15594805 元和 2646320 元。则年销售额为（15594805 + 2646320）× 2/70% = 52117500（元），与客户口述一致

2. 经查客户账本，显示 2018 年 2 月到 8 月销售额为 29855442 元。则年销售额为 29855442/7 × 12 = 51180758 元，与客户口述一致

3. 客户口述平均每天生产 6 吨成品，各项产品占整体的销售比例差不多。客户口述生产 1 吨产品大概要 155 元电费，平均每月电费 28000 元，再结合 4 个月的电费单，推算出日产量为 28000/155/30 = 6 吨，因此平均每天生产 6 吨可信。则客户全年产能为 6 × 360 = 2160 吨。客户年销售额为 2160 ×（17000 + 22500 + 27500 + 31000）/4 = 52920000（元），与客户口述一致

综上所述，客户口述全年销售额 5000 多万元合理，损益表数据取三项检验数据的平均数 5200 万元，每月销售额为 433 万元

二、毛利检验

客户口述产品毛利率约为 10%
客户口述各项产品占整体的销售比例差不多，则加权成本率 =（15500/17000 + 20700/22500 + 25500/27500 + 28000/31000）/4 = 91.55%，因此，综合毛利取值 8.45%

三、权益交叉检验

期初权益合计（时点）（2014 年）	500000	50 万元都为自有资金
分析期间收入合计	10267184	+
分析期间经营收入 1（时段）	6000000	2014~2016 年净利润
分析期间经营收入 2（时段）	1300000	2017 年 1 月至 8 月
分析期间经营收入 3（时段）	2967184	2017 年 9 月至今收入
大项支出合计	1700000	-
大项支出 1（时点/时段）	1200000	2018 年造房子
大项支出 2（时点/时段）	300000	付民间借贷利息
大项支出 3（时点/时段）	200000	过年花费
其他收入		+
折旧（资产负债表内折旧）	331000	
表外资产		
应有权益	8736184	
实际权益（资产负债表所有者权益）	8660787	
权益差额（应有权益 - 实际权益）	75397	
分析期间累计收入	10267184	
权益交叉检验比率	1%	

（3）调查结论。经调查，该笔贷款可以发放，放款金额 50 万元，期限 1 年，理由如下：

1）客户于 2014 年开始与儿子共同经营不锈钢生产生意，已有一定的经营年限，且客户在当地有自建房，稳定性强。

2）上下游比较稳定，收入可观，能够覆盖贷款金额。

3）资产负债率控制在合理的水平上。

4）由于应收账款较多，需要流动资金周转，贷款用途合理。

5）但由于应收账款占流动资产比率较高，后续需重点关注回款情况。

（四）种植业、养殖业案例分析

1. 行业定义

种植业是指利用植物的生活机能，通过人工培育以取得粮食、副食品、饲料和工业原料的社会生产部门。养殖业是指利用畜禽等已经被人类驯化的动物，或者鹿、狐、貂等野生动物的生理机能，通过人工饲养、繁殖，取得肉、蛋、奶、羊毛、山羊绒、皮张、蚕丝和药材等畜产品的生产部门。种植业和养殖业并列为农业生产的两大支柱。

2. 行业特点

（1）种植、养殖有一定的生产周期，也因此投入期较长，在此期间会有一定的资金压力。

（2）行业季节性较为明显。

（3）需要专业的种植、养殖技术和经验。

（4）受供需关系的影响，我国的农产品价格波动比较大。

（5）易受天气气候、自然灾害、病虫害的影响。

（6）大部分农产品保质期短，容易腐烂。

3. 风险评估

（1）非财务信息评估。

1）查看审批手续和许可证件，是否合法取得经营许可和场地。

2）所生产的农产品与当地的气候、气温等条件是否合适。

3）是否有相应的技术条件。

4）查看有无相关检测报告，产品是否达到安全标准。

5）查看农产品是否有市场需求。

6）结合贷款用途分析贷款风险大小。如贷款用于前期投资支出，由于贷款期限长、预期收入不确定，贷款风险较大；如贷款用于后期费用，由于农产品已进入生长期，短期会有预期收入，贷款风险较小。

（2）财务信息评估。通过口头询问、实地查看等方式，获取和分析客户的资产、负债、预期收入和资金投入（包括已投入的和即将投入的）等情况。

养殖行业存货为主要资产，其价值需核算清楚。方法：①按养殖成本核算；②一般只算幼体（如鱼苗、蟹苗）的价值。

为了考察客户生意的稳定性、盈利情况，以及核实客户贷款目的的真实性，养殖行业需制作预期损益表。

4. 案例分析

（1）案例介绍。客户经营鱼塘养殖，夏季鱼饲料消耗进入旺季，由于自有资金不够，现需资金周转，因此申请 20 万元的贷款。

客户以前一直在农村种田，农闲期间打零工赚钱。2014 年底在堂兄弟帮助下承包了 240 亩的鱼塘，鱼塘租金为 9.6 万元/年。客户的上游是饲料经销商，下游是周边的鱼贩子。

客户口述每年的 1 ~ 3 月为休渔时间，4 月初投放鱼苗，4 ~ 12 月为养殖时间，10 ~ 12 月成鱼出塘贩卖。客户口述成鱼近一年销售额 250 万元左右，其中白鲢尾均 3 斤，每斤售价 2.5 元；花鲢尾均 3.5 斤，每斤售价 5 元；草鱼尾均 4 斤，每斤售价 6 元；鲫鱼尾均 1 斤，每斤售价 6.5 元。另外，客户口述鱼塘每亩平均出产 11000 元左右。

客户口述从鱼苗养殖成鱼的过程中需要购进鱼苗、消耗饲料及鱼药。鱼苗方面近一年购进白鲢 48000 尾，鱼苗 0.33 斤/尾，进价 4.5 元/斤；花鲢 4800 尾，鱼苗 0.33 斤/尾，进价 5 元/斤；草鱼 48000 尾，鱼苗 0.33 斤/尾，进价 6 元/斤；鲫鱼 192000 尾，鱼苗 0.1 斤/尾，进价 6 元/斤。饲料消耗量淡旺季明显，旺季每天鱼饲料消耗量在 2 吨左右，淡季大概 3 天 2 吨料，休渔期间没有消耗，客户口述一年的饲料消耗量为 350 吨左右，每吨饲料 4350 元，另外，鱼药每年 5 万元。鱼苗养殖到成鱼总体存活率为 90%。

当然客户也有自己核算成本的方法，客户口述每亩的鱼苗投放的成本为 1200 元左右，每亩饲料年消耗在 1 吨半左右，每亩鱼药在 200 元左右。

费用方面：水电费每个月 2000 元，通信费每月 50 元。客户在农村有一套小产权房，两个女儿都已嫁人，家庭开支为每月 4000 元。

客户经理于 2018 年 8 月 31 日来到鱼塘进行调查。调查当日，客户有现金 3500 元，银行存款为 20292 元，并且于 8 月 30 日刚交完下一年的租金。

客户口述 2014 年底自己有 30 万元（自己多年的积蓄），另向亲戚朋友借了 50 万元。2015 年养鱼赚了 40 万元，其中 25 万元还借的钱，2016 年赚了 50 万元左右，把剩余的 25 万元还掉了，2017 年赚 55 万元左右。近几年的大项开支有：2016 年大女儿结婚花费 120000 元；2017 年小女儿结婚花费 100000 元。

客户口述固定资产清单见表 7 - 13。

表 7 - 13 种植业、养殖业案例固定资产清单

序号	物品名	购置时间	原始单价（元）	计提折旧比率（%）	数量	总价值（元）	折旧后价值（元）
1	增氧机	2015 年 1 月 1 日	1200	50	10	12000	6000
2	投饵机	2015 年 1 月 2 日	800	50	8	6400	3200
3	水泵	2015 年 1 月 3 日	1800	50	2	3600	1800
4	电线、光缆	2015 年 1 月 4 日	15000	50	1	15000	7500
5	砖瓦房	2015 年 1 月 5 日	9000	50	1	9000	4500
6	发电机	2015 年 1 月 6 日	8000	50	2	16000	8000
7	水泥船	2015 年 1 月 7 日	1000	50	2	2000	1000

（2）编制财务报表及进行交叉检验见表 7 - 14 至表 7 - 17。

表 7 - 14 种植养殖业案例资产负债表

报表日期：2018 年 8 月 31 日   单位：元

资产		负债	
流动资产	313232	短期负债	0
现金及银行存款	23792	应付账款	0
现金/支票	3500	应付货款	0
银行存款	20292		
存货	289440	短期借款	0
鱼苗	289440	邮政无息贷款	0
固定资产	32000	长期负债	0
其他资产	96000	其他负债	0
预付租金	96000	负债总计	0
		所有者权益	441232
资产总计	441232	负债和所有者权益总计	441232
流动比率	—	负债率	0%

表外项目及评价

无

报表日期：2017年9月1日至2018年8月31日

表7-15　种植业、养殖业案例损益表（1）

单位：元

项目		2017.9	2017.10	2017.11	2017.12	2018.1	2018.2	2018.3	2018.4	2018.5	2018.6	2018.7	2018.8	总计
销售收入	成鱼销售	0	833333	833333	833333	0	0	0	0	0	0	0	0	2500000
总计（1）		0	833333	833333	833333	0	0	0	0	0	0	0	0	2500000
养殖成本	鱼苗	0	0	0	0	0	0	0	289440	0	0	0	0	289440
	鱼饲料	261000	87000	87000	87000	0	0	0	87000	87000	261000	261000	261000	1479000
	鱼药	4167	4167	4167	4167	4167	4167	4167	4167	4167	4167	4167	4167	50000
总计（2）		265167	91167	91167	91167	4167	4167	4167	380607	91167	265167	265167	265167	1818440
毛利润＝（1）-（2）		-265167	742167	742167	742167	-4167	-4167	-4167	-380607	-91167	-265167	-265167	-265167	681560
养殖费用	1. 房租	8000	8000	8000	8000	8000	8000	8000	8000	8000	8000	8000	8000	96000
	2. 水电费	2000	2000	2000	2000	2000	2000	2000	2000	2000	2000	2000	2000	24000
	3. 通信费	50	50	50	50	50	50	50	50	50	50	50	50	600
总计（3）		10050	10050	10050	10050	10050	10050	10050	10050	10050	10050	10050	10050	120600
净利润＝（1）-（2）-（3）		-275217	732117	732117	732117	-14217	-14217	-14217	-390657	-101217	-275217	-275217	-275217	560960
其他收支	家庭开支	4000	4000	4000	4000	4000	4000	4000	4000	4000	4000	4000	4000	48000
每月可支配资金		-279217	728117	728117	728117	-18217	-18217	-18217	-394657	-105217	-279217	-279217	-279217	512960

表 7-16 种植业、养殖业案例损益表（2）

报表日期：2018 年 1 月 1 日至 12 月 31 日

单位：元

项目		2018.1	2018.2	2018.3	2018.4	2018.5	2018.6	2018.7	2018.8	2018.9	2018.10	2018.11	2018.12	总计
销售收入	成鱼销售	0	0	0	0	0	0	0	0	0	833333	833333	833333	2500000
总计（1）		0	0	0	0	0	0	0	0	0	833333	833333	833333	2500000
养殖成本	鱼苗	0	0	0	289440	0	0	0	0	0	0	0	0	289440
	鱼饲料	0	0	0	87000	87000	261000	261000	261000	261000	87000	87000	87000	1479000
	鱼药	4167	4167	4167	4167	4167	4167	4167	4167	4167	4167	4167	4167	50000
总计（2）		4167	4167	4167	380607	91167	265167	265167	265167	265167	91167	91167	91167	1818440
毛利润=（1）-（2）		-4167	-4167	-4167	-380607	-91167	-265167	-265167	-265167	-265167	742167	742167	742167	681560
养殖费用	1. 房租	8000	8000	8000	8000	8000	8000	8000	8000	8000	8000	8000	8000	96000
	2. 水电费	2000	2000	2000	2000	2000	2000	2000	2000	2000	2000	2000	2000	24000
	3. 通信费	50	50	50	50	50	50	50	50	50	50	50	50	600
总计（3）		10050	10050	10050	10050	10050	10050	10050	10050	10050	10050	10050	10050	120600
净利润=（1）-（2）-（3）		-14217	-14217	-14217	-390657	-101217	-275217	-275217	-275217	-275217	732117	732117	732117	560960
其他收支	家庭开支	4000	4000	4000	4000	4000	4000	4000	4000	4000	4000	4000	4000	48000
每月可支配资金		-18217	-18217	-18217	-394657	-105217	-279217	-279217	-279217	-279217	728117	728117	728117	512960

表 7-17 种植养殖业案例交叉检验表

交叉检验方法包括但不限于销售额检验、毛利润检验、权益交叉检验等		
一、销售额交叉检验		
客户口述成鱼近一年销售额 250 万元左右		
1. 客户口述白鲢尾均 3 斤,每斤售价 2.5 元;花鲢尾均 3.5 斤,每斤售价 5 元;草鱼尾均 4 斤,每斤售价 6 元;鲫鱼尾均 1 斤,每斤售价 6.5 元。鱼苗养殖到成鱼总体存活率为 90% 则总销售额 =(48000 × 3 × 2.5 + 4800 × 3.5 × 5 + 48000 × 4 × 6 + 192000 × 1 × 6.5)× 0.9 = 2559600(元),与客户口述年销售额 250 万元基本一致		
2. 客户口述鱼塘每亩平均出产 11000 元左右,则年销售额 = 240 × 11000 = 2640000(元),与客户口述相差不大		
综上所述,损益表年销售额取值 250 万元		
二、毛利检验		
1. 根据客户口述,每年养殖鱼苗花费 289440 元,鱼饲料消耗 1522500 元(350 吨,每吨 4350 元),鱼药 5 万元,则总体费用为 1861940 元。验证得年销售额 250 万元,则整体毛利为 25.5%		
2. 客户口述鱼塘每亩平均出产 11000 元左右,每亩的鱼苗投放的成本为 1200 元左右,每亩饲料年消耗在 1 吨半左右,每亩鱼药在 200 元左右。则每亩毛利为 27.9%		
两者稍有差异,经检验客户口述数据可信。因此,损益表养殖成本按口述数据取值		
三、权益交叉检验		
期初权益合计(2014 年底)	300000	自有资金 30 万元
分析期间收入合计	347267	+
2015 年养鱼收入	400000	
2016 年养鱼收入	500000	
2017 年养鱼收入	550000	
2018 年 1 月至调查日收入	-1102733	鱼苗投入不减,已算作资产
大项支出合计	220000	-
大项支出 1(时点/时段)	120000	大女儿结婚花费
大项支出 2(时点/时段)	100000	小女儿结婚花费
折旧(养殖设备折旧)	32000	-
表外资产		
应有权益	395267	
实际权益(资产负债表所有者权益)	441232	
权益差额(应有权益 - 实际权益)	-45965	
分析期间累计收入	347267	
权益交叉检验比率	-13%	结合实际情况分析偏差原因

（3）调查结论。经调查，该笔贷款可以发放，放款金额20万元，期限1年，理由如下：

1）客户在农村有一套小产权房，两个女儿都已嫁人，家庭正常，未来没有额外的负担支出。

2）客户在近几年把借亲戚朋友的钱都还掉了，说明客户守信用。

3）客户几年收入稳定，说明经营方式没有问题，当然后续还需要关注养殖行业可能会出现的风险情况。

4）资产结构合理，无负债。

5）客户需要资金购入鱼饲料，贷款用途符合行业特征。

三、小微贷款主要行业毛利率经验统计

在行业分类的基础上，有针对性地按照行业特点进行整理和归纳，是小微贷款业务体系中最佳实践方面的核心工作。小微贷款的发展需要在不同的阶段做出相应调整，作为其调整的最重要标志是业务增长的规模及客户经理的能力素质。随着业务规模的增长，在行业分类基础上，对于各行业特点都有了充分的归纳总结，且因为行业数据的都是由客户经理一对一采集，并且由审贷会进行复核审查，保证了所采集数据的真实有效性。

随着信息科技的发展，具备中国特色的小微贷款技术将是金融科技和大数据应用不可或缺的助力者。从技术引入初期，从每一笔贷款每一个借款对象的财务数据、行业数据等都需要信贷员一一调查、一一分析。随着数据规模逐步增长，小微贷款业务正在逐步建立属于小微金融专属的数据库，帮助信贷员分析客户、降低风险。进入信贷工厂阶段，可以说是大数据金融的快速发展时期。

目前，国内小微金融大数据的发展处于上升期，根本任务还是要数据采集和数据量积累，保持数据真实性和有效性。而解决这一问题需要两个基本条件：一是大数据的采集环境，二是数据采集技术。中国的人口数量与社会结构营造了丰富的数据环境，先进可持续的小微贷款技术和金融科技日趋完善。对此，以国内多家商业银行小微贷款业务发展的基础数据为底层数据，结合近十多年来小微贷款管理咨询专家、客户经理积累的第一手行业经验总结，从毛利润率、主要经营成本支出、特征风险、行业特征、资金需求节点、淡旺季等要素提出经验值。

表 7-18　小微贷款主要行业特征及风险分析表

小微贷款主要行业	毛利润率	主要费用	主要风险	评估方法	资金周转特点	淡旺季（月）
粮食	3%~10%	运费、储藏费、损耗、租金、税费等	因天气或运费不当损坏严重，如腐烂、霉变等	查看销售记录、往来账单、资金往来等，现场查看存货数量，存货质量、仓库环境状况	随销售资金持续流入、进货时资金定期流出	销售无明显淡旺季
水果	30%~45%	运费、冷藏费、装卸损耗、租金、税费等	同上	同上	收购批发环节：收购时资金大量支出、销售是随持续流入；零售环节资金持续进出	批发旺季：1、2、8、9、10、11、12 月 零售：无明显淡旺季
蔬菜（贩运费、市场内摊位）	10%~15% 贩运 30%	运费、冷藏费、租金等	蔬菜易腐烂、霉变等	查看销售记录看摊位位置是否好，所卖蔬菜是否新鲜	生于蔬菜不能保存，是随时进货随时销售，资金是随地进出	无明显淡旺季
农副产品（辣椒、花椒等的收购和销售）	批发：20%~30% 零售：30%~40%	运费、损耗、租金、税费等	因天气或运输储藏不当损坏严重，如腐烂、霉变等	查看销售记录、往来账单、资金往来等，现场查看存货数量、仓库环境	收购批发环节：收购时资金大量支出、销售是随持续流入；零售环节资金持续进出	批发旺季：1、2、8、9、10、11、12 月 零售：无明显淡旺季
面食馒头类	45%左右	进货成本、房租、水电费	因天气或运储藏不当损坏严重，如腐烂、霉变等考虑商家目前的经营情况。如果客户是外地人，考虑客户的稳定性	根据平均每天销量的多少记录；可根据商家的微信交易登记录占总营业额占比、推出全年营业额；银行流水占总营业额占比、推出年营业额	随时进货、随时销售，资金是持续地进出	无明显淡旺季

续表

小微贷款主要行业	毛利润率	主要费用	主要风险	评估方法	资金周转特点	淡旺季（月）
肉	8%~13%	运费、冷藏费、损耗、租金、税费等	因运输不当损坏严重，如腐烂、变质等	查看销售记录、往来账单，资金往来等，查看库存数量、存货数量，仓库环境	随时进货、随时销售、资金是持续地进出	农历11、12月销售增大，1、2月份销量偏少，其他月份无明显淡旺季
鲜活农产品（鱼、鸡、鸭等）	5%~20%	运费、冷藏费、损耗、租金、税费等	同上	同上	同上	无明显淡旺季
冷冻食品	5%~30%	运费、冷藏费、损耗、租金、税费等	同上	同上	随销售资金持续流入、进货时资金定期流出	无明显淡旺季
种植业	—	种子、农药、化肥、人工、土地	受气候影响大，市场价格波动频繁	了解客户相关技术水平、查看行业情况、查看植物生长情况，分析现金流量	在植物生长期，需不断投入，资金持续支出；在收获销售时资金不同流入	因所种植物不同而不同
养殖业	—	幼畜、饲料、人工、场地	瘟疫风险大，市场价格波动频繁	了解客户相关技术水平、查看行业情况、查看植物生长情况，分析现金流量	在动物生长期，需不断投入，资金持续支出；在收获销售时资金不同流入	因所养动物不同而不同
副食批发	5%~20%	装修费、场地租金、人工、运费等	超过保质期；卫生不达标；食品污染	查看销售记录、往来账单，资金往来等，查看库存数量、仓库环境状况	因不断地销售而收入，因不断地进货而支出，因此资金是持续地收入和支出的	无明显淡旺季

续表

小微贷款主要行业	毛利润率	主要费用	主要风险	评估方法	资金周转特点	淡旺季（月）
饮料	3%~15%	场地租金、人工、运费等	超过保质期；卫生不达标；水污染；淡旺季明显	同上	同上	旺季：5、6、7、8、9、10月 淡季：1、2、3、4、11、12月
调味品	5%~20%	场地租金、人工、运费等	超过保质期；卫生不达标；水污染；霉烂变质	同上	同上	无明显淡旺季
烟草	10%~15%	装修费、场地租金、人工	超过保质期	同上	同上	无明显淡旺季
啤酒行业	5%~20%	税、营销费、场地租金、人工、储藏费等	超过保质期；卫生不达标；气候影响销售；淡旺季明显	同上	同上	旺季：5、6、7、8、9月 淡季：1、2、3、12月
白酒行业	50%~100%	税、营销费、场地租金、人工、储藏费等	同上	同上	同上	旺季：1、2、3、12月 淡季：5、6、7、8、9月
副食超市	10%~20%	装修费、场地租金、人工、运费、电费、税费等	食品超过保质期；食品卫生不达标；食品污染	查看销售记录、往来账单、资金往来等；现场查看库存数量、仓库质量、仓库环境状况	同上	无明显淡旺季

小微贷款主要行业	毛利润率	主要费用	主要风险	评估方法	资金周转特点	淡旺季（月）
服装、床上用品	20%～40%	装修费、门面、人工、运费、电费、税费等	服饰不符合流行趋势、款式落后，不新颖	查看销售记录、往来账单、资金往来等，现场查看库存数量、仓库质量、仓库环境状况	同上	旺季：1、2、10、12月 淡季：5、6、7、8、9月
家具	20%～60%	装修费、场地租金、人工、运费、电费、税费等	家具不符合流行趋势、款式新颖，不落后，已损坏	同上	同上	无明显淡旺季
家电行业	批发：10%～20% 零售：30%～40%	装修费、场地租金、人工、运费、维修费、电费、税费等	产品质量安全	同上	同上	年前旺，其他月份无明显淡旺季
医药	10%～40%	装修费、场地租金、人工、运费、维修费、电费、税费等	药品安全风险；药品超过保质期	查看经营资质、产品质量，查看销售记录、资金往来等，现场查看库存数量	同上	无明显淡旺季
美容护肤产品	10%～30%	装修费、场地租金、人工、运费、维修费、电费、税费等	产品质量安全	查看销售记录、资金往来等，现场查看库存数量	同上	无明显淡旺季

续表

小微贷款主要行业	毛利润率	主要费用	主要风险	评估方法	资金周转特点	淡旺季（月）
清洁纸品、清洁用品	10%~20%	装修费、场地租金、人工、运费、税费等	—			无明显淡旺季
文教体育用品	10%~30%	装修费、场地租金、人工、运费、税费等	—	同上	同上	旺季：3、4、9、10月
摩托车	5%~20%	装修费、场地租金、人工、运费、电费、税费等	产品质量安全	同上	同上	淡季：10、11、12月至次年1、2月
杂货	10%~20%	店面租金、人工、税费等	—	同上	同上	无明显淡旺季
计算机及耗材	5%~30%	场地租金、人工、运费、电费、税费等	—	同上	同上	无明显淡旺季
货运	60%左右	车辆折旧费、维修费、税、保险费、挂靠费	事故风险高；工程车收款难度大	查看购车发票、挂靠协议、保险及其车辆相关证件；了解运输情况及资金情况	全款购车时大额资金一次支付，运营时资金持续入和持续支付运营费用；按揭购车时支付一定资金流入，持续营时资金持续流入、持续支付费用和按揭款	淡季：3、4、5、6、7、8月
客运	60%左右	维修费、税、保险费、事故风险、管理费、挂靠费等	事故风险高	查看购车发票、挂靠协议、保险及其车辆相关证件；了解运营情况及资金情况	全款购车时大额资金一次支付，运营时资金持续入和持续支付运营费用；按揭购车时支付一定资金流入，持续营时资金持续流入、持续支付费用和按揭款	淡季：3、4、5、6月 旺季：1、2、7、8、9月

续表

小微贷款主要行业	毛利润率	主要费用	主要风险	评估方法	资金周转特点	淡旺季（月）
出租车	经营权	—	事故风险	同上	同上	无明显淡旺季
车辆挂靠	—	维修费、保险费、事故风险费、挂靠费等	事故风险高；事故风险支大	查看道路运输许可证等是否齐全，查看挂靠车辆的各项收入，分析收入构成是否合理	不断有挂靠费收入，同时不断支付挂靠车辆的各项费用，资金是持续地收入和支出	无明显淡旺季
汽车销售	平均5%左右，各车系各台差异较大	装修费、场地、人工、电费、运费、税费等	—	查看销售记录、往来账单等，看库存数量	因不断地销售而收入，因不断地进货而支出，资金是持续地配件款及费用支出的	无明显淡旺季
车辆维修	10%~30%	场地租金、人工、税费、水电费等	维修安全风险大	查看维修证件、记录维修单据，查看现金流情况	随维修不断有资金流入，随时支付配件款及费用而发生支出	无明显淡旺季
餐饮业	40%~60%	装修费折旧、店面租金、人工、税费等	食品卫生不达标；味道差	查看相关证件，了解顾客评价，查看账单记录，分析现金流	在开始时因装修等大额的资金支出，在营业时有持续的资金流入，因营业而持续有资金支出	火锅类餐饮6、7、8、9月相对要浓一些，1、2、12月较旺；中餐类餐在春节前后最旺
旅游业	70%以上	装修费、家具折旧、店面租金、人工、水电费、税费等	消防安全风险高	查看相关证件及房间数量，查看账单、现金流等	同上	无明显淡旺季

续表

小微贷款主要行业	毛利润率	主要费用	主要风险	评估方法	资金周转特点	淡旺季（月）
美容美发	80%~90%	装修费折旧、店面租金、人工、水电费、税费等	若使用不合格产品导致顾客受到伤害，会导致巨额索赔	查看相关证照和资料分析经营时间，了解顾客评价，现场查看经营情况，查看账单记录和银行账单	同上	无明显淡旺季
瓷砖类	15%~40%	店面装修折旧、租金、人工、运费、储藏费等	运送中损耗大	现场查看经营规模、库存量，查看分析代理销售合同，分析收款情况，查看与供货商的对账单和客户的订单分析销售量，分析银行对账单	因不断地销售而收入，因不断地进货而支出，因此资金是持续地流入和支出	淡季：11、12月至次年1、2月 旺季：3、4、5、6、7、8、9、10月
门	25%~40%	店面装修折旧、租金、人工、运费、储藏费等	—	同上	同上	淡季：11、12月至次年1、2月 旺季：3、4、5、6、7、8、9、10月
木地板	20%~30%	店面装修折旧、租金、人工、运费、储藏费等	—	同上	同上	淡季：11、12月至次年1、2月 旺季：3、4、5、6、7、8、9、10月
卫浴	15%~30%	店面装修折旧、租金、人工、运费、储藏费等	运送中损耗大	同上	同上	淡季：11、12月至次年1、2月 旺季：3、4、5、6、7、8、9、10月

续表

小微贷款主要行业	毛利润率	主要费用	主要风险	评估方法	资金周转特点	淡旺季（月）
五金	20%~30%	店面装修折旧、租金、人工、运费、损耗费、储藏费、税费等	—	同上	同上	无明显淡旺季
管材	10%~30%	租金、人工、运费、储藏费、税费等	—	同上	同上	无明显淡旺季
砖（生产）	5%~15%	成本有煤、电、税、人工等；费用为场地租金、砖窑机器设备折旧等	生产安全风险高；容易出现质量问题，收款难度大	查看相关证照是否齐全、现场查看生产情况和生产能力；根据用电量和销售量记录分析销售量，根据银行对账单分析应收账款和资金情况	因不断地销售而收入，因不断地成本和费用而支出	无明显淡旺季
广告	20%~40%	成本有制作材料、人工、安装费等；费用为租金、管理人员工资、社交费用等	收款难度大	查看现场设备情况、设计人员的资质和能力；查看长期合同，查看相关经营记录和银行账单	随营业有持续的资金流入，因费用有持续的资金支出	节假日前较旺，其他时间无明显淡旺季
废旧回收	10%~35%	成本是其收购成本；费用是其运费、储藏费	—	查看相关许可证是否齐全、查看库存量，根据其账单记录分析月收购量、销售量，向客户了解应收账款及收款方式，分析现金流等	在平时收购废品时，资金持续流出，卖出废品时有定期的流入	无明显淡旺季

续表

小微贷款主要行业	毛利润率	主要费用	主要风险	评估方法	资金周转特点	淡旺季（月）
装饰装修	20%~40%	成本是装修材料、人工等；费用是社交、税	收款难度大	工地实地查看，分析承包合同，了解业主方，分析现金流	随营业有持续的资金流入，因费用有持续的资金支出	淡季：11、12月至次年1、2月 旺季：3、4、5、6、7、8、9、10月
工程施工	20%~40%	成本是工程材料、人工等；费用是工程设备金租金或折旧等	收款难度大	工地实地查看，分析承包合同，了解业主方	在平时时工程施工中，资金持续流出，每到工程结算时有定期资金流入	无明显淡旺季
制造业	10%~20%	成本为原材料、人工、电等；费用为场地租金、儿期折旧、管理人员工资	生产安全风险高，容易出现质量问题，收款难度大	查看证件、公司章程，生产现场，设备运行情况，了解原料和产品的市场供需情况，分析行业前景，根据能源和原料的消耗量分析生产量，查看相关资料分析销售量	因不断地销售而收入，因不断的成本和费用而支出	无明显淡旺季

四、中国特色小微金融事业部党支部案例

山西省某农商银行于 2016 年下半年联手第三方微贷咨询管理公司合作开展小微贷款业务服务项目。项目初期，在该行的大力支持下，咨询公司项目组通过社会招聘形式成功组建了一支积极阳光、充满活力的客户经理团队，并以"诚实守信、拼搏进取、全力以赴、使命必达"作为团队文化指导口号。在这样一支青年团队内部，约有 30% 的员工还有着另一重身份——共产党员，他们思想先进，努力求知，乐于奉献，服务意识强。为帮助行方建立一支道德品质高尚、工作作风优良、勇于创新的客户经理团队，项目组迅速组织当时所有党员建立党小组，充分发挥共产党员团结、奋进的模范作用，带领所有客户经理与时俱进、身体力行、无私奉献。

小微金融事业部党小组的具体任务主要包括：第一，认真学习马克思列宁主义、毛泽东思想、邓小平理论、"三个代表"重要思想和科学发展观，学习习近平总书记系列重要讲话精神，学习党的路线、方针、政策和决议；第二，围绕总行全年工作任务和小微部门发展目标，牢固树立科学发展观，巩固、强化小微信贷文化和金融服务理念，高质量、高效率地服务当地市场小微客户；第三，定期召开小微团队的民主生活会活动，开展批评与自我批评，在相互指导、相互监督中同成长、共发展；第四，组织学习国家对小微金融发展的实时政策和方向指引，确保小微金融事业部各项工作正确、健康、稳步推进。至此，小微金融事业部党建工作正式展开。

2018 年 6 月，该行党总支部委员会在充分认识小微金融事业部党小组工作在小微金融服务推广过程中的重要作用的前提下，通过了"关于成立小微金融事业部党支部的申请"的重要决议，振奋人心。自此，小微金融事业部党建工作迈入了全新的发展阶段。

山西省某农商银行小微金融事业部在以"挖掘市场需求最大化，适应市场竞争最强化，提供客户服务最优化，商业经营持续化"为发展目标的前提下，始终注重小微团队文化的建设，咨询公司项目组经过探索实践，最终创新出"以党建文化引领小微信贷文化"的新道路，让基层员工彰显出了小微服务新风貌，并将努力成为当地小微金融服务机构的先锋代表。

第八章 中国小微贷款的金融形态和发展趋势

一、中小银行与互联网金融在竞合中共享发展

（一）人力成本分析

银行传统的小微贷款业务仍依赖于传统的客户经理营销模式。银行发挥传统的"人缘、地缘、亲缘"优势，在当地招聘和培养熟悉人情、地貌、经济情况的业务团队。因此，银行的人力成本主要由大量的客户经理构成，如泰隆银行8100名员工中50%以上的人员为客户经理。

而新型互联网小微金融利用金融科技减少了信贷过程中的人工参与，人力成本主要集中在信息科技、模型研发、系统开发和维护等方面。因此，互联网金融公司的人力成本支出主要是对高技术人才的引进和培养。互联网金融公司员工规模远小于传统银行，人力成本较低。但互联网金融公司人员流动性强，高技术人才市场紧缺且竞争激烈，人力成本的波动性较大，且处于上升趋势。再者，互联网金融公司将传统银行业务中客户经理的营销费用转移到了运营费用中，通过投放广告来获得新客户。

总体来看，新型互联网小微金融人力成本支出低于传统银行小微金融，但由于其一部分的人力成本转移为广告投放，且存在更高的波动性，前者在人力成本方面并不处于领先地位。

（二）客户流量分析

互联网小微金融的客户偏向于高科技类型的小微企业，企业管理者有较高学

历和较强的学习能力，能够了解和分辨不同平台的优劣，熟练使用网上贷款申请操作流程。此类客户互联网参与度高，在互联网金融公司数据库中的信息充分，如网贷平台使用企业主的芝麻信用（蚂蚁积分）作为一项重要的指标。高学历、信用记录的特点使此类客户获得互联网小微贷款的可能性增高。

而年龄大、学历低、农村地区企业主限于网络使用能力不足、企业数据库中的相关信息较少，缺乏信用记录等特点，很难获得互联网小微贷款。互联网小微金融利用大数据进行判断，而相当大的一部分潜在农村客户使用网络的频率和深度不足，自身缺乏大数据的支持，存在严重的信息不对称。互联网小微金融在开展此类业务时，会错失潜在优质客户，不能很好地服务于农村地区小微企业。

而银行传统业务，通过客户经理下乡，更好地服务于对互联网不够了解的村民和年龄大、学历低的企业主。例如：浙江省安吉县的董岭村，往返集镇需要近3个小时，村民下山办理业务非常不便，泰隆银行安吉支行的1名部门负责人和2名客户经理带着手持终端（PAD），在村里住了一晚，用两天一夜时间集中发放了20多笔贷款。限于互联网使用能力和大数据的缺失，新型的互联网小微金融并不能对这些客户进行有效覆盖。

银行的传统业务覆盖面更广，服务人群更全面，因此服务的企业类型更全面。银行有很强的地方性，客户多为银行本地的存款者，是银行的固定客户，客户黏性强，客户流量稳定。银行的小微金融业务在客户流量方面有着巨大的优势。

（三）软信息获取能力分析

在软信息的获取方面，银行有着互联网公司难以匹配的优势。首先，银行的传统业务中，客户经理有大量与企业主正面接触的机会，通过走访、拜访邻居和员工，对企业主的性格、品质、口碑等都有深入了解，调查企业主的人品信不信得过，产品卖不卖得出，押品靠不靠得住；其次，传统城商行有很强的地域性，不仅了解客户企业情况，也了解企业上下游情况以及企业声誉等，对本地企业、市场的了解远超其他竞争者。据介绍，泰隆银行的客户经理不看小企业的财务报表，而是到户调查看"三品""三表"：调查企业主的人品信不信得过，产品卖不卖得出，押品靠不靠得住；一进门就看水表、电表、海关报表。通过这些技巧对本地企业的经营状况、未来经营可能的变化获得更全面、深入的认识。

而新型互联网小微金融公司的软信息依赖于对管理者的画像和电话采访。客户画像依赖于大数据的使用，对企业数据库的信息量以及信息的真实性、时效性等提出了更高要求。而电话采访存在真实性以及效率问题，可能使软信息的收集出现困难。

（四）大数据收集能力分析

银行具有转账等银行相关业务的信息，客户在银行开户时会留下大量真实信息。开户之后在金融服务的过程中，信息会慢慢地积累，比如购买理财、大额转账等，不断地进行更精准的定位。因此，银行对企业的现金流、流动资产情况有着最直接的了解，而且这些银行业务信息是银行所独有。

腾讯、阿里巴巴等公司旗下的互联网小微金融平台掌握企业主的日常消费记录、互联网信用记录、个人往来信息等，能够收集大量企业主的个人信息。但存在信息过度收集、侵犯隐私问题，以及信息泄露造成的安全问题。互联网小微金融平台很难得到企业的转账、银行存款等信息，银行相关信息的收集依赖于银行。而银行可以从不同平台获得企业主的网上购物习惯、网上消费信用等信息。

大型互联网公司旗下的互联网小微金融平台背靠母公司数据库，有极强的大数据收集能力，但随着信息过度收集、侵犯隐私、数据泄露等风险，且在银行相关信息方面来源单一，依赖传统银行的交易数据。而传统银行虽然金融科技运用不足，数据收集能力较低，但银行独立拥有企业银行交易记录这一重要数据源，互联网小微金融公司想要获得这一数据只能通过银行渠道。

总体比较，银行通过与互联网金融平台加强合作，能够掌握和收集更为广泛和真实的大数据，且这种优势的基础对于互联网金融公司来说并不具备。长期来看，银行对于小微金融大数据的运营能力将保持优势。

（五）团队能力建设分析

新型互联网小微金融的人员能力建设偏向于数学模型、金融科技方面的应用，但面临人员高流动性的困境。由于人员存在高流动性，互联网小微金融很难建设稳定的团队，增加了团队内部磨合产生的成本和经营成本，降低团队效率，加大了运营风险。

而传统银行有更强的专业性，对贷款发放、资金回收到风险控制的各个环节都有更多的经验和专业人员。银行团队有更高的金融知识素养、职业素养。银行有更稳定的团队，能带来更高的效率，能够维持银行贷款的长期可持续性。银行从业人员经过系统的培训，面临更高的职业要求，具有更高的职业道德和自身素质。

综上所述，传统银行小微业务团队在能力建设方面有巨大优势，优势的来源主要有三个方面：一是稳定的团队；二是扎实的金融知识素养；三是银行从业人员更高的职业道德。然而，虽然新型互联网小微金融的团队能力在金融科技方面有一定优势，但由于其人员流动性过大，对团队能力的长期建设造成不利影响，可能在长期失去仅有的优势。

（六）综合盈利能力分析

虽然大数据在小额贷款方面已经可以替代人工，但是较大规模的贷款还是主要由人工判断和决策。由于较大额度贷款的差异性较大，贷款的企业也具有一定的"个性"，数据判断并不成熟，仍然需要客户经理通过人工方式对具有"个性"的企业进行主动研究，了解其金融需求，人工判断决定是否放贷。因此，传统银行小微业务能够更好地满足融资需求较大的中小业资金需求。

传统的银行小微业务具有更低的不良率。不同地区的银行会根据当地情况推出不同的产品，充分利用其人缘、地缘、亲缘关系推出特色产品。银行稳定的团队、较低的不良率等促使传统的银行小微业务相比新型互联网模式有更低的收入波动率；由于传统银行能够服务的客户群体更广泛，传统银行小微业务有更大的市场规模和盈利渠道。

互联网小微金融最大的优势在于其金融科技的利用，在低额贷款中起到人工零干预，大大降低了人工成本的同时也大幅提高了贷款审批效率。由于其信息收集的全面性和准确性，可以做到比客户经理自己收集资料和分析更为准确。这样就在一定程度上解决了传统的小微贷款业务中存在的高投入、低回报问题。

前文提到，银行更高的人力成本来自其客户经理多，很多业务依赖传统的客户经理营销模式。虽然新型互联网小微金融不依赖人工营销来吸引客户，降低了人工成本，但是互联网小微金融的业务推广需要在不同渠道进行广告投放，产生了大量的广告费、渠道费，实际上将客户经理业务推广的人工成本转移，成为销售费用影响业务收入。

银行具有更广的合规经营范围，除传统的存款放贷业务之外，银行还存在大量的中间业务，这些属于中间业务的理财、汇兑、信用证等服务不在资产负债表中，不会给银行的经营带来风险，且大大增加了银行的营业收入。因此，银行的营业收入波动性会远远低于业务单一的互联网小微金融公司。

（七）竞合关系是长期发展趋势

银行传统小微贷款与互联网小微金融的业务特征有诸多不同，除了上文提到的区别分析，两者在经营与社会效应等不同方面的比较如表8-1所示。

表 8-1　传统银行小微贷款与互联网小微金融对比分析

对比分类	银行小微贷款	互联网小微金融
贷款普惠性	强，业务覆盖农村地区、非互联网用户	弱，只面向互联网用户
破产风险	低	高
贷款总规模	大	小
风控能力	强	弱
资金来源	广，储蓄存款、同业拆借	窄，只能使用自有资金
资金成本	低	高
利率	低	高
大额贷款支持	强，业务经理判断	弱
数据源	第一手的转账、交易、理财情况、贷款情况等数据	互联网交易、购物、网上信用等数据

可以看到，银行传统小微贷款与互联网小微金融均有各自擅长的领域和劣势，两者在业务上存在竞争的同时，在数据共享等方面需要进一步加强合作。

1. 寻求差异化竞争

银行需要通过加强自身的金融科技的使用，增强"人机结合"。所谓人，就是发挥传统地方商业银行"人缘、地缘、亲缘"的天然优势，在当地招聘熟悉人情、地貌和经济情况的客户经理；所谓机，就是利用金融科技的力量，颠覆传统的营销和风控模式。利用金融科技赋能减少小额贷款中的人工参与，减少网点、降低人工成本、提高贷款审批效率的同时减少贷款不良率。

但互联网金融公司由于其规模、人力等因素的限制，很难在银行所占优势的乡村和传统企业获得竞争优势，银行传统的小微贷款业务在农村以及传统小型企业的融资中具有不可替代性。

2. 加强数据共享

互联网金融公司在大数据的收集方面领先于传统的银行，但在银行转账交易以及软信息收集等方面难以望银行项背，两者数据互通有利于各自的数据库系统完善。可以达到降低交易的人工成本、时间成本，提高还款比例、降低不良率等多项目标，从而能够更好地服务于更多的企业。

3. 客户分流

银行有更广的客户来源，但由于银行受严格监管，对小微企业贷款的审批标准高于互联网小微金融公司，银行可以将未达标准的但总体情况较优的客户推荐给互联网金融公司，在创造收益的同时提高小微贷款的覆盖率，实现普惠金融的目标。

通过以上对比分析，我们可以发现，银行传统的小微贷款业务在推进普惠金融、促进小企业融资能力建设方面具有不可替代的作用。一是银行对农村、非互联网客户所提供的服务，很难被互联网小微金融替代；二是银行始终掌握的是第一手银行间交易信息以及软信息的唯一来源；三是银行规模大、资金来源广，能服务于更多客户，更好地服务于实体经济。

二、数字普惠金融支持实体经济发展的创新实践

（一）数字普惠金融的衍变

2005 年，联合国"国际小额信贷年"提出"普惠金融体系"（或称为包容性金融体系，Inclusive Financial System）的概念并快速推广。它的含义是以有效的方式使金融服务惠及每一个人，尤其是那些通过传统金融体系难以获得金融服务的弱势群体。

2006 年，联合国起草了《普惠金融体系蓝皮书》，对普惠金融体系的前景做出了如下描绘：每个发展中国家应该通过政策、立法和规章制度的支持，建立一个持续的、可以为人们提供合适产品和服务的金融体系。因此，普惠金融的特征可归纳为可得性、可负担、可持续和全面性四点。

普惠金融是一个改写我们对传统金融服务业认知的崭新理念。其宗旨是为那些缺乏良好金融选择权利的人群提供金融服务，其终极目标是扶持企业和家庭经济增长、消除贫困和不平等，将所有需要金融服务的人都纳入金融服务范围，让所有人都能得到适当的、与其需求相匹配的金融服务。

它既是一种经济理念，也是一种社会思想。作为经济理念，普惠金融在那些传统金融止步的地方扩大了金融市场的规模。作为社会思想，普惠金融服务于那些被经济增长所抛弃的人群，特别是发展中国家无法便捷地获得银行服务的小微企业和低收入人群。经过十多年的实践，普惠金融已经成为全球公认的削减贫困、保障权利、实现平等发展的重要途径。可以认为，普惠金融理念既是金融服务的价值准则，也是衡量一国金融体系公平性的道德标准。

科技进步是推动金融创新的重要力量。在 21 世纪，普惠金融的巨大发展很大程度上得益于新科技在金融中的应用。特别是近几年来，数字技术在金融领域的应用为普惠金融插上了翅膀，"数字普惠金融"（Digital Financial Inclusion）的概念应运而生，它昭示了普惠金融的发展方向。"数字普惠金融"是指让长期被

现代金融服务业排斥的人群享受正规金融服务的一种数字化途径，而"数字化"则是计算机、信息通信、大数据处理、云计算等一系列相关技术进步的统称。简言之，"数字普惠金融"就是以数字技术驱动的普惠金融实现形式。以蚂蚁金服[①]为代表的数字普惠金融模式引起关注——依托移动互联、云计算和大数据等数字技术，降低金融服务门槛和成本，提高金融服务效率和体验，实现商业上可持续的普惠金融体系。2016 年，G20 财长和央行行长会议通过数字普惠金融高级原则，并鼓励各国在制订普惠金融计划时优先考虑数字化实现。数字普惠金融发展历程如图 8 – 1 所示。

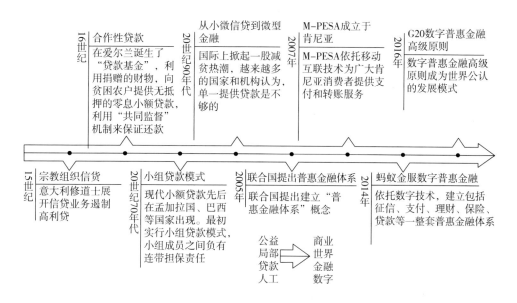

图 8 – 1　数字普惠金融发展历程

（二）数字技术帮助中国普惠金融"弯道超车"

　　数字技术的应用和推广把中国普惠金融发展带上了"快车道"，在一定程度上实现了对发达国家的"弯道超车"，这一点体现在中国数字普惠金融体系在普及性、可负担性、全面性和可持续性四个方面的领先。

　　在网络支付领域，支付宝、微信支付等已经服务数亿用户，数倍于 PayPal 的全球活跃账户；在移动端，PayPal 虽连续收购 Braintree 和 Paydiant 两家支付服务

---

① 蚂蚁金服：全称为"蚂蚁金融服务集团"，成立于 2014 年 10 月 16 日，蚂蚁金服旗下拥有支付宝、支付宝钱包、余额宝、招财宝、蚂蚁小贷及网商银行等品牌。

提供商，但其25%的支付笔数增长速度远远落后于国内银行和第三方支付的移动支付增速。

在融资领域，Lending Club 在 2009～2016 年共发放贷款近 160 亿美元；Sofi 累计发放 60 亿美元；Prosper 累计发放 50 亿美元；在中国被广为宣传的 Zestfinance 累计发放不到数亿美元。相较之下，仅蚂蚁小贷在过去 5 年内累计向小微企业发放贷款超过 6000 亿元人民币，规模达到 Lending Club 的 6 倍多。

在理财领域，美国声名在外的 Wealthfront 管理 30 亿美元的资产，Motif 吸引了 20 万投资者。而东方财富网日均登录者已超 1000 万；有超过 2.6 亿的账户投资过天弘基金的互联网货币基金产品余额宝，其资产规模超过 1000 亿美元。

在互联网保险领域，众安、华泰和人保三家保险公司在 2015 年"双 11"当日联合售出 3.08 亿笔退货运费险，创下单日保单量的历史新纪录。

（三）数字普惠金融推动金融改革

当前的数字普惠金融以支付、理财、信贷、保险为主要服务手段，这些业务领域为金融市场提供了大量准货币型金融产品。一方面，由于长尾市场群体的庞大和数字技术的便利性，这些产品具有相当高的流动性，大大加快了货币在市场上的流通速度，同时也冲击了传统金融机构存贷款利率结构，客观上促进了利率市场化的进程。另一方面，数字技术的发展和网民用户的增多，促进了互联网支付业务的发展，越来越多的用户加入到互联网支付客户群体中，为数字货币的发展奠定了技术基础和用户基础。

（1）加速利率市场化。数字普惠金融借助数字手段，以互联网渠道与货币基金市场建立连接，通过平台效应消除信息不对称，打通了资金供给方与资金需求方以及不同市场间的信息渠道和资金渠道，模糊了金融业的物理边界，用户可以将手中碎片化的资金需求以灵活的方式选择投资货币市场基金。

此外，数字普惠金融还依赖于支付体系的发展具有支付功能，具备了货币属性。因此，数字普惠金融出现和发展对传统金融机构的存款业务产生了严重分流，对银行业活期存款带来了强烈冲击。尽管央行颁布取消存款利率上限的政策对银行业采取措施应对互联网金融的冲击有一定改善，但从长远来看将促进金融机构在理财市场上的充分竞争，银行机构必将推出相应的理财业务，推动银行业数字化产品与业务的创新，从而在一定程度上也推动数字普惠金融的发展。

（2）促进数字货币的发展。20 世纪 80 年代以来，世界主要经济体的经济联系日益密切，经济呈现全球化态势，全球金融市场也跨越了空间的限制，纸币难以满足这样的需求。随着信息技术的发展，电子货币开始出现以满足跨空间的金融交易需求。而当前在支付领域，居民的支付方式越来越呈现数字化特点，数字化货币成为必要的支付和投资方式。数据显示，2013 年中国电子银行的替代率达到 79%。近两年，中国已推出真正意义上的数字货币的发展规划，依托于区域链技术，未来数字货币将以更低的成本、更高的效率和更大的便利性而逐渐取代纸币。

（四）中国数字普惠金融发展情况

从数字化支付、数字化小额理财、数字化小额信贷、数字化保险、数字化征信五个方面详细介绍我国数字普惠金融的发展情况。

1. 数字化支付

（1）银行业。商业银行近年来，网上支付交易规模（见图 8 - 2）和用户规模都保持良好的增长势头，同时迎合移动互联网化趋势显著。而且各大商业银行通过集中整合优质资源、搭建"一站式"金融服务平台等方式，构建共生共利的互联网金融生态环境，为客户提供全方位、高效率的金融服务。同时也加强与互联网企业的合作，实现优势互补，拓展优质产品和服务输出渠道。

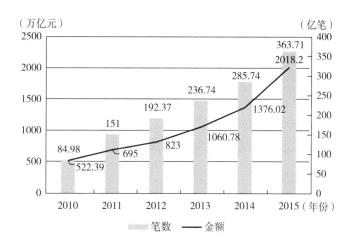

图 8 - 2 2010~2015 年国内银行网上支付交易规模

（2）非银行支付机构。非银行支付机构也保持着快速发展势头（见图 8 - 3），支付规模不断上升；数字支付技术，特别是移动支付技术不断创新，支付手段呈多元化格局；应用场景不断拓展，正在逐步取代现金支付方式。支付宝和财付通等中国领先的支付机构在支付安全性上也遥遥领先于国外支付机构。

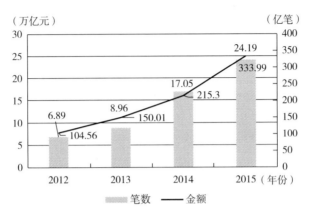

图 8 - 3　2012～2015 年国内非银行支付机构互联网支付交易规模

【数字普惠金融案例】

从支付工具走向生活工具的支付宝

支付宝（2014 年成为蚂蚁金服旗下品牌）诞生于 2004 年，成立之初通过担保交易解决淘宝网买卖双方的互信问题，支付宝的发展路径归纳起来就是依托技术驱动有效解决场景需求和提高用户体验，以此推动中国数字普惠金融在支付领域的进程。

以 2011 年推出快捷支付为例，其初衷是为解决电商平台上的支付步骤烦琐而导致成功率低、体验差的问题，一经推出后，市场反应极佳，迅速推广成为包括财付通、网银在线在内所有支付机构的标准化产品，使支付领域数字普惠金融程度有较大提升。

2013 年支付宝尝试通过声波、二维码等形式为线下没有被 POS 覆盖的小微商户提供非现金支付受理服务，在二维码支付被确认为安全和可行的支付方案后，为国内大量小微商户，尤其是三四五线城市和农村的零售商提供便捷的支付解决方案，帮助它们解决了金融服务的"最后一公里"问题。

2010 年诞生于淘宝网的"双 11"购物狂欢节每年在节日当天都会产生大量交易需求，对支付服务的每秒并发处理量提出极高的要求，且每年这一需求呈加速增长态势。为满足实际场景需求并降低交易成本，支付宝探索使用云计算来取代原有的"IOE"（IBM、Oracle、EMC）系统架构，事实证明云计算有效满足这一需求，并为电商后续发展预留计算力空间，蚂蚁金服金融云成为全球云计算实践经典案例之一。

近年来，支付宝已逐步从支付工具转型走向生活工具，为更多生活场景提供基于支付服务的解决方案，以医疗领域为例，全国已有数百家机构接入支付宝，用户可以通过支付宝实现预约、挂号、缴费等流程，同时与深圳等地的医疗保险打通，搭建全国首个医保移动支付平台，深圳 1200 万参保人群的就医时间因此节省了一半以上。

此外，支付宝还嵌入城市公交、农资农具、签证办理、酒店商旅等数个生活场景，通过支付为切入点有效解决场景痛点，提高消费者体验。

（3）涉农金融机构。长期深耕农村地区的金融机构主要是信用社（含改制后的农商银行）和邮政储蓄银行。两家机构的电子支付业务已经取得长足发展，广大农民能够切实体会到两家机构电子支付带来的便捷。

2. 数字化小额理财

微型理财的出现冲破了传统银行设置的理财门槛，使人人可以理财，随时可以理财。在这个变革中，余额宝的出现对于推动微型理财的发展无疑具有里程碑式的作用。所以我们以余额宝为例做一个具体说明。

【数字普惠金融案例】

余额宝——大众理财的开创者

余额宝于2013年6月推出，是蚂蚁金服旗下的余额增值服务和活期资金管理服务。余额宝对接的是天弘基金旗下的增利宝货币基金，特点是操作简便、低门槛、零手续费、可随取随用，除理财功能外，余额宝还可直接用于购物、转账、缴费还款等消费支付，是移动互联网时代的现金管理工具。

2013年6月，支付宝与天弘基金合作，将"天弘增利宝"货币市场基金嫁接到互联网渠道，推出了面向广大工薪阶层的理财产品——余额宝。余额宝提供创新的余额增值服务和活期资金管理服务。与传统银行理财产品相比，余额宝具有零门槛、零手续费、随用随取、收益稳健等特点：

一是零门槛。相比于传统银行动辄百万级私人银行、十万级财富客户、数万级理财的门槛，余额宝让理财门槛降到了1元钱，小额易获取的理财产品给了大众前所未有的理财机会。

二是与支付功能挂钩，成为"零钱钱包"，兼顾理财与支付的流动性需求。支付宝积累了大量的用户资源，不断拓展更多的支付场景，推动了用户活期储蓄资企的流入。支付宝与余额宝无缝衔接，资金闲置获取资金增值收益，需要时余额宝可直接用于购物、转账、缴费还款等消费支付，兼顾了用户的理财增值与支付的流动性需求。

三是零收费。支付宝的转入提现、余额宝的转入转出业务均不存在手续费，打通了余额宝与银行账户的通道，余额宝以远高于银行活期利率的收益，吸引资金，用户也能轻松"轻投资、高收益"。

余额宝获得了巨大成功。《2013年中国电子银行调查报告》显示，87%的网民听说过余额宝。截至2016年6月12日，余额宝服务了2.9亿用户，用户遍布中国所有2749个县，为用户带来了收益580亿元，有效增加了普通居民家庭的财产性收入。值得注意的是，借助移动互联网，余额宝的触角在加速向三、四线城市及农村延伸，在中国农村，余额宝用户已经突破9000万。

3. 数字化小额信贷

（1）银行类金融机构。小微企业信贷方面，2010～2015年，中国金融机构的小额信贷有较快速度增长（见图8-4）。首先，所有国有商业银行、股份制商业银行、城市商业银行、绝大部分农村商业银行均有网上银行、电话银行服务，使借款客户可以方便地通过这些终端申请贷款，还本付息；其次，部分银行开通具有存款、支付结算、贷款申请、还款等多种功能集一身的卡类业务；最后，大部分商业银行、股份制银行开通手机银行，客户可以更方便办理贷款申请和还贷业务。数字化小额信贷带来的优势主要体现在：缩短流程、节约成本、降低风险、降低客户融资成本。

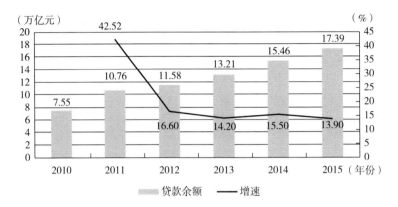

图 8 - 4　2010～2015 年我国银行类金融机构小微企业贷款余额

个人消费信贷方面，中国居民消费信贷余额从 2011～2015 年的消费信贷余额看，年均增长速度 23%，保持了高速增长的趋势（见图 8 - 5）。其中渠道和场景两端不断丰富和拓展是数字信息化最集中的体现。

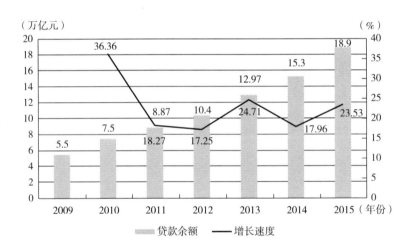

图 8 - 5　2009～2015 年中国消费性贷款余额

（2）综合性互联网金融平台。越来越多的电商背景，产业背景，社交平台、门户网站背景的金融组织开展小额贷款业务，并开始逐渐展现实力。我们以网商银行为典型案例进行分析。

【数字普惠金融案例】

技术驱动发展、服务场景需求的网商银行

蚂蚁小贷在大数据信贷方面的实践始于 2010 年 6 月，最初为阿里小贷，定位为阿里巴巴 B2B 和淘宝网上的小微企业提供小额贷款。2014 年 10 月，蚂蚁金融服务集团成立，阿里小贷并入蚂蚁金融服务集团，并更名为蚂蚁小贷。蚂蚁小贷面向小微企业的主要贷款产品包括面向淘宝、天猫商户的淘宝/天猫订单贷款、淘宝/天猫信用贷款，和面向阿里巴巴 B2B 平台的阿里信用贷款。2015 年 6 月底，网商银行成立，蚂蚁小贷业务并入网商银行。

网商银行主要利用互联网技术，通过与阿里巴巴、淘宝网、支付宝将底层数据打通，将小微企业在网络平台上产生的现金流、成长状况、信用记录、交易状况、销售增长、仓储周转、投诉纠纷情况等百余项指标信息，与接入的外部数据，包括海关、税务、电力等方面的数据加以匹配，通过大数据信用评估模型最终形成贷款的评价标准，实现了"310 体验"：贷款人 3 分钟在线填写申请，1 秒钟授信放款，0 员工介入，全程在线上完成，有效地解决了小微企业融资难、审批慢的痛点。

与传统银行不同的是，网商银行的风险管理模型开发过程中包含了海量的互联网数据，另外数据挖掘和模型开发的方法也不再局限于传统的统计方法，越来越多的机器学习方法也被引入其中。不仅如此，数据分析不再只是业务的数据支持，而更多的是由数据来发现业务的本质，从而驱动业务全流程。目前网商银行掌握和运用的商户网络行为数据包括阿里巴巴、淘宝、支付宝等平台上沉淀的数据，包含店铺基本信息、店铺交易数据、买家会员信息、会员浏览数据、旺旺信息等，通过对这些数据的分析挖掘，网商银行开发了一系列模型，包括借款人信用评分模型、销售预测模型、贷后预警模型、违约催收模型等，覆盖营销和风险管理的方方面面。

由数据驱动的业务模式，不仅使网商银行能够更准确地识别和管理风险，也大大提高了服务的效率，降低了服务成本。与传统银行动辄数周的审批和放贷周期相比，网商银行可以事先对借款人进行风险评估和授信，借款人提出申请后，最快几分钟就可以完成放款。数据显示，网商银行基于数据的信贷模式将单笔操作成本控制在 2 元左右，远低于传统金融机构的放贷成本。

截至 2016 年 6 月，网商银行和此前的蚂蚁小贷累计服务小微企业超过 400 万家，累计发放贷款超过 7000 亿元。从蚂蚁金服的实证分析来看，获得贷款支持的商户成长明显快于未获得贷款的商户，金融促进实体经济发展的效果明显。

（3）P2P。2010 年，P2P 行业步入发展的"快车道"。目前从全球看，无论是平台数量，还是成交金额，中国的 P2P 规模都是最大的。2015 年中国的 P2P 平台成交规模约为 669 亿美元，是全球第二大市场美国的 4 倍。

P2P 网络借贷这一创新性的互联网金融融资方式的出现，对信贷市场的资金供给方和需求方提供了更加灵活多样的选择空间，撮合了部分传统金融市场上无法撮合的融资交易，表现出了较高的包容性，但近年来也暴露了多方面合法合规风险，需要逐步加强监管与规范。

（4）众筹。利用互联网所提供的技术手段，众筹平台拉近了项目发起人和投资人的距离，通过融入社交网络，众筹平台可以高效地进行信息收集和展示，

以及此后的项目跟踪，使众筹项目的发起人和投资者能够以较低的成本参与交易。

截至 2018 年 6 月底，全国共上线众筹平台 854 家，其中正常运营的为 251 家，下线或转型的为 603 家；2018 年上半年共有 48935 个众筹项目，其中已成功项目有 40274 个，占比 82.30%；2018 年上半年成功项目的实施融资额达 137.11 亿元，与 2017 年同期相比增长了 24.46%。

4. 数字化保险

以互联网为代表的数字技术为我国保险行业带来的不仅是渠道创新，更是推动了整个行业向更高效、更公平和更普适方向的转化。大数据指导全链条业务决策，改造了从定价到风控、再到理赔全业务流程，数字化技术的应用降低了经营成本，推动了保险的经营变革。从消费者的角度看，数字化技术下，用户所处场景本身即销售渠道，供需融为一体，这提升了整体国民对保险的认知和认可，对发展长尾用户、普及保险消费是非常有意义的。下面以蚂蚁金服第三方保险平台为例做一个详细说明。

【数字普惠金融案例】

蚂蚁金服第三方保险平台

蚂蚁金服是第三方保险平台中最具代表性的一员。既提供最为基础的大流量销售渠道，又是丰富的保险场景提供方，更重要的是携手传统保险公司，通过数字化运营设计出小而美的保险产品，对保险的大范围普及起到了积极作用。蚂蚁金服保险平台，为合作保险公司提供技术平台和数据精算能力，基于平台大数据和云计算能力，保险产品可实现千人千面的风险定价，保费低至几元甚至几毛钱。基于蚂蚁金服场景开发的保险覆盖了用户生活的诸多场景。其中，退货运费险、账户安全险用户数突破 1 亿，成为亿级用户险种。特别是退货运费，2015 年"双 11"当天保单数达到 3.08 亿。退货运费险以极小的成本有效解决淘宝天猫等电商平台购物退货过程中运费承担的难题，改变了人们对于保险是低频大额金融服务的印象，成了人们网购的安心小助手，进而推动了电子商务的更深入发展。可见，相比传统的保险产品，蚂蚁金服平台提供的微型保险门槛极低，让保险进入百姓日常生活，且起到了向长尾用户普及保险的作用。

截至 2015 年末，蚂蚁保险平台共有 76 家保险合作伙伴，其中财险公司 30 家、寿险公司 37 家、健康险公司 2 家、保险中介/代理 7 家。截至 2015 年底，有超过 2000 款保险产品已经通过蚂蚁金服保险平台服务触达 3.3 亿用户。

5. 数字化征信

我国的征信体系已经形成由政府主导，政府和市场共同推动的格局。截至 2015 年 4 月底，央行征信系统收录自然人 8.6 亿多，但仅有 3.5 亿人拥有信用记录，收录企业及其他组织近 2068 万户。征信系统全面收集企业和个人的信息。

其中，以银行信贷信息为核心，还包括社保、公积金、环保、欠税、民事裁决与执行等公共信息，接入了商业银行、农村信用社、信托公司、财务公司、汽车金融公司、小额贷款公司等各类放贷机构。征信系统的信息查询端口遍布全国各地的金融机构网点，信用信息服务网络覆盖全国。我国已形成了以企业和个人信用报告为核心的征信产品体系。

第九章 开发性金融服务中小企业融资的新思考

金融服务实体经济是中国金融深化改革的长期战略性原则，在发展实践中仍将存在一些长期困扰的难题。比如，资金供需的结构性失衡，导致金融资金难以到达实体经济，实体经济循环不畅，甚至出现了金融资金体内循环、脱实向虚的现象。一方面，实体经济找不到资金，融资难、融资贵的问题没有得到有效缓解。另一方面，包括银行、保险、信托等金融机构在内的资金方找不到优质项目，都不同程度地存在"项目荒"问题。资金供求双方信息不对称，缺乏有效沟通渠道，这种现状既抬高了实体经济融资成本，又放大了金融市场风险，导致资金流转链条过长，实体经济和金融之间出现了阶段性和结构性的断层。

面对金融服务实体经济的现实困境，亟待对其突出矛盾进行深刻理解和思考，不断完善中国银行业的结构性体系建设，扎实推动中小银行的金融服务能力建设，着力发挥开发性金融的逆周期调节的市场建设作用，建立多元协同的中小企业融资服务体系。

一、中小企业融资困境的新思考、新理解

从政策导向、市场热度和统计数据来看，各类金融机构都在积极支持实体经济；从理论与实践来说，实体经济不应该存在融资难、融资贵的问题。但现实是很多中小企业的融资依旧很难，究其原因是由于金融机构与实体经济的错配造成的。大银行服务中小企业，更多的是出于政策考量和监管要求，通过政府背景或有实力的平台转贷出去，这样通过层层加点后到达实体经济，就会必然出现效率低下，成本提高，而且不可持续。

从新结构经济学的视角来看，大银行更倾向于服务大企业，中小银行更倾向

于服务中小企业。由于大银行的融资特性与中小企业不相匹配，导致大银行难以为中小企业提供低成本、高效的金融支持。大银行内部层级较多，难以有效甄别企业家风险等软信息。中小企业融资更多的还是需要中小银行提供资金支持。从根本上缓解中小企业的融资约束，关键在于改善银行业结构，满足中小企业对中小银行的金融需求，发挥中小银行善于甄别企业家经营能力的比较优势，而不是通过行政干预要求大银行服务中小企业。

二、开发性金融支持可持续发展的新趋势、新使命

当前，世界正面临百年未有之大变局，全球动荡源和风险点加速演变，各类境外投资、经贸摩擦与非传统安全风险事件频发。尤其是 2018 年以来，国际形势波谲云诡，单边主义、民粹主义、贸易保护主义等逆全球化思潮加速蔓延，收入分配不平等、发展空间不平衡已成为全球经济治理面临的最突出问题。在全球治理面临困境的背景下，坚持互利共赢，破解发展赤字，发挥开发性金融的独特优势和作用，将有助于实现中长期发展目标、提高资源配置，促进中国经济高质量发展。

（一）开发性金融是国际发展融资合作的中坚力量

目前，全世界 550 家开发性金融机构分布在 185 个国家，总资产超过 5 万亿美元。2008 年金融危机以来，开发性金融得到美国、欧洲等发达国家或地区的高度重视。2018 年 9 月，美国设立国际开发性金融公司（IDFC），重点资助发展项目和投资发展中国家的基础设施建设。美国海外私人投资公司（OPIC）与加拿大金融发展公司（FinDev）、欧洲发展金融机构（EDFI）签署谅解备忘录，共同组建"开发性金融机构联盟"，旨在加强美加欧三方在对外投资、援助和发展政策等领域的协调与合作。

（二）开发性金融是不可替代的可持续发展新动力

开发性金融机构配合国家宏观经济政策和产业政策，发挥中长期投融资优势和逆周期调节作用，参与企业救助和流动性供给，缓释私人部门融资的顺周期行为；支持经济社会发展的关键领域和薄弱环节，促进创新和结构转型，实现有活力的经济增长；支持公共产品供应，尤其是支持应对气候变化，提高环境可持续性并促进"绿色发展"；为维护市场稳定、促进经济复苏、提升国家竞争力发挥

了不可替代的独特作用。

（三）开发性金融通过市场化运作推动机制建设

开发性金融机构在国家政策扶持下，作为政府和市场之间的金融安排，通过市场化、国际化的运作方式，配合政府在产业升级和结构转型过程中发挥引导作用。在项目信用结构设计和建设运营中，引入合作国政府增信，加强市场建设和信用建设，坚持项目全生命周期的可持续运作。将政府组织协调优势与市场资源配置效率优势相结合，有力地促进了项目的现金流建设，推动了合作国实现公共政策和国际发展合作目标。

（四）开发性金融需要适应外部形势完善自身发展

开发性金融的独特功能主要集中在促进长周期经济增长和跨周期经济调节方面，就是需要对当前经济形势和发展趋势做出适当判断。面对全球治理格局和发展重点正在加速转变，开发性金融机构应不断完善自身发展模式，对重点业务领域做出相应调整，对自身功能定位进行阶段性转换。既要坚持对交通、能源等公共基础设施的长期融资支持，又要保持对住房、教育、医疗等社会基础设施的前瞻性投入。通过早期融资推动建立行业信心和市场信用，逐步建立和培育健康的市场主体。

三、开发性金融服务中小企业的新举措、新成果

2018 年，开发银行有效应对外部环境变化，坚持新发展理念，扎实服务供给侧结构性改革，助力我国经济高质量发展，全年向实体经济提供融资 3.4 万亿元。截至 2018 年底，开发银行集团资产总额 16.2 万亿元，银行资产总额 15.98 万亿元。

作为服务国家战略的开发性金融机构，开发银行研究出台了民营企业流动性支持贷款的专项方案。一是为企业提供低成本的商票贴现，二是利用平台优势协助企业清理应收账款，三是利用投贷联动给予资金支持，四是适时给予中长期项目贷款。开发银行设立 1000 亿元专项贷款支持民营企业纾困，截至 2019 年 7 月，该专项贷款已实现发放超过 320 亿元，有效地解决了数千家企业的资金问题。

在"破"方面，开发银行积极推动破除低端无效供给，钢铁、煤炭、煤电

等过剩产能行业贷款余额稳步下降。在"立"方面，开发银行加大对集成电路、高端装备、绿色环保、基础设施等领域的支持力度，培育发展新动能。在"降"方面，开发银行2018年减免中间业务收费70亿元，新发放人民币贷款平均执行利率低于同业平均水平，助力降低实体经济成本。

开发银行加强与中央国家机关和单位的定点扶贫合作，2018年发放精准扶贫贷款2668亿元，覆盖全国1118个国家级和省级贫困县。2019年大力实施脱贫攻坚"三大行动"，新增资金、新增项目、新增举措向"三区三州"等深度贫困地区倾斜，发放精准扶贫贷款3000亿元。

四、开发性金融支持实体经济发展的新对策

（一）服务中小企业发展是开发银行的长期历史使命

我国的开发性金融是具有中国特色的开发性金融，具有高度的责任感和使命感。在发展和实践中，开发性金融不是仅凭企业性质是国有还是民营，也不是把财务报表数据作为是否贷款的依据，而是看重企业发展潜质、战略目标、创新能力，通过发挥中长期资金的引领带动作用，引导社会资金共同支持这些企业发展。开发银行成立25年来，推动开发性金融在我国经济社会发展的重点领域、薄弱环节、关键时期发挥了重要作用。作为政府与市场之间的桥梁与纽带，开发银行主动建设市场、增强信用、完善制度，促进项目的商业可持续运作，为发展中国家以市场化方式服务中长期战略提供了重要经验。新时期，开发银行应继续秉持开发性金融理念，协同中小银行重点支持中小企业的可持续发展。

（二）批发性金融是解决中小企业融资难的有效机制

开发银行作为我国开发性金融理论的开创者和实践者，始终以"增强国力、改善民生"为使命，秉承"大项目富国，小项目富民"的经营理念，将"两基一支"领域的成功经验向下延伸到民生基层金融领域，对小微企业贷款成本高、风险大等问题进行了针对性的设计，帮助大批小微企业摆脱了融资困境。在金融实践中，开发银行以开发性金融理论为指导理念，从自身职责使命、银行功能、人员和机构网点现状、竞争优势等出发，通过借鉴国内外先进经验，逐渐形成了以批发方式解决小微企业融资难的有效机制。该机制的核心在于批发与合作，即通过法律上认可和现实可行的方法将资金批发给符合资质的业务主体或制度组

合，在双方紧密合作的基础上零售发放给最终的小微企业客户。在该机制的操作过程中，涌现了一批具体可行的创新模式和典型案例。

（三）转贷款是当前支持小微企业和农户经营的有效手段

转贷款契合开发性金融服务国家战略的功能定位和运行特点。2019年以来，开发银行持续加大转贷款业务推动力度，制定了《国家开发银行转贷款业务指导意见》和相关工作方案，将开发性金融与各地实际紧密结合，与中小银行业金融机构互利合作、优势互补，共同服务小微企业和扶贫开发，推动金融资源向普惠金融领域倾斜，助力缓解小微企业融资难、融资贵问题。为把好事办好，在开展转贷款业务过程中，开发银行实行优惠定价策略，并坚持减费让利，严禁在贷款利率之外收取承诺费、前端费等其他费用，充分调动合作机构的积极性，切实降低小微企业融资成本。同时，认真落实监管要求，及时完善相关制度体系，严格规范业务操作，严控贷款投向，明确分级授信原则，做好贷前审查，实行专款专用，细化监督抽查要求，严防廉政风险和资金套利行为，扎实做好风险防控工作。

（四）金融创新是提升金融服务实体经济能力的必然选择

搭建中小金融机构合作平台和产融合作平台，运用开发性金融理念和方法，从资金端、项目端同时入手，开辟经济新常态下产融合作新途径。一方面，围绕实体经济需求开展金融创新，探索金融服务实体经济新模式、新业态。依托开发性金融的开拓精神和实践经验，通过建立项目库帮助金融机构拓展项目来源，在金融和实体经济之间建立便捷高效的信息沟通交流渠道。对融资需求进行分析、筛选和评估，形成融资信息对接清单，为金融机构差别化信贷提供参考，提高产融信息对接效率。另一方面，拓宽企业融资途径，通过线上、线下等多种方式开展项目对接，缩短企业融资链条，提高资金配置效率，为实体经济提供个性化的综合金融解决方案，推动产融合作、实现互利共赢。

附　录

全球新兴市场国家中小企业融资缺口（2017 年）单位：个，美元,%

国家	地区	收入水平	企业数量	现金供应	融资缺口	融资缺口/ 国内生产总值
中国	东亚	中上等收入	56061600	2483952766729	1890328123161	17
巴西	拉丁美洲	中上等收入	15738452	57048523506	626023562478	35
印度	南亚	中下等收入	1563999	139455882221	230062869817	11
俄罗斯联邦	欧洲	中上等收入	1669439	134058734022	222020514626	17
菲律宾	东亚	中下等收入	816759	15248794855	221793419218	76
印度尼西亚	东亚	中下等收入	2480152	56612630954	165852545872	19
墨西哥	拉丁美洲	中上等收入	4048543	27045681152	163917536619	14
尼日利亚	撒哈拉 以南非洲	中下等收入	36994578	101349729	158131971746	33
委内瑞拉	拉丁美洲	中上等收入	251033	4204524489	157314192661	42
波兰	欧洲	高收入	1520404	55072943816	107851883087	23
阿根廷	拉丁美洲	中上等收入	589781	13240770257	85883903135	15
土耳其	欧洲	中上等收入	2587319	152283092698	80249986670	11
捷克共和国	欧洲	高收入	939049	29935445460	71491146931	39
伊拉克	中东	中上等收入	224610	1501801029	69849704659	41
哥伦比亚	拉丁美洲	中上等收入	2311539	4573057029	56207522736	19
哈萨克斯坦	欧洲	中上等收入	1290000	9509760067	47071024239	26
埃及	中东	中下等收入	2453567	2819748677	46722358190	14
罗马尼亚	欧洲	中上等收入	407410	18232839393	45871481609	26
巴基斯坦	南亚	中下等收入	2958129	2843781068	42169608424	16
泰国	东亚	中上等收入	2872026	112777964028	40743237597	10
孟加拉国	南亚	中下等收入	2761932	18937042371	38972713376	20

续表

国家	地区	收入水平	企业数量	现金供应	融资缺口	融资缺口/国内生产总值
匈牙利	欧洲	高收入	689510	17264339344	36712035622	30
摩洛哥	中东	中下等收入	1410000	7305641193	36673779968	37
安哥拉	撒哈拉以南非洲	中上等收入	27603	2707014766	34178102486	33
乌克兰	欧洲	中下等收入	364237	6806902953	33052156041	36
南非	撒哈拉以南非洲	中上等收入	667432	41462741608	30342558100	10
立陶宛	欧洲	高收入	127227	5739945537	25640325863	62
越南	东亚	中下等收入	447091	11204738662	23609833957	12
苏丹	撒哈拉以南非洲	中下等收入	13088	1087084350	21690686257	26
马来西亚	东亚	中上等收入	645136	69935901865	21454214934	7
巴拿马	拉丁美洲	中上等收入	34883	6053916662	21269386679	41
肯尼亚	撒哈拉以南非洲	中下等收入	1560500	3854957054	19326332625	30
也门	中东	中下等收入	400235	698632009	18969214616	53
白俄罗斯	欧洲	中上等收入	80209	4492537962	18424867354	34
斯洛伐克共和国	欧洲	高收入	446409	8822770352	18264992545	21
厄瓜多尔	拉丁美洲	中上等收入	700999	4049685700	17937808957	18
斯里兰卡	南亚	中下等收入	935736	2282135557	17119256169	21
危地马拉	拉丁美洲	中下等收入	184468	670610775	15850041239	25
缅甸	东亚	中下等收入	128094	2740317090	13838600855	21
多米尼加共和国	拉丁美洲	中上等收入	791236	3474739423	12959360152	19
乌兹别克斯坦	欧洲	中下等收入	95231	1732099219	11789541678	18
秘鲁	拉丁美洲	中上等收入	1197963	22501282121	10179430798	5
塞尔维亚	欧洲	中上等收入	84082	5136836096	10089573405	28
克罗地亚	欧洲	高收入	153262	7256471842	9496554331	19
刚果金	撒哈拉以南非洲	低收入	319090	446934153	9304515830	26

国家	地区	收入水平	企业数量	现金供应	融资缺口	融资缺口/ 国内生产总值
黎巴嫩	中东	中上等收入	170504	5656696819	8855459275	19
喀麦隆	撒哈拉以 南非洲	中下等收入	93030	1661946877	8714894256	30
智利	拉丁美洲	高收入	834085	21856804104	8433423295	4
斯洛文尼亚	欧洲	高收入	137460	7225596416	7980425474	19
突尼斯	中东	中下等收入	601416	6005002488	6873526885	16
阿塞拜疆	欧洲	中上等收入	261950	6894776091	6805414229	13
约旦	中东	中上等收入	156060	2308450774	6582119054	18
保加利亚	欧洲	中上等收入	371299	7495751836	6478198896	13
乌拉圭	拉丁美洲	高收入	150165	3490723240	5859001746	11
坦桑尼亚	撒哈拉以 南非洲	低收入	3162885	1327618892	5787227422	13
爱沙尼亚	欧洲	高收入	65907	2253754880	5273410808	23
加纳	撒哈拉以 南非洲	中下等收入	26190	2738047528	4992806125	13
乌干达	撒哈拉以 南非洲	低收入	25133	531364911	4869014554	18
哥斯达黎加	拉丁美洲	中上等收入	41068	5050556846	4765025589	9
阿富汗	南亚	低收入	75864	31962467	4690624693	24
特立尼达 和多巴哥	拉丁美洲	高收入	19186	1522268219	4522897594	16
埃塞俄比亚	撒哈拉 以南非洲	低收入	136633	1687733587	4290163843	7
巴拉圭	拉丁美洲	中上等收入	14616	2507273201	3970951794	14
柬埔寨	东亚	中下等收入	376069	571765294	3709338045	21
赞比亚	撒哈拉 以南非洲	中下等收入	21416	1552991438	3687604402	17
尼泊尔	南亚	低收入	99411	730830641	3601276163	17
尼日尔	撒哈拉 以南非洲	低收入	8084	329239323	3123437438	44
尼加拉瓜	拉丁美洲	中下等收入	173742	242772450	3111643152	25

续表

国家	地区	收入水平	企业数量	现金供应	融资缺口	融资缺口/国内生产总值
洪都拉斯	拉丁美洲	中下等收入	127330	1136203890	2986194753	15
牙买加	拉丁美洲	中上等收入	10438	432143613	2717638556	19
马达加斯加	撒哈拉以南非洲	低收入	210918	305447031	2678170824	27
博茨瓦纳	撒哈拉以南非洲	中上等收入	13137	1425602197	2669630855	19
老挝	东亚	中下等收入	126695	439038255	2608571859	21
乔治亚州	欧洲	中上等收入	106858	1169986126	2486794402	18
科特迪瓦	撒哈拉以南非洲	中下等收入	203491	1426843718	2355285515	7
斯威士兰	撒哈拉以南非洲	中下等收入	162853	119893187	1822841863	45
纳米比亚	撒哈拉以南非洲	中上等收入	71262	139597172	1788611879	15
玻利维亚	拉丁美洲	中下等收入	225451	2224300904	1703075687	5
布吉纳法索	撒哈拉以南非洲	低收入	41718	382454699	1609940885	15
塔吉克斯坦	欧洲	中下等收入	155291	239528518	1451766421	18
吉尔吉斯斯坦	欧洲	中下等收入	298500	91889281	1403743130	21
莫桑比克	撒哈拉以南非洲	低收入	28474	205296601	1345068141	9
蒙古	东亚	中下等收入	72473	698933740	1293202307	11
卢旺达	撒哈拉以南非洲	低收入	123390	217157882	1273776437	16
拉脱维亚	欧洲	高收入	79053	8376864416	1237839309	5
几内亚	撒哈拉以南非洲	低收入	12684	79019051	1184565076	18
亚美尼亚	欧洲	中下等收入	26166	1266114349	1145072303	11
乍得	撒哈拉以南非洲	低收入	5170	282238635	1134072276	10
斐济	东亚	中上等收入	10011	251675667	1084830273	25

续表

国家	地区	收入水平	企业数量	现金供应	融资缺口	融资缺口/ 国内生产总值
阿尔巴尼亚	欧洲	中上等收入	78107	1678947542	1077970254	9
苏里南	拉丁美洲	中上等收入	1598	256808343	969522749	20
塞内加尔	撒哈拉 以南非洲	低收入	22270	493738437	915447621	7
摩尔多瓦	欧洲	中下等收入	49444	671503966	894338409	14
巴巴多斯	拉丁美洲	高收入	15164	245721426	852791724	19
波斯尼亚和 黑塞哥维那	欧洲	中上等收入	161295	5332374105	774689474	5
贝宁	撒哈拉以 南非洲	低收入	9150	113662320	689205366	8
黑山共和国	欧洲	中上等收入	19869	530128322	631854361	16
布隆迪	撒哈拉 以南非洲	低收入	3799	227941840	490969888	16
马拉维	撒哈拉 以南非洲	低收入	21098	9422754	477042915	7
伯利兹	拉丁美洲	中上等收入	7058	137114912	462955462	26
东帝汶	东亚	中下等收入	4138	11699086	449108541	32
毛里求斯	撒哈拉 以南非洲	中上等收入	40112	2435207831	428581666	4
多哥	撒哈拉 以南非洲	低收入	14892	232454157	389955574	10
马里	撒哈拉 以南非洲	低收入	4582	860934578	371543928	3
科索沃	欧洲	中下等收入	103697	1653642974	342253144	5
南苏丹	撒哈拉 以南非洲	低收入	7313	139925153	291354886	3
佛得角	撒哈拉 以南非洲	中下等收入	9719	232061311	290118728	18
安提瓜和 巴布达	拉丁美洲	高收入	3030	97837209	287585857	22
中非共和国	撒哈拉 以南非洲	低收入	22326	30623390	242920736	16

续表

国家	地区	收入水平	企业数量	现金供应	融资缺口	融资缺口/国内生产总值
圣文森特和格林纳丁斯	拉丁美洲	中上等收入	4819	27165450	231198647	31
圣卢西亚	拉丁美洲	中上等收入	4870	154355714	191512736	13
格林纳达	拉丁美洲	中上等收入	1951	89347054	175912721	18
所罗门群岛	东亚	中下等收入	3050	43213645	173839087	15
莱索托	撒哈拉以南非洲	中下等收入	7827	130556822	165869803	8
汤加	东亚	中下等收入	9355	76317957	164816153	38
吉布提	中东	中下等收入	2805	65413570	146558734	9
瓦努阿图	东亚	中下等收入	1578	97341953	135124860	17
几内亚比绍	撒哈拉以南非洲	低收入	10402	33211702	130050139	12
圭亚那	拉丁美洲	中上等收入	22765	619118537	117394765	4
冈比亚	撒哈拉以南非洲	低收入	9558	50651573	97953281	12
圣基茨和尼维斯	拉丁美洲	高收入	2738	136508645	96395974	10
不丹	南亚	中下等收入	24464	192401293	91389034	5
密克罗尼西亚	东亚	中下等收入	1139	33000000	77922441	24
多米尼加	拉丁美洲	中上等收入	2433	57579279	69096974	13
巴哈马群岛	拉丁美洲	高收入	6258	2282670600	60474014	1
萨摩亚	东亚	中下等收入	1945	136455641	35668064	5
马其顿	欧洲	中上等收入	75140	1926626388	24262574	0
毛里塔尼亚	撒哈拉以南非洲	中下等收入	2305	611111327	− 275459789	5

参考文献

［1］中国人民银行、中国银行保险监督管理委员会：《中国小微企业金融服务报告（2018）》，2019 年 6 月。

［2］蚂蚁金服：《数字普惠金融发展报告》，2016 年。

［3］中共中央办公厅、国务院办公厅：《关于促进中小企业健康发展的指导意见》，2019 年 4 月。

［4］中国人民银行、中国银行保险监督管理委员会、中国证券监督管理委员会、国家发展改革委、财政部：《关于进一步深化小微企业金融服务的意见》，2018 年 8 月。

［5］银保监会：《关于进一步加强金融服务民营企业有关工作的通知》，2019 年 2 月。

［6］世界银行：《中小微企业融资缺口：对新兴市场中小微型企业融资不足与机遇的评估》。

［7］财政部官方网站世界银行在中国项目案例，http：//gjs. mof. gov. cn/shzhxmalhb/hangyeanli/gongyehejinrong/201406/t20140626＿ 1104789. html。

［8］龚强、张一林、林毅夫：《产业结构、风险特性与最优金融结构》，《经济研究》2014 年第 4 期。

［9］林毅夫、姜烨：《发展战略，经济结构与银行业结构：来自中国的经验》，《管理世界》2006 年第 1 期。

［10］张一林、林毅夫、龚强： 《企业规模、银行规模与最优银行业结构——基于新结构经济学的视角》，《管理世界》2019 年第 3 期。

后　记

　　当今世界正面临百年未有之大变局，中国实体经济也面临转型升级和产业链、价值链变革的新形势。经过 40 多年的改革发展，中国 200 多家中小商业银行、6000 多家农村金融机构"不忘初心、牢记使命"，始终坚守服务中小企业、服务实体经济的艰巨重任，为中国经济社会可持续发展做出不可替代的努力和贡献。

　　参与本书研究和写作的人员都是充满激情的"小微事业者"，热切期望将积累多年的实践成果、从业经验、理论思考分享给国际社会和广大读者。在大数据应用不断创新完善、互联网金融快速发展的背景下，针对区域性中小银行的传统微贷咨询行业更需要创新、发展、融合，继续为新时代中国小微贷款探索新方向、新路径，努力为实体经济获得资金支持和金融服务的"最后一公里"开拓新模式、新理念。

　　当今中国之小微贷款，已经成为中国普惠金融的中流砥柱。我们这些"小微们"仍将继续奋斗在中国小微贷款的最前线。在此，诚挚感谢参与本书撰写的研究人员，衷心感谢江苏、山西等 10 多个省市、20 多家农村商业银行的同人们。正是他们孜孜不倦地发挥"中国工匠"精神，将中国小微贷款经验毫无保留地分享奉献，才能使本书如期付梓。诚然，本书不妥不足之处，恳请各位读者批评指正。

　　"不忘初心，方得始终"，这是中国"小微精神"追求的崇高境界。"知行合一"方为"小微之道"，我们将坚守初心，求得始终！

温　灏

2019 年 10 月 1 日